SPASS FÜR KINDER 145

Action ... 146
Ausflüge ... 148
Bei Regen ... 151
Besondere Erlebnisse ... 152
Essen & Trinken ... 154
Kultur für Kinder ... 154
Spiel & Zeug ... 155

WELLNESS & SPORT 157

Bäder & Saunen ... 158
Beauty & Entspannung ... 161
Fitness ... 166
Friseure ... 169
Golf ... 169
Indoor ... 170
Kampfsport ... 171
Outdoor ... 173
Tanzkurse ... 174
Yoga ... 175

AUSGEHEN 177

Bars ... 178
Clubs ... 185
Clubs – alternativ ... 187
Partymeilen ... 188
Kneipen & Pubs ... 194
Selber feiern ... 198
Szene ... 199

LANDPARTIEN 201

Aktivtouren ... 202
Ausflüge ... 204
Badeseen ... 205
Picknick- & Grillplätze ... 206

FESTE, FESTIVALS & EVENTS 207

Film ... 208
Für Kinder ... 209
Klassik & Ballett ... 210
Kulturelle Events ... 212
Messen ... 215
Oper ... 216
Rock, Pop, Jazz & Co. ... 217
Sport ... 219
Theater ... 220
Volksfeste ... 221

CITYATLAS 223

Blatteinteilung Cityatlas ... 224
Cityatlas ... 226
Umgebungskarte ... 236
Straßenregister ... 238
Kartenlegende ... 242

REGISTER 243

A–Z Register ... 244
Impressum ... 249

Frankfurt digital ... 250

ESSEN & TRINKEN
PREISKATEGORIEN*
€€€ = mehr als 20 Euro
€€ = 10 bis 20 Euro
€ = bis 10 Euro
*Hauptgericht ohne Getränke

RESTAURANT-BEWERTUNG
■□□ = bewährt ■■■ = sehr gut

KARTEN

(224 A1) SEITENZAHLEN UND KOORDINATEN im Cityatlas
U-/S-Bahn-Plan in der hinteren Umschlagklappe

AUTORINNEN

SANDRA KATHE

Durch ihre journalistische Arbeit lernte die 1987 geborene Pfälzerin Frankfurt schnell kennen und lieben. Kunststück, wenn man überall, wo man hinkommt, gleich hinter die Kulissen blicken darf und mit typisch Frankfurter Herzlichkeit aufgenommen wird. Was sie an der Stadt begeistert, sind ihre Gegensätze: Das hektische Manhattan-Feeling rund um die Neue Mainzer Straße und die sympathische Gemütlichkeit auf dem Römerberg und in den Apfelweinlokalen. Frankfurt zeigt sich zudem so international, dass sie sich von Beginn an zu Hause fühlte.

KATHARINA CICHOSCH

Hamburg, Westfalen, Holland, Berlin – die Autorin hat an verschiedenen Orten gelebt, bevor es sie in die Ebbelwoi-Metropole verschlug, an der sie aus vielen guten Gründen bald Gefallen fand. Sie schreibt für Print und Online, lokal und überregional. Neben Texten mit Fokus auf Kunst und Kultur stehen auch Skripte für Videos, Film- und Hörspielprojekte auf ihrer Agenda.

Der Westhafen Tower am Main: inspiriert von den Rauten eines Schoppeglases

des Labels, das mit ÖKO natürlichen Ölen und Rezepturen zur Pflege von Haut und Haar aufwartet. Das puristische Design zieht sich von der Ladenausstattung bis zur Verpackung in der Apothekerflasche.
City
Mo–Sa 11–19 | Kaiserstr. 20 | Tel. 69 92 88 27 44 | aesop.com | U 1–5, 8, Tram 11, 12, 14, 16 Willy-Brand-Platz (226 C4)

KLEINMARKTHALLE

Schon seit 1879 versorgt sich Frankfurt in der Kleinmarkthalle: Mehr als 60 Händler bieten Lebensmittel aller Art aus vielen Ländern in hervorragender Qualität an – häufig ÖKO Bioprodukte. Vor allem Fans von frischem Fisch, Käse und exotischen Spezialitäten kommen hier auf ihre Kosten. Für Marktfreunde und Gourmets ist die Kleinmarkthalle einfach ein Muss, sie hat auch als Raststätte für hungrige City-Hektiker viel zu bieten.
City
Mo–Fr 8–18, Sa 8–16 Uhr | Hasengasse 5–7 | www.kleinmarkthalle.com | U 1–3, 6–8, S 1–6, 8, 9 Hauptwache (227 E3)

KOCHHAUS BOCKENHEIM

Im Kochhaus kommen selbst überzeugte Auswärtsesser und Lieferservicefans auf den Homemade-Geschmack: In lichtdurchfluteten Räumen werden hier köstliche Rezepte präsentiert, die nötigen Zutaten kann man bereits fix und fertig zusammengestellt einfach mitnehmen – vom Gemüse bis zum passenden Gewürz. Anschaulicher kann Kochinspiration wirklich nicht sein!
Bockenheim
Mo–Sa 10–21 Uhr | Leipziger Str. 43 | www.kochhaus.de/kochhaus-bockenheim | U 6, 7 Leipziger Straße (229 D3)

MORGEN INTERIORS

Angesagte Restaurants und Bars auf der ganzen Welt vertrauen auf den sicheren Geschmack von Morgen. Die Frankfurter Designer und Innenarchitekten kreieren zeitlose und puristische Möbel, die echte Hingucker sind. Verwendet wird dabei viel Holz, gern auch mal ganz roh belassen, wie bei den schweren Tischen, deren Platte direkt aus dem Stamm gesägt wurde. In einer alten Lagerhalle wird die Morgen-Kollektion in der hauseigenen Schreinerei im Erdgeschoss hergestellt, während sich der Showroom im ersten Stock befindet.
Ostend
Mo–Fr 12–20, Sa 12–18 Uhr | Lindleystr. 5, Eingang Wasserseite | Tel. 069 43 05 87 40 | www.morgen.org | Tram 11 Schwedlerstraße (231 E5)

T'ATELIER

Hier ist die Rettung für die Lieblingstasche! In ihrer Taschenwerkstatt im Nordend arbeitet Tatjana Hagelgans das Leder auf, entfernt Kratzer und bringt die Schmuckstücke zu neuem Glanz. Darüber hinaus bietet sie Accessoires und Beratung rund um das Thema Leder und Handtaschen an. Und wenn Sie mal nicht selbst vorbeikommen können, holt der INSIDER TIPP Lieferservice Ihre Tasche ab und bringt sie Ihnen zurück.
Nordend
Di–Fr 12–18 Uhr | Egenolffstr. 33 | Tel. 0171 2 61 51 56 | www.tatelier.de | Tram 12 Friedberger Landstraße (231 D2)

WELLNESS & SPORT

BOULDERWELT FRANKFURT

Eine besondere Spielart des Kletterns ist das Bouldern, wo der Sportler ungesichert, dafür aber über einer Weichbodenmatte bis zu 4 m hohe Wände in allen Schwierigkeitsgraden erklimmen kann. In der Boulderwelt, Frankfurts größter Boulderhalle, geht das auf insgesamt 1300 m² Wandfläche. Wer den Sport nicht ohne professionelle Anleitung ausprobieren möchte, kann am Mittwochabend und Sonntagmittag INSIDER TIPP kostenlose Einführungskurse besuchen.

Frankfurter Berg

Mo–Fr 10–23, Sa, So 8–23 Uhr | August-Schanz-Str. 50 | Tageskarte 9,90 Euro, ermäßigt 8,90 Euro, Kinder 6,90 Euro | Tel. 069 95 16 56 60 | www.boulderwelt-frankfurt.de | U 5, Bus 39 Preungesheim, Bus 27, 63 August-Schanz-Straße (225 D2)

BRENTANOBAD

Im Sommer tauchen Sie hier ab: Das Brentanobad ist eines der größten Frankfurter Freibäder. Unschlagbar ist das Schwimmbecken, das früher ein Altarm der Nidda war und noch heute die ursprüngliche geschwungene Form besitzt. Eigentlich ist die Anlage eher ein weitläufiger Bade- und Spielpark – und somit ausgesprochen familienfreundlich.

Rödelheim

Mai–Sept. Mo–Fr 10–20, Sa, So 9–20, in den Sommerferien tgl. 9–20 Uhr | Rödelheimer Parkweg | Tageskarte 4,50 Euro, ab 18 Uhr 3 Euro | Tel. 069 27 10 89 22 00 | www.bbf-frankfurt.de | U 6 Fischstein, Bus 34 Rödelheimer Parkweg (228 B2)

INSIDER TIPP STAND UP PADDLING

Beim Fitnesstrend Steh-Paddeln trainieren Sie Ihre Balancefähigkeit auf dem Main. Einsteiger machen erste Erfahrungen bei einem Schnupperkurs (50 Euro). Start ist am Rudererdorf Oberrad. In zwei Stunden werden die wichtigsten Techniken erläutert. Wer es dann irgendwann einmal beherrscht, der kann entspannt in den Frankfurter Sonnenuntergang paddeln.

Oberrad

Termine auf der Website | Mainwasenweg | www.windsurf.de | Tram 15, 16 Buchrainplatz (231 E5)

TORRETO BARBER SHOP

»What happens in the Barbershop, stays in the Barbershop« – das sichert am Eingang ein Schild den (männlichen) Kunden zu. Und das ist ernst gemeint. Frauen haben keinen Zutritt. Der Laden versteht sich als Oase für echte Kerle. Hier ist man unter sich, kann ungestört rauchen, trinken, Männergespräche führen oder einfach nur Hochglanz lesen – den neuesten Playboy statt Gala oder Bunte. Statt Prosecco gibt es Bier, Whisky und Zigaretten. Nebenbei wird das Haar geschnitten und der Bart getrimmt – natürlich von Männern.

Bockenheim

Mo–Fr 11–20, Sa 11–18 Uhr | Basaltstr. 46 | Schneiden 27 Euro, Bartrasur 18 Euro | Tel. 069 26 09 02 61 | U 6, 7 Leipziger Straße (229 D2)

AUSGEHEN

GIBSON

Der Club unterm Dach des ehemaligen Zeil-Kinos gehört in Frankfurt bereits seit Jahren zu den Dauerbrennern schlechthin. Aus den Boxen schallt Livemusik der verschiedensten Stilrichtungen, aber auch einige der beliebtesten Partyserien der Stadt sind hier zu Hause. Dazu gehören die Abende der Urban Club Band am Donnerstag sowie die Reihe Gibson Loves Saturdays. Der Schwerpunkt liegt dabei meist auf House-Musik.

City

Do–Sa ab ca. 20 Uhr | Eintritt je nach Veranstaltung | Zeil 85–93 | Tel. 069 94 94 77 70 | www.gibson-club.de | U 1–3, 6–8, S 1–6, 8, 9 Hauptwache (227 E2)

KINLY BAR

Etwas versteckt liegt dieser Gewölbekeller und ist daher schwer zu finden, aber das ist auch gewollt, da die Bar nach dem Prinzip der INSIDER TIPP Speakeasys in den USA der 1920er- und 30er-Jahren funktioniert: Durch Mundpropaganda erfährt man, hinter welcher Tür die Drinks warten. Auf der Empfehlungskarte stehen Eigenkreationen. Ein wirklich außergewöhnliches Highlight ist der sogenannte *Punch-Table* in der Mitte der Kinly Bar: Nach einer alten Tradition lässt sich hier ein Mix aus Spirituose, Wasser, Zitrone, Zucker und Gewürzen teilen und gemeinsam genießen.

City

Di–Sa 20–3 Uhr | Elbestr. 34 | Tel. 069 27107670 | www.kinlybar.com | S 1–9, U 4, 5, Tram 11, 12, 14–17, 19–21, Bus 33, 37, 46, 64, 600 Hauptbahnhof (226 B4)

INSIDER TIPP DER KLEINE MANN MIT DEM BLITZ

Eine vielseitige Einkehradresse hat sich in Sachsenhausen angesiedelt: Der Kleine Mann ist Bar, Galerie, Eventlocation und Wochenendküche in einem. Und gleichzeitig Impulsgeber für den Wandel in Alt-Sachsenhausen. Mitwirkende sind die Fotografen Markus Hintzen, Boris Löffert und Oliver Tamagnini sowie Anna Feldhaus mit ihrer Galerie FELD+HAUS. Diana Haider ist gemeinsam mit den Hausbewohnern Eva und Nicolas Kösling für das kulinarische Programm zuständig. Gastköche verwöhnen alle zwei Wochen den Gaumen, coole Drinks gibt es in der winzigen Retro-Bar im Keller. Mit eigener Kelterei!

Sachsenhausen

Kleine Ritterstr. 11 | www.mannmitblitz.de | Tel. 0176 56927893 | Tram Dreieichstraße (235 D2)

Die Kunst der Balance: Stand Up Paddling ist auch auf dem Main ein Trendsport

MISS MONEYPENNY

NEU Als Nachfolgerin der legendären Le Bar und des Neglected Grassland ist nun Miss Moneypenny in eine der schönsten Locations Frankfurts eingezogen. Der Innenraum der Cocktailbar glänzt inzwischen in rotem Samt, während der Außenbereich noch immer eine Naturoase mitten in der City darstellt. Wer reinkommen will, muss klingeln.

City

Di–Sa ab 19 Uhr | Neue Kräme 29 | www.facebook.com/miss.moneypenny.bar | U 1–3, 6–8, S 1–6, 8, 9 Hauptwache **(227 D3)**

O'REILLY'S

Ob auf ein stilecht irisches Feierabendbier oder zu Spielen der Premier League: Das O'Reilly's ist ein beliebter Anlaufpunkt für alle. Das hat der Irish Pub vor allem seiner zentralen Lage direkt gegenüber dem Hauptbahnhof zu verdanken, wo das leuchtende Grün auch nachts kaum zu übersehen ist.

City

Mo–Do 12–2, Fr–Sa 11–4, So 11–2 Uhr | Am Hauptbahnhof 4 | Tel. 069 26487878 | www.oreillys.com | S 1–9, U 4, 5, Tram 11, 12, 14–17, 19–21, Bus 33, 37, 46, 64, 600 Hauptbahnhof **(226 5A–B)**

YACHTKLUB

NEU Seit Frühjahr 2016 ist das Partyboot zurück in bewährten Händen: Kapitän Hans Romanov, seit langem eine bekannte Größe im Frankfurter Nachtleben, präsentiert seine alte Wirkungsstätte in neuem Glanz. Besonders an seinem Konzept ist das Elbe Flussbad, eine zweite Terrasse, wo die Gäste die Füße im Main baumeln lassen und auch Wassersportler anlegen können.

Sachsenhausen

Bei schönem Wetter So–Do 11–24, Fr, Sa 11–3.45 Uhr, sonst je nach Programm | bis 22 Uhr frei, danach 5 Euro Eintritt | Tiefkai ggü. Deutschherrnufer 12 | www.yachtklub.org | Tram 14, 18, Bus 45, 46 Frankensteiner Platz **(230 C5)**

In Bars wie Miss Moneypenny werden erlesene Cocktails serviert

Angesagt

Entspannte Kunst im Parkhaus, wilde Partys am Fluss und ein Theater, das aus einem Traum entstanden ist: Hier tobt das bunte Leben zwischen Main und City.

FRANKFURT ERLEBEN

HAFENPARK AM MAIN

Vor der eindrucksvollen Kulisse der Europäischen Zentralbank ist ein Freizeitrevier für alle Generationen entstanden. 5500 m² groß ist die Skate- und Bikeanlage im Norden, ein Sportband mit multifunktionalen Spielfeldern sowie Kletterparcours und Fitnessanlagen in der Mitte und ein Wiesenband zum Ausruhen im südlichen Teil gehören dazu.

Ostend

U 6 Ostbahnhof (231 E5)

ROOM ESCAPE GAMES

Bis ein internationaler Trend in der Mainmetropole ankommt, dauert es selten lange. So ging auch der Siegeszug dieser Livespiele ratzfatz. Das Konzept: Eine Gruppe Freunde schlüpft in eine Rolle – Detektiv, Bombenentschärfer oder Bankräuber – und hat eine Stunde Zeit, durch Lösen von Rätseln einen verschlossenen Raum wieder zu verlassen. Das Ziel ist die Ehre.

City

NEU *Zeiten nach Vereinbarung | Moselstr. 4 | ca. 20 Euro p. P. | Tel. 069 98 66 44 61 | www.tumult-frankfurt.de | S 1–9, U 4, 5, Tram 11, 12, 14–17, 19–21, Bus 33, 37, 46, 64, 600 Hauptbahnhof* (226 B5)

Ostend

Zeiten nach Vereinbarung | Hanauer Landstr. 205 | ab 21 Euro p. P. | Tel. 069 20 28 16 16 bzw. 069 43 91 99 | www.escape-events.de bzw. www.liveescape-frankfurt.com | Tram 11 Schwedler Straße (231 F4)

KUNST & KULTUR

FILMKOLLEKTIV FRANKFURT

Die Veranstaltungen des Frankfurter Filmkollektivs bieten Cineasten ein ganz besonderes Filmerlebnis, das die Kalender vieler Programmkinos alt aussehen lässt. Mit viel Liebe zum Detail (und ohne Kosten und Mühen zu scheuen) werden hier seltenste Filmperlen, rare Avantgardestreifen und Experimentalfilme ausgewählt, aber zum Beispiel auch erotische Filme zum Valentinstag gezeigt: an wechselnden Orten und in verschiedenen Kinos, in Zukunft (hoffentlich) auch in eigenen Räumen.

Wechselnde Spielorte | Tel. 069 77 06 33 19 | filmkollektiv-frankfurt.de

INSIDER TIPP PARKHAUS WK 16

NEU Eigentlich von Maschinenbauer Eric Kerschbaum nur als Nebenprojekt geplant, hat sich die Kunstgalerie im Parkhaus binnen kürzester Zeit zu einem magischen Anziehungspunkt für Künstler, Kreative und Freunde entwickelt, die in entspannter Atmosphäre neue Kunst entdecken oder an einem der Barabende zu Vinylscheiben tanzen wollen.

Sachsenhausen
Walter-Kolb-Str. 16 | Do, Sa 19–24 Uhr | parkhaus-wk-16.de | U 4, 5, Tram 11, 12 Dom/Römer, Bus 46 Eiserner Steg, Bus 30, 36 Elisabethenstraße (235 D2)

THEATER ALTE BRÜCKE

NEU Der Frankfurter Schauspieler Alexander Beck, seit Jahren Ensemble-Mitglied der Fliegenden Volksbühne, hat sich im Mai 2015 einen Traum erfüllt und sein eigenes, kleines Theater aufgemacht – das erste Theater in Sachsenhausen, eine echte Bereicherung für den Stadtteil. Aufgeführt werden Stücke in hessischer Mundart. Als »Sachsenhausens neues Wohnzimmer« öffnet das Theater jeden Sonntagabend seine Türen zum gemeinsamen INSIDER TIPP Tatort- oder Polizeiruf-Schauen (Ausnahme: Sommerpause).
Sachsenhausen
Kleine Brückenstr. 5 | Karten ab 12,80 Euro, Schüler und Studenten 10 Euro | Tel. 069 85 80 06 78 | www.theater-alte-bruecke.de | S 3–6, Tram 14–16, 18, Bus 30, 36, 45–48 Lokalbahnhof (227 F6)

ESSEN & TRINKEN

INSIDER TIPP LANDWEHRSTÜBCHEN

Der ehemalige Modemacher Peyman Far hat das Konzept des Traditionshauses komplett umgekrempelt und es zum In-Treff gemacht. Auf dem Programm stehen Veranstaltungen wie Stand-up-Comedy, Krimiabende, Vernissagen oder Jamsessions mit Straßenmusikern. Kulinarisch ist mit einem Mix aus Frankfurter Schnitzel und Melonensüppchen eine Crossover-Küche eingezogen. Einmal im Monat: Spezial-Dinner mit Gastköchen.
Sachsenhausen
€€–€€€ *Mi–So 17.30–24 Uhr | Sachsenhäuser Landwehrweg 371 | Tel. 069 63 54 40 | www.landwehrstuebchen-ffm.de | S 3, 4 Louisa* (234 C5)

Essen ■■■ Ambiente ■■■ Service ■■■

Das Hafenparkareal ist zum größten Sportplatz der Stadt geworden

Vielfalt der Farben und Düfte: In der Kleinmarkthalle ist Einkaufen ein Genuss

MANCINI
Die etwas kleinere Variante der Pizza genießt man am besten bei gutem Wetter auf dem belebten Trottoir – ansonsten kann man sich die außergewöhnlich belegten Teigfladen (zum Beispiel mit Pulpo und Blutwurst, Bresaola und Mangold oder süß mit Obst und gesalzenem Karamell) auch zum Mitnehmen ordern oder gleich per Lieferdienst bestellen.
Bornheim
€–€€ *Mo–Fr, So 11.45–15, tgl. 17.30–23 Uhr | Berger Straße 235 | Tel. 069 27 24 77 42 | www.eat-mancini.com | U 4, 5, Tram 12, 18, Bus 34, 38, 43, 103 Bornheim Mitte* (231 E2)

Essen ■■■ Ambiente ■□□ Service ■■□

DAS NUDELDING
NEU Der Name ist Programm: Bei den sympathischen Gastgebern Cheng und Yanli dreht sich alles um die (asiatische) Nudel – rund 70 Gerichte und Variationen von chinesischen Teigtaschen bis Nudelsuppen stehen hier auf der Karte, je nach Geschmack zum Beispiel ergänzt um frisches Gemüse, Kräuter, Fleisch oder Fisch. Die regelmäßig voll besetzten Tische in dem stilvoll gestalteten Lokal belegen: Das Konzept kommt an.
Westend
€–€€ *Mo–Do 17–0, Fr 17–1, Sa 15–1, So 15–0 Uhr | Kettenhofweg 64 | Tel. 069 97 78 38 86 | www.ibaozi.de | S 1–6 Taunusanlage, U 6, 7, Bus 36 Westend, Bus 50 Kettenhofweg* (229 F4)

Essen ■■□ Ambiente ■■□ Service ■■□

EINKAUFEN

INSIDER TIPP **AESOP**
NEU Endlich gibt es die australische Kult-Kosmetik auch in Frankfurt! Der Signature Store trägt die typische Handschrift

Frankfurt erleben

Neue Perspektiven auch für Frankfurtkenner: aus der Dampflok Wolkenkratzer bestaunen, einen Mordfall auf dem Schiff lösen, einem Geist in finstere Zeiten folgen. Läuft!

AUSSICHTSPUNKTE

BESUCHERTERRASSE AM FLUGHAFEN

Kerosingeruch oder der Duft der großen weiten Welt: Auf der 1800 m² großen, im Frühjahr 2016 frisch renovierten Aussichtsterrasse können Sie sich beides um die Nase wehen lassen. Von hier haben Sie einen Großteil von Deutschlands größtem Flughafen im Blick, insbesondere das Vorfeld sowie die beiden Parallelbahnen für Starts und Landungen.

Flughafen

Mo–Fr 10–18, Sa, So 10–19 Uhr | Eintritt 3 Euro | Terminal 2 | www.besucherterrasse.frankfurt-airport.de | S 8, 9 Flughafen, ab Terminal 1 Shuttle oder Skyline (237 E4)

DOMTURM

Einen wunderbaren Panoramablick über die Stadt sowie eine exklusive Vorschau auf das noch hinter Bauzäunen versteckte neue Dom-Römer-Quartier in der Altstat bietet die 66 m hoch gelegene Aussichtsplattform. Das ganze Jahr über gelangen Sie hinauf, durch ein enges Treppenhaus mit über 300 Stufen im Inneren des insgesamt 95 m in den Himmel ragenden Domturms.

City

April–Okt. 10–18, Nov.–März 10–17 Uhr | Eintritt 3 Euro | Domplatz 14 | www.dom-frankfurt.de | U 4, U 5 Dom/Römer, Tram 11 Paulsplatz (227 E4)

INSIDER TIPP FUSSGÄNGERBRÜCKE AN DER A5

Nicht nur für Planespotter, die auf Fotojagd nach Flugzeugen sind, ist die Fußgängerbrücke über der Autobahn direkt am Flughafengelände ein Anziehungspunkt. Von hier aus haben Sie den gesamten Flughafenbetrieb im Blick. Süd-

Über die Baumwipfel hinweg schauen Sie vom Goetheturm aus manchmal bis zum Taunus

lich davon ist das Luftbrückendenkmal mit zwei Rosinenbombern eine weitere Attraktion. Interessante Perspektiven auf das Gelände eröffnen sich außerdem von den Aussichtsplattformen an der *Startbahn West* und am *Kelsterbacher Wald*.

Flughafen

S 7 Zeppelinheim, Bus OF-64 Luftbrückendenkmal (237 E4)

GOETHETURM

Dort, wo Johann Wolfgang von Goethe auf seinen Spaziergängen im Sachsenhäuser Stadtwald einst eine Pause einlegte, steht seit 1931 der Goetheturm. Der hölzerne Ausguck, der mit einer Höhe von 43 m sogar die Baumwipfel überragt, ist über 196 Stufen zu erklimmen und ein Erlebnis für jeden, der sich diese sportliche Leistung zutraut. Bei gutem Wetter reicht die Sicht von diesem Frankfurter Wahrzeichen bis zum Taunus. Rings um den Turm liegt der *Waldspielpark*, ein Paradies für Kinder, zu dem Wassersprühfeld, Planschbecken, Labyrinth und Riesenrutsche gehören. Im Restaurant *Schmidt-Peccolo/Goetheruh* können Sie gut einkehren.

Sachsenhausen

April–Sept. tgl. 10–18 Uhr | Eintritt frei | Sachsenhäuser Landwehrweg | Bus 48 Goetheturm, Bus 81 Hansenweg (235 F4)

LOHRBERG

Von diesem idyllischen Flecken aus haben Sie einen einmaligen Blick in die Ferne und über die Skyline Frankfurts. Der 185 m hohe Berg im Norden der Stadt gehört zum Frankfurter Grüngürtel. Auf den riesigen Wiesen des *Lohrparks* ist zudem viel Platz, um es sich gemütlich zu machen. Kinder haben ihren Spaß bei Wasserspielen, und im *Bistro des Mainäppelhauses* können Sie sich ganz dem Lieblingsgetränk der Hessen widmen.

Seckbach

Auf dem Lohr | Bus 30 Heiligenstock/Lohrberg, Bus 43 Budge-Altenheim/Lohrberg (225 E2–3)

MAIN-TOWER

Der Main-Tower war der erste öffentlich zugängliche Wolkenkratzer der Stadt. In 200 m Höhe haben Sie von der Aussichtsplattform einen wunderbaren Rundblick über die Alte Oper, die Paulskirche, den Main und den Taunus. Nachts können Sie die beleuchtete Skyline bei einem Drink in der *Main-Tower-Lounge* genießen – sie liegt im 53. Stockwerk auf 187 m Höhe. Übrigens: Der *Hessische Rundfunk* sendet hier aus Europas höchstgelegenem Fernsehstudio.

City

Aussichtsplattform Winter So–Do 10–19, Fr, Sa 10–21, Sommer So–Do 10–21, Fr, Sa 10–23 Uhr | Neue Mainzer Str. 52–58 | Aufzug 6,50 Euro, ermäßigt 4,50 Euro | Tel. 069 36 50 48 78 | www.maintower.de | S 1–6, 8, 9 Taunusanlage (226 C3)

BESONDERE ERLEBNISSE

INSIDERTIPP FRANKFURTER HAFENBAHN

Einsteigen, bitte! Die mit historischer Dampf- oder Diesellokomotive betriebene Eisenbahn nimmt Sie mit auf eine Fahrt zwischen Frankfurts Skyscrapern – was für ein Kontrast! Vom Eisernen Steg geht's u. a. durch die grünen Oasen am Mainkai und vorbei an der glitzernden EZB. Sie erhalten Hafeneinblicke am Osthafen, die Ihnen normalerweise verwehrt bleiben. Mit Speisewagen.

City

Termine auf der Website | Eiserner Steg/ Mainkai | Erw. ab 7,80 Euro, Kinder ab 4,50 Euro | Fahrtzeit ca. 45 Min. | Tel. 069 43 60 93 (Mi 16–20 Uhr) | www.frankfurt-historischeeisenbahn.de | U 4, 5, Tram 11, 12 Römer (227 E4)

HAPPY LANDINGS ★

Für viele ist es ein Lebenstraum, als Pilot im Cockpit zu sitzen. Ganz ohne Fachausbildung können Sie hier in täuschend echten Flugsimulationen mit 180-Grad-Panoramablick und HD-Grafik drei verschiedene Flugzeugtypen steuern: den »Klassiker« Boeing 737, den »Digitalen« Airbus 320 oder den »Fighter« F-16. Bei Letzterem ist Nervenkitzel garantiert, denn Sie werden schnell vergessen, wo oben und unten ist. Und mit der Cessna C172 erleben Sie das Fliegen in einem kleinen Sportflugzeug – allein die saubere Landung ist eine große Herausforderung.

Nieder-Eschbach

Di–So 12–21 Uhr u. n. Vereinbarung | Heinrich-Lanz-Allee 10 | ab 109 Euro/ Std. | Tel. 069 3 80 78 76 20 | www.happy-landings.org | Bus 24, 29 Heinrich-Lanz-Allee (224 C1)

KRIMISPEKTAKEL AUF DEM SCHIFF

Wollten Sie immer schon selbst einen spannenden Mordfall lösen? Dann sind Sie bei einem interaktiven Krimispektakel genau richtig. Sie ermitteln detektivisch, werten Indizien aus, befragen Verdächtige, beraten sich mit anderen und kombinieren alle Erkenntnisse, bis die Lösung gefunden ist. Das Improvisationstheater *Für Garderobe keine Haftung* tritt mit vier verschiedenen Produktionen auf Schiffen der Primus-Linie

MARCO POLO HIGHLIGHTS

★ Happy Landings

Große Männer werden zu kleinen Jungs, wenn sie im Cockpit sitzen und atemberaubende Manöver fliegen dürfen. Im Flugsimulator von Happy Landings geben erfahrene Piloten geduldig Tipps, damit jeder an seinem Wunschflughafen sicher landet → S. 24

★ Licht- und Luftbad Niederrad

Wer braucht einen eigenen Garten, wenn es das Lilu gibt, die grüne Oase direkt am Mainufer? Strecken Sie sich auf der Liegewiese aus, oder organisieren Sie eine Grillparty mit Freunden – die Ausstattung können Sie vor Ort ausleihen → S. 27

Frankfurt leuchtet – bis zum Horizont: spektakuläre Aussicht vom Main-Tower

auf. Bei den spannenden Abenden ist allerdings nicht immer sicher, wer Schauspieler ist und wer nicht.

City

Termine auf der Website | Anlegestelle Eiserner Steg/Mainkai | 69,50 Euro | Tel. 069 13 38 37 0 | www.krimischiff.de | U 4, 5, Tram 11, 12 Römer (227 E4)

LASERTAG

Ob es ein Sport ist, sei mal dahingestellt. Fakt ist, dass Lasertag richtig Spaß macht und Sie dabei aktiv sein können! Jeder Spieler bekommt eine pistolenähnliche Ausrüstung, die Infrarotstrahlen aussendet. In der 300 m² großen, abgedunkelten Halle spielen entweder Teams gegeneinander oder jeder jagt jeden. Wenn Sie vom Gegner getroffen werden, müssen Sie aussetzen. Dabei hechten Sie auf der Suche nach Deckung zwischen futuristischen Kulissen hin und her.

Gallus

Tgl. 10–24 Uhr (nach Anmeldung) | Schmidtstr. 12 | Match à 20 Min. ab 7 Euro | Tel. 069 38 07 95 16 0 | www.lasertag-frankfurt.de | Tram 11, 21 Mönchhofstraße, Bus 34 Schmidtstraße (228 B6)

Ostend

Henschelstr. 26 | Tel. 069 38 07 95 16 1 | U 6, Tram 11, Bus 32 Ostbahnhof/Sonnemannstraße (231 E4)

MAIN BBQ-DONUT

Der BBQ-Donut ist eine runde, schwimmende Insel, die Platz für 9 Personen plus Bootsführer bietet. In der Mitte ist ein Grill für ein besonderes Brutzelvergnügen auf dem Main untergebracht, ausreichend Platz für gekühlte Getränke ist vorhanden. Die Fahrt auf dem wasserfesten Donut ist eine lustige Idee für fast jeden Anlass, so lässt es sich entspannt am Mainufer entlang schippern.

Auf der Website finden sich unterschiedlichste Arrangements.
Sachsenhausen
Mo–Fr ab 17, Sa, So ab 9 Uhr | Tiefkai, gegenüber Deutschherrnufer 12 | Miete ab 2 Std. 109 Euro/Std. | Kontakt über Website | www.main-bbq.de | S 5, 6 Lokalbahnhof (230 C5)

INSIDER TIPP THEATERFÜHRUNGEN DURCH DIE KELTERHOCHBURG
Seit Ende des 19. Jhs. wird der Apfelwein im *Hause Possmann* selbst gekeltert. Wer sich mit der Tradition der hessischen Spezialität auseinandersetzen will, hat im Hauptquartier der Rödelheimer Kelterei gemeinsam mit der Schauspielerin und Historikerin Katharina Schaaf als Äppel-Ännche die Gelegenheit dazu. Sie entführt in ein Frankfurt der Vergangenheit, wo jedoch schon genauso gern Apfelwein getrunken wurde wie heute.
Rödelheim
Eintritt ab 12 Euro | Eschborner Landstr. 156–162 | Tel. 069 7 89 90 40 | www.possmann.de | S 3–5 Rödelheim, Bus 55 Wolf-Heidenheim-Straße (224 B–C3)

GRÜNE OASEN

BOTANISCHER GARTEN
Zwischen Palmengarten und Grüneburgpark liegt dieses versteckte Kleinod. Hier wachsen über 5000 Pflanzenarten, darunter viele bedrohte. Die Grünanlage wurde 1763 von Johann Christian Senckenberg als Garten für Heilpflanzen angelegt, später war sie Lehrort für Studenten der Goethe-Universität. Bei einem Spaziergang durch den 8 ha großen Park geht es botanisch durch alle Regionen der Welt – von Nordamerika bis in den Kaukasus. Besonders idyllisch ist es am Ufer des kleinen Teichs in der Mitte, der von zwei plätschernden Bächen gespeist wird. Mehrmals im Jahr werden auch Führungen angeboten.

Eine der vielen Grünflächen der Stadt ist der Chinesische Garten

Westend
März–Okt. Mo–Sa 9–18, So 9–13 Uhr | Siesmayerstr. 72 | Tel. 069 21 27 78 84 | www.botanischergarten-frankfurt.de | U 6, 7 Westend (229 E2–3)

CHINESISCHER GARTEN

Am »jaspisgrünen Teich« oder im »Wasserpavillon des geläuterten Herzens« können Sie im hektischen Großstadttreiben wieder auftanken. Als Teil des *Bethmannparks*, umgeben von hohen Mauern, bietet das 4000 m² große grüne Refugium Ruhe und meditative Entspannung. Der Garten wurde 1989 von Facharbeitern aus China angelegt und folgt mit dem ausgewogenen Verhältnis der »Sieben Teile« – Erde, Himmel, Wasser, Steine, Gebäude, Lebewesen und Pflanzen – der traditionellen chinesischen Gartenkultur. Von Pavillon und Wandelgang am Teich eröffnen sich durch die mit fernöstlicher Schnitzkunst verzierten Fenster in jede Richtung gemäldegleiche Ausblicke. Mitte Juli bis Mitte August trifft sich sonntags eine Gruppe zum INSIDER TIPP Tai-Chi im Park *(www.taiji-wang.de)*, Besucher können kostenlos teilnehmen.

Nordend
Mo–Fr ab 7 Uhr bis Einbruch der Dunkelheit, Sa, So ab 10 Uhr | Eingang Untere Berger Str. oder Friedberger Anlage | www.chinaseiten.de | U 4 Merianplatz, Tram 12, 18, Bus 30 Hessendenkmal (227 F1)

GRÜNGÜRTEL

Monsterspechte, baumdicke Raupen und ein Baum, der Wasser lässt – sie alle gehören zu den elf *Objekten und Skulpturen Komischer Kunst*, die Satiriker der Neuen Frankfurter Schule in den Parks des Grüngürtels hinterlassen haben. Ein 64 km langer Wanderweg rund um Frankfurt, der mit dem Grüngürtellogo markiert ist, verbindet die Orte. In der Nähe des Stadtwaldhauses stoßen Sie z. B. auf F. K. Waechters legendären »Eichhörnchenkönig«. Aber Vorsicht: Hier steht auch der »Pinkelbaum«, der Gleiches mit Gleichem vergilt, wenn Sie ihm zu nahe kommen! Wer den Grüngürtel mit Kindern besucht, sollte sich vorher im Stadtwaldhaus oder bei der Bürgerberatung am Römer den INSIDER TIPP Grüngürtel-Sammelpass besorgen. Damit gibt's das Grüngürtel-Diplom.
www.gruenguertel.de, www.kunst-im-oeffentlichen-raum-frankfurt.de

HÖCHSTER MAINUFER

Das Gelände am Fuß der pittoresken Höchster Altstadt ist zur attraktiven Promenade geworden. Radler können dort mit der Fähre von Schwanheim nach Höchst übersetzen. Zum Ausruhen laden Sitzbänke und schattige Plätze unter Baumdächern ein. Tagsüber genießen die Spaziergänger den Blick auf den Mainbogen, nachts ist die Flaniermeile der Höchster beleuchtet. Am alten Schiffkran im Westen werden Sie im *Sommergarten der alten Schiffsmeldestelle* bewirtet.

Höchst
Tram 11 Zuckschwerdtstraße, Bus 51, 54, 55, 59 Bolongaropalast (232 B5)

LICHT- UND LUFTBAD NIEDERRAD ★

Anfang des 20. Jhs. konnte man von der Halbinsel im Fluss aus noch einen Sprung in den Main wagen. Heute entspannt man sich im Licht- und Luftbad Niederrad – kurz Lilu – auf den Wiesen oder am kleinen Sandstrand. Familien mit Kindern treffen sich hier ebenso wie Angestellte zur Mittagspause. An lauen Sommerabenden wird auch gegrillt – Grill und Liegestühle können Sie ausleihen. Ansonsten versorgt Sie das *Café im Ponton* mit Getränken und kleinen Spei-

Grüne Oase im Großstadttrubel: Palmengarten

sen, ÖKO teils aus biologischem Anbau. Das Lilu können Sie auch für private Veranstaltungen mieten.

Niederrad

Tgl. 9 Uhr bis Einbruch der Dunkelheit, Ponton ab 11 Uhr | Niederräder Ufer 10 | Tel. 069 67 73 36 53 | www.lilu-frankfurt.de | Tram 12, 15, 21 H.-Hoffmann-Str./ Blutspendedienst (233 E2)

NIZZA AM MAIN

Der sonnige Süden scheint ganz nah: Wegen des besonders günstigen Mikroklimas direkt an der Kaimauer grünen und blühen an diesem Stück des nördlichen Mainufers Eukalyptussträucher, Feigen- und Zitronenbäumchen, und die Vögel zwitschern herrlich. Nach einem Spaziergang durch den 4,42 ha großen Park können Sie sich auf der Terrasse des Restaurants *Mainnizza* bei einem Cocktail in den Süden träumen.

City

Nördliches Mainufer zw. Holbeinsteg und Untermainbrücke | U 1–5, 8, Tram 11, 12, 14, 18 Willy-Brandt-Platz (226 C5)

PALMENGARTEN

Das von Heinrich Siesmayer geschaffene Gartenreich ist schon seit 1871 eine Oase inmitten des Großstadttrubels. Beim Gang durch den dicht bewachsenen Rhododendrongarten in voller Blüte oder wenn im Spätsommer bei der Dahlienschau die Natur alle Register zieht, gerät man ins Schwärmen. Auf dem kleinen Weiher können Sie ein Ruderboot mieten, außerdem gibt es einen Minigolfplatz und eine Liegewiese. Das sanierte Gesellschaftshaus ist Mittelpunkt festlicher Veranstaltungen und Heimat des Frühlingsballs Frankfurt.

Westend

Feb.–Okt. 9–18, Nov.–Jan. 9–16 Uhr | Eintritt 7 Euro | Siesmayerstr. 61 | Tel. 069 21 23 39 39 | www.palmengarten.de | U 4, 6, 7, Tram 16 Bockenheimer Warte (229 E2–3)

SCHWANHEIMER DÜNE

Die 58,5 ha große Binnendüne im Westen Schwanheims ist seit 1984 ein Naturschutzgebiet, das Sie nur auf speziellen Stegen durchqueren dürfen. Sie entstand nach der letzten Eiszeit aus Sand, der aus dem Flussbett des Mains verweht wurde. Seit Ende des 19. Jhs. entwickelte sich die noch heute anzutreffende typische Silbergrasflur. Sie ist außerordentlich selten und ökologisch kostbar. Daneben wachsen auf dem mageren Sand einige Kiefern, die mit ihren bizarren Formen an ferne Meeresküsten erinnern.

Schwanheim
Bus 51 Schwanheimer Friedhof (224 B5)

STADTWALD

Im Süden Frankfurts ist der Stadtwald so etwas wie die grüne Lunge der Stadt. Hier können Sie joggen, radeln und reiten, und der Jacobiweiher dient in manchen Wintern sogar als Eisbahn. Das Informationszentrum Stadtwaldhaus *(www.stadtwaldhaus-frankfurt.de)* ist vor allem für Familien mit Kindern ein sehr lohnenswertes Ausflugsziel.

Sachsenhausen
Tram 14 Oberschweinstiege (224 B5)

VOLKSPARK NIDDATAL

Das 168 ha große ehemalige Gelände der Bundesgartenschau 1989 wird von Freizeitsportlern und Spaziergängern bevölkert, denn nach dem Stadtwald ist der Niddapark die größte zusammenhängende Grünfläche Frankfurts. Wäldchen und naturbelassene Wiesen wechseln sich ab. An den Uferwegen an der Nidda können Sie Tiere beobachten, bei Kindern ist der Wasserspielplatz beliebt.

Ginnheim
Zugang z. B. Am Ginnheimer Wäldchen | U 1, 9 Niddapark (224 C3)

STADTFÜHRUNGEN

ADFC-RADTOUREN

Ob mit modernstem Mountainbike oder Omas Klapprad, ob für Sportler oder Genießer, ob Stadterkundung oder Fahrt durchs Grüne – über 200 Radtouren bietet der ADFC Frankfurt jährlich an. Die werktäglichen Feierabendtouren, Tages-

fahrten am Wochenende und Mehrtagestouren im Sommer werden von erfahrenen Tourenleitern begleitet, die Sie möglichst auf Wegen abseits des Verkehrs sicher ans Ziel lotsen. Nebenbei erfahren Sie allerlei über die Sehenswürdigkeiten Frankfurts und der Region.
Termine s. Website | Teilnahme kostenlos, von Nichtmitgliedern wird ein freiwilliger Beitrag erbeten | Tel. 069 94410196 | www.adfc-frankfurt.de

INSIDER TIPP DAS FRANKFURTER OSTEND RUND UM DIE NEUE EZB

Ein Stadtteil im Wandel. Die schillernde Heimat des Geldes ist angesiedelt im ehemaligen Malocher- und Industrieviertel des Frankfurter Ostends. Ein interessanter Kontrast, der auf dieser zweistündigen geführten Tour beleuchtet wird. Eckpunkte der Entdeckungstour sind u. a. der EZB-Neubau, die Osthafenbrücke und der Hafenpark.
Ostend
Gruppenbuchungen (max. 25 Pers.) | Startpunkt Alte Stadtbibliothek, Schöne Aussicht 2 | 150 Euro pro Gästeführer (nur Gruppenbuchungen) | Tel. 069 21238953 | www.frankfurt-tourismus.de | Bus 30, 36 Schöne Aussicht
(227 F5)

DAS FRANKFURTSPIEL

Zu Fuß, mit dem Rad oder per Bus und Bahn sind Sie auf verschiedenen Stadtrallyes unterwegs, um knifflige Aufgaben zu lösen und die Stadt (noch) besser kennenzulernen. Eine Kombination aus Event, Schnitzeljagd und »Wer wird Millionär«-Quiz. Unter dem Motto »Sex and Crime« z. B. erleben Sie einen außergewöhnlichen Besuch im Städelschen Kunstinstitut.
Nur Gruppenbuchungen ab 6 Pers., 12 Euro/Pers. | Tel. 069 48002504 | www.frankfurtspiel.de

GRÄBER ERZÄHLEN GESCHICHTEN

Die Grabstätte der jung verstorbenen Pauline Schmidt ist eine der meistbesuchten auf dem Frankfurter Hauptfriedhof. Warum das so ist, finden Sie auf einer Führung heraus. Und Sie erfahren viele weitere interessante Geschichten, z. B. aus den Biografien großer Frankfurter Persönlichkeiten. Anhand der aufwendig gestalteten Mausoleen und Grabsteine lassen sich Moden und Baustile im Wandel der Zeit erforschen. Führung zu 40 Grabanlagen auch per App möglich *(wo-sie-ruhen.de)*.
Nordend & Eckenheim
6 Euro | Tel. 069 567800 | www.frankfurter-hauptfriedhof.de

KULTUR-ERLEBNIS

Kunst, Geschichte und Kultur der Rhein-Main-Region will die Agentur lebendig vermitteln. Frankfurts Museen, den Palmengarten oder den IG-Farben-Bau erleben Sie auf den Touren aus einer neuen Perspektive. Im Angebot sind zudem Ausflüge ins Umland, etwa eine Exkursion auf den Spuren Goethes in die Weinberge des Rheingaus, und Veranstaltungen, die Essen und Vorträge kombinieren, wie das Landgrafen-Dinner im Grandhotel Hessischer Hof.
Ab 10 Euro | Tel. 0176 51223163 | www.kultur-erlebnis.de

KULTUROTHEK

Bei den Rundgängen der Kulturothek geht es um Kriminalfälle, Skulpturen oder berühmte Liebespaare. Mit der Kulinarik beschäftigen sich Führungen durch die Kleinmarkthalle und über den Erzeugermarkt der Konstablerwache. Am Wochenende sind neben Spaziergängen auch Rundfahrten oder Stadtrallyes für Erwachsene im Programm.
8–15 Euro | Tel. 069 281010 | www.kulturothek.de

INSIDER TIPP RED LIGHT TOUR

Los geht's auf der Tour durchs Rotlichtviertel in der Sankt Tropez Bar. Die Ex-Spielhölle des Wilden Gottlieb ist bekannt aus dem Film »Der Schattenmann«. Fotograf Ulrich Mattner, der in dem pulsierenden Viertel lebt und arbeitet, kennt sich hier bestens aus. Mit ihm entdeckt man Ecken, die man sonst nicht zu sehen bekommt. Mit seinem Insiderwissen führt er durch die sündige Welt der Stripbars und Separées – mal eine andere Art, Frankfurt zu erleben.

City

Einmal im Monat, Termine auf der Website | Startpunkt Haupteingang Hauptbahnhof | 3 Std. Führung 69 Euro | Tel. 089 97 46 03 27 | www.frankfurter-stadtevents.de | S 1–9, U 4, 5, Tram 11, 12, 14–17, 19–21, Bus 33, 37, 46, 64, 600 Hauptbahnhof (226 A5)

SEGWAY-CITYTOUR

Fast lautlos und ohne Abgase durch Frankfurt cruisen – mit dem Segway erkunden Sie das Bankenviertel, rollen am Museumsufer entlang und durchqueren die Altstadt, »erfahren« unter anderem Dom, Römer, Paulskirche und Alte Oper. Ein Fahrtraining auf den angesagten Elektrorollern geht dem Spaß voraus, und Sie werden merken, dass es leichter ist, als es aussieht. Während der Tour informieren die Guides des Anbieters Mindways per Funk über die Sehenswürdigkeiten entlang der Strecke.
Ab 64,80 Euro | Tel. 069 17 55 45 35 | www.segway-citytour.de

TOUR DER SCHWARZEN SCHATTEN

Wie war es im Mittelalter, als die Pest wütete und öffentliche Hinrichtungen üblich waren? Ein Geist führt Sie in die unheimlichsten Ecken Frankfurts: Vom Eschenheimer Turm aus geht es vor die Stadtmauern, durch dunkle Parks und in die Gassen der Altstadt. Diese Tour, die auch auf Englisch angeboten wird, verpackt Frankfurts Stadtgeschichte gruselig und würzt sie mit einigen Schreckmomenten. Auch der untote Reiseleiter hat ein Geheimnis, das es zu lüften gilt.
Morticus Ghosttours | Karten 10,50 Euro | Tel. Geschäftsstelle 06081 5 87 46 38 | www.morticus.info

Mit dem Elektroroller durch die Stadt

WILDKRÄUTERFÜHRUNGEN

Wer hätte gedacht, dass der Hauptfriedhof ein Refugium für Heilpflanzen ist? Kräuterfachfrau Regine Ebert bringt Ihnen die heimische Pflanzenwelt näher und zeigt, welche Kräuter Sie in Küche und Hausapotheke einsetzen können. Auch Exkursionen ins Eschbachtal oder in den Niddapark sind im Angebot, auf dem Dottenfelderhof in Bad Vilbel wird mit Kräutern und Harzen geräuchert.
7–75 Euro | www.regine-ebert.de

FREIGUT

ESSEN + TRINKEN + MAIN
AM EISERNEN STEG

ÖFFNUNGSZEITEN (BEI SCHÖNEM WETTER)

MO – FR: AB 15 UHR
SA & SO: AB 12 UHR
SITUATIV VORBEHALTEN

Kunst & Kultur

Vom Kunstmuseum bis zur Off-Galerie, vom Varieté bis zur Oper, Etabliertes oder Experimentelles: Wer in Frankfurt Kunst und Kultur erleben möchte, hat die schöne Qual der Wahl.

Die Frankfurter sind stolz auf ihre Kunst- und Kulturlandschaft, und das mit Recht – mit über 60 Museen und Ausstellungshäusern können sie locker mit großen Metropolen mithalten. Und typisch Frankfurt tut sich auch in diesem Bereich wieder einiges: Als Teil des Jüdischen Museums steht das Museum Judengasse → **S. 54** seit Frühjahr 2016 Besuchern wieder offen. 2017 soll nach mehrjähriger Umbauphase endlich auch das neue Historische Museum → **S. 52** eröffnet werden und mit einigen Überraschungen wie dem Konzept des partizipativen Stadtlabors aufwarten. Auf ein neues Highlight am Frankfurter Museumshimmel dürfen sich Freunde von Synthesizern und Co. freuen: das MOMEM (Museum of Modern Electronic Music, Eröffnung noch undatiert), ein weltweit einzigartiges Kulturprojekt, das die Grenzen eines herkömmlichen Museums sprengen wird.

BESONDERE BAUWERKE

BOLONGAROPALAST

Dort, wo die Nidda in den Main fließt, steht der prächtige Bolongaropalast, der heute ein Verwaltungsamt beherbergt. Von der Uferpromenade aus haben Sie einen guten Blick auf das 1775 fertiggestellte Barockschlösschen und seinen terrassierten Park. Zukünftig soll das Gebäude als Museum und kultureller Veranstaltungsort genutzt werden. Im Sommer residiert im Garten »Barock am Main« von Michael Quast.

Höchst

Mo–Fr 9–16 Uhr | Eintritt frei | Bolongarostr. 109 | www.bolongaropalast.de | Tram 11 Zuckschwerdtstraße, Bus 51, 54, 55, 59 Bolongaropalast (232 B5)

ERNST-MAY-HAUS

Der Frankfurter Ernst May war Stadtplaner und Architekt, seinem Stil begegnen

Verwaltungsgebäude der besonderen Art: der Peter-Behrens-Bau von 1924

Sie an vielen Orten in der Stadt. In den 1920er-Jahren baute er in seiner Funktion als Dezernent der Stadt das »Neue Frankfurt«, Wohnsiedlungen in der *Römerstadt* oder in *Praunheim*, die erschwinglich sein sollten. Von außen wirken die Gebäude schlicht, sie sind auf das Wesentliche reduziert. Umso überraschender ist daher ein Blick ins Innere des rekonstruierten May-Hauses: Fensterrahmen sowie Wände sind farbenfroh gestrichen, und die Frankfurter Küche leuchtet in strahlendem Blau.

Heddernheim

Di–Do 11–16, Sa, So 12–17 Uhr | Eintritt 4 Euro | Im Burgfeld 136 | Tel. 069 15 34 38 83 | www.ernst-may-museum.de | U 1 Römerstadt, Bus 60 Mithrastraße (224 C3)

JUSTINUSKIRCHE

Das älteste Bauwerk Frankfurts steht in Höchst: Die von 830 bis 850 errichtete Justinuskirche wird weiterhin als katholisches Gotteshaus genutzt. Hier können Sie spätgotische Skulpturen und einen barocken Hochaltar bewundern. Auf der ebenfalls barocken Orgel werden auch öffentliche Konzerte gespielt.

Höchst

April–Okt. Di–So 14–17, Nov.–März Sa, So 14–16 Uhr | Führungen über das Pfarrbüro | Justinusplatz 3 | Tel. 069 3 39 99 60 | www.justinuskirche.de | S 1, 2 Höchst, Bus 50, 54, 55 Leverkuser Straße (232 B5)

PETER-BEHRENS-BAU

Das Verwaltungsgebäude der ehemaligen Hoechst AG wurde vom Architekten, Maler und Designer Peter Behrens entworfen und 1924 fertiggestellt. Es ist einer der bedeutendsten expressionistischen Bauten in Deutschland. Der Innenraum wurde in seinen ursprünglichen Zustand zurückversetzt, bei Führungen können Sie bunt bemalte Wände, Säulen und farbige Glasfenster bestaunen. Übrigens: Das Werkstor finden Sie im alten Logo der Hoechst AG wieder.

Höchst

Führungen nach Anmeldung | Eintritt frei | Brüningstr. 45 | Tel. 069 3 05 54 13 | www.ihr-nachbar.de/behrensbau | Bus 51, 58 Industriepark Höchst Tor Ost (232 A6)

GALERIEN & KUNSTVEREINE

1822-FORUM

Das Forum der Frankfurter Sparkasse bietet jungen professionellen Künstlern eine Plattform für eigene Ausstellungen. Experimentalfilm, Malerei oder Performances: Hier ist man auf kein Medium festgelegt.

City

Di–Fr 14–18, Sa 13–16 Uhr | Fahrgasse 9 | Tel. 069 26 41 42 34 | Bus 30, 36 Schöne

Aussicht, U 4, 5, Tram 11, 12 Dom/Römer (227 F4)

GALERIE ANITA BECKERS

Anita Beckers ist eine Koryphäe der Frankfurter Galeristenszene: Schon früh hat sie auf vielversprechende Videokünstler gesetzt, von denen einige inzwischen weltweit erfolgreich sind. Die Förderung junger, außergewöhnlicher Künstlerinnen und Künstler gehört neben der Präsentation bereits etablierter Namen nach wie vor zum Konzept der gleichnamigen Galerie.

City

Di–Fr 11–18, Sa 12–17 Uhr | Braubachstr. 9 | Tel. 069 73 90 09 67 | galerie-beckers.de | U 4, 5 Dom/Römer, Tram 11, 12, Bus 30 Börneplatz (227 E3)

ART VIRUS LTD.

Die schicke Villa mit Garten, in der die Galerie liegt, steht in schönem Kontrast zu der avantgardistischen und auch durchaus mal gesellschaftskritischen Kunst, die hier gezeigt und verkauft wird. Bewundern können Sie vor allem Werke deutscher Künstler. Dass Galerist Michele Sciurba selbst in dem Haus wohnt, gibt der Galerie außerdem das Flair eines Salons.

Sachsenhausen

Öffnungszeiten nach Vereinbarung | Bergesgrundweg 3 | Tel. 069 69 86 66 20 | www.artvirus-ltd.com | Bus 47, 48 Schweinfurter Weg (235 E4)

BASIS FRANKFURT

Die Produktions- und Ausstellungsplattform vermietet an drei Standorten günstige Ateliers und fördert über 150 Nachwuchskünstler, daneben werden Ausstellungen und Vorträge organisiert. Bei der Sommerschau können Sie zudem jedes Jahr in den Ateliers interessante Mode und Schmuck erstehen.

MARCO POLO HIGHLIGHTS

★ **Die Käs**
Alteingesessene Institution, in der sich Deutschlands bekannteste Kabarettisten die Klinke in die Hand geben → **S. 40**

★ **Tigerpalast**
Das Varietétheater präsentiert regelmäßig Top-Artisten → **S. 43**

★ **Dialogmuseum**
Schlagartig wird es dunkel – und die Guides führen die Besucher durch eine imaginäre Landschaft → **S. 51**

★ **Museum für Moderne Kunst**
Nicht nur seiner Sammlung wegen ein Glanzlicht. Es zeigt Werke bekannter Künstler seit den 1960er-Jahren → **S. 53**

★ **Städel-Museum**
Mit Gemälden, Zeichnungen und Skulpturen der vergangenen 700 Jahre ein international renommiertes Haus. Der futuristische Anbau zieht viele Kunstliebhaber an → **S. 56**

★ **Künstlerhaus Mousonturm**
Das Theater in Bornheim setzt Maßstäbe, wenn es um neue Darstellungsformen und zeitgenössischen Tanz geht → **S. 58**

★ **Schauspiel Frankfurt**
Das größte Sprechtheater im Rhein-Main-Sektor zeigt gern auch Unverblümtes oder extravagante Ur- und Erstaufführungen → **S. 60**

Galerie Bärbel Grässlin: viel Raum, auch für regionale Künstler

City
Ausstellung, Leseraum u. Ateliers: Di–Fr 11–19, Sa, So 12–18 Uhr | Gutleutstr. 8–12 | Tel. 069 40 03 76 17 | www.basis-frankfurt.de | U 1–5, 8, Tram 11, 12 Willy-Brandt-Platz (226 C5)

GALERIE BÄRBEL GRÄSSLIN
In imposanten Räumen betreibt Bärbel Grässlin seit über 30 Jahren eine der einflussreichsten Galerien Frankfurts. Das Programm umfasst hauptsächlich Werke deutscher und österreichischer Künstler von den 1980ern bis heute – zu ihnen gehören Albert Oehlen, Martin Kippenberger oder Franz West.
City
Di–Fr 10–18, Sa 10–14 Uhr | Schäfergasse 46 B | Tel. 069 29 92 46 70 | www.galerie-graesslin.de | U 4–7, S 1–6, 8, 9, Tram 12, 18, Bus 30, 36 Konstablerwache (227 E2)

FRANKFURTER KUNSTVEREIN
Seit 1829 besteht der Kunstverein, und er ist einer der renommiertesten in Deutschland. Die Ausstellungen im Steinernen Haus sind ein spannendes Experimentierfeld für zeitgenössische Künstler aus aller Welt. Regelmäßig finden INSIDER TIPP Performances, Lesungen, Diskussionsrunden oder Konzerte statt.
City
Di, Mi, Fr 11–19, Do 11–21, Sa, So 10–19 Uhr | Eintritt 8 Euro | Steinernes Haus am Römerberg, Markt 44 | Tel. 069 2 19 31 40 | www.fkv.de | U 4, 5 Dom/Römer, Tram 11, 12, 14 Römer/Paulskirche (227 E4)

KUNSTVEREIN FAMILIE MONTEZ E.V.
In direkter Nachbarschaft zur EZB hat der Kunstverein seine Heimat. Unter der sanierten Honsellbrücke finden Ausstellungen, Vernissagen, aber auch Partys und Barabende statt. Im Sommer sitzt

man nach dem Kunstgenuss herrlich am Mainufer.

Ostend

Öffnungszeiten je nach Ausstellung | Honsellstr. 7 | www.kvfm.de | U 6 Ostbahnhof (231 E5)

GALERIE MARION & EVA MEYER

In Paris ist die Galerie schon seit Längerem erfolgreich, inzwischen hat sie sich auch in der Frankfurter Szene etabliert. Vertreten werden vor allem junge französische Künstler, die in Genres wie Fotografie, Malerei, Skulptur, Installationen und Performance arbeiten.

Dornbusch

Di–Sa 14–18 Uhr u. n. Vereinbarung | Eichendorffstr. 70A | Tel. 069 56 00 28 28 | www.galerie-marion-eva-meyer.de | U 1–3, 8 Fritz-Tarnow-Straße, Bus 64 Fallerslebenstraße (225 D3)

GALERIE ROTHAMEL

Die Galerie des Kunsthistorikers Jörk Rothamel ist schon lange eine feste Größe im Kunstviertel. Im Wechsel mit der Erfurter Stammgalerie zeigt sie in erster Linie die Arbeiten junger Künstler aus Deutschland. Schwerpunkt der Ausstellungen ist die Malerei, doch auch Skulpturen und abstrakte, provozierende oder bunte und poppige Fotografie können Sie anschauen.

City

Mi–Fr 13–18, Sa 11–16 Uhr u. n. Vereinbarung | Fahrgasse 17 | Tel. 0177 5 99 84 45 | www.rothamel.de | U 4, 5 Dom/Römer, Tram 11, 12 Börneplatz, Bus 30, 36 Schöne Aussicht (227 F4)

SAASFEE PAVILLON

Der Saasfee Pavillon versteht sich als Ausstellungs- und Konzertraum, als Labor und Experimentierfläche. Die vom Kulturamt der Stadt geförderte Adresse präsentiert dabei u. a. spannende Arbeiten der Studenten und Absolventen der Hochschule für Gestaltung in Offenbach.

City

Öffnungszeiten je nach Ausstellung | Bleichstr. 64–66 | Tel. 069 83 78 26 | saasfee.de/pavillon| U 1–3, 8, Bus 36 Eschenheimer Tor, Bus 36 Peterskirche (227 D2)

SCHWALBE 54

In diesem »Raum für Kunst« im Gallusviertel haben junge Künstler von den Frankfurter und Offenbacher Hochschulen die Möglichkeit, ihre Werke zu zeigen. Neben Malerei und Fotografie gibt es auch Ungewöhnlicheres, z. B. Streetart und Graffitikunst.

Gallus

Öffnungszeiten nach Vereinbarung | Schwalbacher Str. 54 | Tel. 069 95 86 77 35 | www.schwalbe54.de | Tram 11, 21 Schwalbacher Straße (228 C6)

GALERIE WILMA TOLKSDORF

Wilma Tolksdorf mischt mit ihren Galerien in Berlin und Frankfurt seit über 30 Jahren erfolgreich im internationalen Kunstgeschehen mit. Sie vertritt vor allem Fotokünstler, darunter Stars wie Thomas Ruff oder Valie Export. Die Preise für solche Exklusivitäten liegen locker im fünfstelligen Bereich.

Ostend

Di–Fr 11–18, Sa 11–14 Uhr | Hanauer Landstr. 136 | Tel. 069 43 05 94 27 | www.wilmatolksdorf.de | Tram 11 Osthafenplatz (231 E4)

KABARETT & KLEINKUNST

BLACK RABBIT

Ob es bei dem sprichwörtlichen Hasen, den Zauberkünstler Remo Kell aus dem Hut zaubert, auch wirklich mit rechten Dingen zugeht, können Sie in »Frankfurts erstem Nahzauber-Theater« unmittelbar miterleben. Sie sitzen direkt am Magic Table, und so können Sie dem Maestro genau auf die Finger schauen. Seine Spezialität sind Karten-, Münz- und Mentaltricks, die er in äußerst gemütlicher Lounge-Atmosphäre witzig und sehr charmant präsentiert.

City

Karten ab 43,90 Euro | Eschenheimer Tor 2, Eingang durch Fleming's Deluxe Hotel City | Tel. 069 4 07 66 25 80 | www.blackrabbittheatre.de | U 1–3, 8, Bus 36 Eschenheimer Tor (227 D2)

BROTFABRIK

1962 wurde der Betrieb in der Brotfabrik eingestellt, heute sind hier unter anderem drei kulturelle Veranstalter untergebracht: Das Kulturprojekt 21 organisiert Kabarettveranstaltungen, Improvisationstheater und Konzerte, beim Frankfurter Autorentheater sind neben eigenen Produktionen auch Gastspiele zu sehen, und die P.-U.-T.-Event-Bühne bietet Varieté und Kleinkunst.

Hausen

Bachmannstr. 2–4 | Tel. 069 24 79 08 00 | www.brotfabrik.info, www.fat-web.de, www.puteventbuehne.de | U 6, Bus 34 Fischstein, U 7, Bus 72, 73 Große Nelkenstraße (228 B1)

INSIDER TIPP DIE DRAMATISCHE BÜHNE

Das Ensemble besteht aus zwölf Schauspielern, die klassische Stoffe wie »Faust«, »Romeo und Julia« oder »Hamlet« in bearbeiteter Fassung, mit humorig komödiantischen Elementen, Artistik und Gesang auf die Bühne bringen. Die Exzess-Halle ist ein origineller und unkonventioneller Spielort mit klappbaren Gartenstühlen und einer provisorischen Einrichtung. Im Sommer gibt es jedes Jahr ein Freilichtfestival im Grüneburgpark.

Bockenheim

Karten 8 Euro | Leipziger Str. 91 | Tel. 069 15 62 90 37 | www.diedramatischebuehne.de | U 6, 7 Leipziger Straße (229 D3)

GALLUS-THEATER

Früher produzierten hier die Adlerwerke ihre Autos und Schreibmaschinen, heute wird auf dem Gelände an Aufführungen gefeilt. Das Gallus-Theater ist Probebühne und Spielstätte für die freie Theater- und Künstlerszene in Frankfurt und außerdem bekannt für anspruchsvolles Kinder- und Jugendtheater. Auch Stücke in Kooperation mit der Hochschule für Musik und Darstellende Kunst werden regelmäßig gezeigt.

Gallus

Karten ab 7 Euro | Kleyerstr. 15 | Tel. 069 75 80 60 20 | www.gallustheater.de | S 3–6, Tram 11, 21, Bus 52 Galluswarte (229 D6)

INTERNATIONALES THEATER

An jährlich 150 Spieltagen mit etwa 100 Gastspielen kommen Schauspiel, Musik und Lyrik in zahlreichen Sprachen der Welt auf die Bühne. Die Künstler und Ensembles stammen aus rund 25 Kulturen und bieten ein vielseitiges Programm. Neben Sprechtheater gibt es Konzert- und Liederabende sowie Tanz, Lesungen und Ausstellungen.

Ostend

Karten ab 5 Euro | Hanauer Landstr. 5–7 | Tel. 069 4 99 09 80 | www.internationales-theater.de | S 1–6, 8, 9, Tram 11, 14 Ostendstraße (231 D4)

DIE KÄS ★

Die Kabarett-Änderungsschneiderei, kurz KÄS, ist nach ihrer ersten Spielstätte benannt und existiert als Kabaretttheater bereits seit zwei Jahrzehnten. Gezeigt wird nicht nur das eigene Programm, Stars der deutschen Co-

medy- und Kabarettszene wie Florian Schroeder, Frank Lüdecke oder Sebastian Puffpaff sind regelmäßig zu Gast.
Bornheim
Karten 25,10 Euro | Naxos-Halle, Waldschmidtstr. 19 | Tel. 069 55 07 36 | www.die-kaes.com | U 4 Merianplatz, Tram 14, 18 Waldschmidtstraße (231 D3)

NEUES THEATER HÖCHST

In Frankfurts Westen befindet sich eine der bedeutendsten Kleinkunstbühnen Hessens. Ein Highlight ist das Varietéprogramm mit internationalen Artisten, Akrobaten und Conférenciers, das zweimal im Jahr stattfindet.
Höchst
Karten ca. 24 Euro | Emmerich-Josef-Str. 46a | Tel. 069 33 99 99 33 | www.neues-theater.de | S 1, 2 Bahnhof Höchst, Bus 51, 53, 58, 59 Emmerich-Josef-Straße (232 B5)

DIE SCHMIERE

Seit mehr als 65 Jahren gibt es die Schmiere schon, es ist das einzige nicht subventionierte Privattheater der Stadt. Effi Rolfs führt das Haus im Sinne ihres verstorbenen Vaters. Das Ensemble arbeitet fast jeden Abend auf der Bühne im Klosterkeller, auch Gastspiele können Sie hier sehen. Einmal im Monat montags gibt es den »Magic-Monday-Zauberabend«.
City
Karten 14,20–19,70 Euro | Karmeliterkloster, Seckbächer Gasse 4 | Tel. 069 28 10 66 | www.die-schmiere.de | U 1–5, 8, Tram 11, 12 Willy-Brandt-Platz (227 D4)

In der KÄS werden im Rahmen spezieller Events auch Filme gezeigt

STALBURG-THEATER

Der Schwerpunkt des Theaters liegt auf Eigenproduktionen wie der Reihe »Familie Hesselbach«, ein Dauerbrenner und ein Muss für Kleinkunstfans. Mindestens zweimal im Jahr gibt es eine neue Theaterinszenierung. Auf dem Programm stehen außerdem Kabarett, Jazz sowie Klassik. Beim jährlichen Festival Stoffel im Sommer verlegt das Theater seine Bühne kurzerhand für vier Wochen in den Günthersburgpark.

Nordend

Karten ab 18 Euro | Glauburgstr. 80 | Tel. 069 25 62 77 44 | www.stalburg.de | U 5 Glauburgstraße (230 C2)

THEATRALLALA

»Das kleine Volkstheater im Nordend« nennt Zeremonienmeister Bäppi La Belle – im bürgerlichen Leben Thomas Bäppler-Wolf – sein Haus bescheiden. Hier finden regelmäßig die INSIDER TIPP kultigen Bäppi-Shows statt, bei denen schon so mancher Prominente Humor beweisen musste. Daneben präsentieren sich viele Klein- und Travestiekünstler mit hautnahem Kontakt zum Publikum. Und wenn niemand auf der Bühne steht, erlebt man Bäppi an gleicher Stelle in seinem eigentlichen Beruf: als Tanzlehrer im Tanzcentrum Bäppler-Wolf.

Bornheim

Karten ab 26 Euro | Friedberger Landstr. 296 | Tel. 069 59 37 01 | www.theatrallalla.de | Tram 18 Münzenberger Straße (231 D1)

TIGERPALAST ★

Frankfurts erste Adresse in Sachen Varieté, und das schon seit bald 30 Jahren mit zwei Aufführungen pro Abend, ist der Tigerpalast. In der wechselnden Frühjahrs- und Herbstrevue präsentieren sich mit einem Liveorchester die besten Künstler: Sieger internationaler Artistenfestivals und Weltgrößen des Varietés. 2006 bekamen die Gründer und Direktoren Johnny Klinke und Margareta Dillinger die Goethe-Plakette verliehen – die höchste kulturelle Auszeichnung des Landes Hessen.

City

Karten 59,75 Euro–66,50 Euro | Heiligkreuzgasse 16–20 | Tel. 069 9 20 02 20 | www.tigerpalast.de | U 4–7, S 1–6, 8, 9, Tram 12, Bus 30, 36 Konstablerwache (230 C4)

KINOS

BERGER-KINO

Schon seit mehr als 35 Jahren gibt es das beliebte, mit digitaler Kinotechnik ausgerüstete Bornheimer Programmkino. Neben Arthouse-Streifen können Sie anspruchsvolle Hollywoodfilme anschauen, auch in 3D.

Bornheim

Berger Str. 177 | Tel. 069 9 45 03 30 | U 4, Tram 12, Bus 34, 38, 42 Bornheim Mitte (231 E2)

CINEMA

Das Arthouse-Kino steht für anspruchsvolle Produktionen zwischen oscargekrönten Filmen und Produktionen jenseits des Mainstreams, montags auch in der INSIDER TIPP Originalfassung mit Untertiteln.

City

Rossmarkt 7 | Tel. 069 21 99 78 55 | www.arthouse-kinos.de | U 1–3, 6–8, S 1–6, 8, 9 Hauptwache (227 D3)

E-KINOS

So ziemlich jeder Frankfurter wird schon einmal im Kinocenter an der Hauptwache gewesen sein. Die Vorführungen ab 13 Uhr eignen sich hervorragend für eine Pause vom Einkaufsbummel, die Größe der acht Säle liegt zwischen Multiplexausmaßen und eher gemütlicher Wohnzimmerdimension. Einer der großen Räume ist mit digitaler 3D-Technik ausgerüstet. Schüler, Studenten und Eltern in Begleitung ihrer Kinder erhalten immer eine Ermäßigung.

City

Zeil 125 | Tel. 069 28 52 05 | www.cineplex.de | U 1–3, 6–8, S 1–6, 8, 9 Hauptwache (227 D3)

ELDORADO

Das gemütliche Eldorado ist Kult, auch wenn es an die Kette Cineplex verkauft wurde. Das älteste Kino Frankfurts mit seinen 200 Plätzen wurde 1912 unter dem Namen »Scala-Lichtspiele« eröffnet. Der Balkon zum Saal ist ein Überbleibsel früherer Kinoarchitektur.

City

Schäfergasse 29 | Tel. 069 28 13 48 | www.cineplex.de | U 4–7, S 1–6, 8, 9, Tram 12, Bus 30, 36 Konstablerwache (227 E2)

FILMFORUM HÖCHST

Das Programm des kommunalen Kinos unterscheidet sich von dem anderer Lichtspielhäuser. Häufig werden Filmreihen gezeigt, die sich mit einem Regisseur, Land oder Thema auseinandersetzen, außerdem Filme in Originalsprache mit Untertitel, aber auch ausgewählte Hollywood-Großproduktionen. Regelmäßig finden Filmfestivals wie »Africa Alive« oder »Cuba im Film« statt. Im Saal mit den 150 himbeerroten Sitzen gibt es am Nachmittag auch Kinderkino.

Höchst

Emmerich-Josef-Str. 46 a | Tel. 069 21245664 | www.filmforum-höchst.com | S 1, 2 Höchst, Bus 51, 53, 58, 59 Höchster Markt (232 B5)

INSIDER TIPP **FILMTHEATER VALENTIN**
Ein Kultkino im Schloss: Das Filmtheater hat im prächtigen Bolongaropalast Quartier bezogen – zumindest, bis neue Räumlichkeiten gefunden werden. Das Konzept mit alten und neuen Wunschfilmen sowie aktuellen Produktionen bleibt. In den letzten Jahren wurde das kleine Programmkino mehrfach ausgezeichnet.
Höchst
Bolongarostr. 105 | Tel. 069 30869927 | www.filmtheater-valentin.de | Tram 11 Zuckschwerdtstraße, Bus 51, 54, 55, 59 Bolongaropalast (232 B5)

HARMONIE
Die verwinkelten Etagen des ersten Programmkinos der Stadt – es wurde 1920 eröffnet – haben Flair: In der einen Ecke hängen Filmkritiken, in der anderen gibt es Nachos. Auf die Leinwand kommt eine Auswahl an anspruchsvollen Produktionen aus der ganzen Welt. Viele Filme werden in der Originalfassung, mit oder ohne Untertitel, gezeigt, außerdem läuft keine Werbung.
Sachsenhausen
Dreieichstr. 54 | Tel. 069 66371836 | www.harmonie-kinos.de | S 3–6, Tram 14–16, 18, Bus 30, 36, 45–48 Lokalbahnhof, Tram 16 Textorstraße (230 C6)

KINO IM DEUTSCHEN FILMMUSEUM
Neben Filmen, die hauseigene Ausstellungen begleiten, gehören Kinoklassiker sowie aktuelle Avantgarde- und Experimentalfilme – häufig in der Originalsprache mit Untertitel – zum Angebot. Auch 3D-Filme können Sie nun hier sehen. Regelmäßig sind bekannte Regisseure und Schauspieler zu Gast, die über ihre neuen Werke sprechen.
Sachsenhausen
Museumsufer, Schaumainkai 41 | Tel. 069 961220220 | www.deutsches-filminstitut.de | U 1–3, 8 Schweizer Platz, Tram 14–16, 19 Schweizer-/Gartenstraße, Bus 46 Untermainbrücke (227 D6)

MAL SEH'N KINO
Autorenfilme, Low-Budget-Produktionen und Dokumentarfilme, die sonst kaum in Frankfurt zu sehen sind, laufen im früheren Werkstattkino. Im Kino sorgt eine Induktionsschleife dafür, dass der Ton direkt in die Hörgeräte von Gehörgeschädigten übertragen wird. Am Wochenende um 16 Uhr gibt es auch spezielle Vorführungen für Kinder.
Nordend
Adlerflychtstr. 6 | Tel. 069 5970845 | www.malsehnkino.de | U 5 Musterschule (230 C3)

ORFEO'S ERBEN
Die Exklusivität des schmucken Lichtspieltheaters mit toller Soundanlage ist kein Geheimnis mehr. Auf den Lufthansa-Erste-Klasse-Sesseln mit Fußstützen lässt es sich sehr gut aushalten. Gezeigt werden internationale Produktionen jenseits des Mainstreams, gerne im Original mit Untertiteln, oft mit Regisseurbesuchen zu den Premieren. Auch ein Restaurant ist angeschlossen.
Westend
Hamburger Allee 45 | Tel. 069 70769100 | www.orfeos.de | S 3–6, Bus 36 Westbahnhof, Tram 16, 17 Varrentrappstraße (229 D4)

INSIDER TIPP **PUPILLE – KINO IN DER UNI**
Eines der besten Kinoprogramme Frankfurts gibt es zum kleinsten Preis:

3 Euro. Während des Semesters stellt das cinephile Team ein hochkarätiges Programm zusammen, das rare Filmperlen ebenso zu präsentieren weiß wie Klassiker und Aktuelles aus dem In- und Ausland, oft in Originalfassung. Dafür nimmt man gern den Abzug an Komfort (Holzstühle!) in Kauf.

Bockenheim

Mertonstr. 26–28 | Campus der Goethe Universität | Tel. 069 79 82 89 76 | pupil lc.org | U 4, 6, Bus 36 Bockenheimer Warte, Bus 50 Falkstraße (229 E3)

KLASSIK & NEUE MUSIK

ALTE OPER

Das Konzerthaus und Kongresszentrum ist ein Wahrzeichen der Stadt. Opernaufführungen bekommen Sie hier nicht zu sehen, bekannt ist die prunkvolle Alte Oper vor allem für klassische Musik. Frankfurter Institutionen wie das Museumsorchester, das Ensemble Modern und die Junge Deutsche Philharmonie, aber auch internationale Ensembles wie das London Symphony Orchestra oder die Berliner Philharmoniker sowie diverse Showgrößen und Weltstars spielen hier. So dürfen Sie jederzeit mit erstklassigen Sinfonie- und Kammerkonzerten, Popmusik-, Kabarett- sowie Chansonabenden rechnen.

City

Karten 12–145,50 Euro | Opernplatz | Tel. 069 134 04 00 | www.alteoper.de | U 6, 7, Bus 64 Alte Oper, S 1–6, 8, 9 Taunusanlage (226 C2)

DR. HOCH'S KONSERVATORIUM

Wo sonst können Sie professionelle, ausgezeichnete klassische Konzerte und Opern kostenlos oder für wenige Euro genießen? Das 1878 gegründete Konservatorium ist alles andere als eine Laienschule, es ist eine der beiden großen Musikakademien in Frankfurt. Vortragsreihen oder Specials stehen hier auch auf dem Programm, etwa Konzerte mit authentischen jiddischen Lie-

Bereitmachen für den cineastischen Höhenflug: die Lufthansa-Sessel im Kino Orfeo's Erben

dern. Ebenfalls: INSIDER TIPP Kurse zur musikalischen Früherziehung für Kleinkinder.
Ostend
Sonnemannstr. 16 | Tel. 069 21 24 48 22 | www.dr-hochs.de | S 1–6, 8, 9, Tram 11, 14 Ostendstraße (231 D5)

FESTEBURGKONZERTE

In der Festeburgkirche wird bis zu zweimal im Monat Klassik live gespielt. Die hochkarätige Veranstaltungsreihe organisiert der Förderverein Freundeskreis für geistliche Musik, Preungesheim e. V. Regelmäßig finden Familienkonzerte statt, bei denen Handpuppen Kindern ab sechs Jahren die Opernwelt näherbringen. Dank der hervorragenden Akustik der Kirche können Sie in einem eigenen Tonstudio auch Musikaufnahmen produzieren.
Preungesheim
Karten 14–30 Euro | An der Wolfsweide 58 | Tel. 069 95 41 01 62 | www.festeburg.com | U 5 Theobald-Ziegler-Straße, Tram 18 Walter-Kolb-Siedlung (225 D3)

HOCHSCHULE FÜR MUSIK UND DARSTELLENDE KUNST

Ein Höhepunkt im Veranstaltungskalender der einzigen Hochschule für Musik, Theater und Tanz in Hessen ist das Jazzfest im Januar. Pro Jahr gibt es rund 200 Veranstaltungen mit klassischer oder elektronischer Musik, Liederabende und Auftritte externer Orchester. Der Musikpavillon im Palmengarten ist eine weitere Spielstätte. Viele Veranstaltungen sind kostenlos.
Nordend
Eschersheimer Landstr. 29–39 | Tel. 069 154 00 70 | www.hfmdk-frankfurt.de | U 1–3, 8 Grüneburgweg (230 B3)

HR-SINFONIEORCHESTER

Über 80 Konzerte bestreitet das bald 90 Jahre alte Rundfunkorchester im Jahr, meist geleitet von seinem kolumbiani-

Hochschule für Musik: Die Stars von morgen zeigen ihr Können

schen Chefdirigenten Andrés Orozco-Estrada. Neben eigenen Frankfurter Reihen wie den HR-Sinfoniekonzerten in der Alten Oper, Barock+ oder dem Forum für Neue Musik sind die Eröffnungskonzerte beim Rheingau-Musik-Festival oder den Weilburger Schlosskonzerten feste Termine.

Nordend

Unterschiedliche Spielstätten, HR-Ticketcenter: Bertramstr. 8 | Tel. 069 155 23 71 | www.hr-sinfonieorchester.de | U 1–3, 8, Bus 64 Miquel-/Adickesallee, Bus 32 Bertramstraße (230 B1)

KULTURZENTREN & LITERATUR

ATELIER FRANKFURT

Die Kombination aus Arbeitsstätte für Kreative und Ausstellungs-, Party- und Vortragslocation prägt das größte Künstlerhaus Frankfurts und des gesamten Rhein-Main-Gebiets. Beeindruckende Veranstaltungen mit junger Kunst und zu gesellschaftsbezogenen Themen werden hier auf die Beine gestellt.

Ostend

Schwedlerstr. 1–5 | Tel. 069 74 30 37 71 | www.atelierfrankfurt.de | Tram 11 Schwedlerstraße (231 F4)

INSIDER TIPP BLAUES HAUS

»Kunst und Freie Zeit« hat man sich in diesem schmucken Holzhäuschen am Niederräder Mainufer auf die Fahnen geschrieben, und so gibt es entspannte Lesungen oder Konzerte, Kunstausstellungen oder einfach nette Treffen mit Gleichgesinnten. Auch hauseigene Werkstätten und Kreativprogramme für Jugendliche gehören zum Angebot.

Niederrad

Niederräder Ufer 2 | Tel. 0157 35 17 02 84 | blaueshaus-frankfurt.de | Tram 12, 15, 21 Heinrich-Hoffmann-Straße/Blutspendedienst, Bus 33 Main-Neckar-Brücke (233 F2)

DIE FABRIK

Ältere Sachsenhäuser nennen sie noch »Ölschlösschen«, weil hier einst technische Öle abgefüllt wurden. Und tatsächlich hat das teils denkmalgeschützte Backsteingebäude etwas Märchenhaftes. Heute wird hier ein vielfältiges Kulturprogramm geboten, frei nach dem hauseigenen Motto »Musik Bühne Dialog Event«. Ein besonderes Highlight stellen auch die Dialogabende dar: Dabei diskutiert Soziologe Dr. Konrad Schacht mit bekannten Größen des Frankfurter Kultur- und Politikbetriebs über aktuelle Themen, die die Stadt und ihre Bewohner bewegen.

Sachsenhausen

Mittlerer Hasenpfad 5 | Tel. 069 60 50 43 81 | www.die-fabrik-frankfurt.de | S 1–6, 8, 9, U 1–3, 8, Tram 14–16, 19, Bus 45, 47, 48, 61, 80, 653 Südbahnhof (234 C3)

FRANKFURTER KÜNSTLERCLUB E. V.

Der Verein fördert Künstler verschiedenster Sparten und gibt ihnen eine Plattform, sich der Öffentlichkeit zu präsentieren. Seit den 1950er-Jahren füllt er das Nebbiensche Gartenhaus – ein kleiner Pavillon im klassizistischen Stil, Baujahr 1810 – mit Leben: Mehrmals im Monat gibt es Kunstausstellungen, klassische Konzerte und Lesungen, außerdem werden Zeichenkurse angeboten.

Bockenheim

Nebbiensches Gartenhaus, Bockenheimer Anlage | Tel. 069 23 57 34 | www.frankfurter-kuenstlerclub.de | U 1–3, 8, Bus 36 Eschenheimer Tor (227 D1)

GOETHE-UNIVERSITÄT FRANKFURT

An der Goethe-Uni können auch Nichtstudenten Vorträgen lauschen und an Führungen zu Kultur und Wissenschaft teilnehmen. Jedes Jahr organisiert die Frankfurter Bürgeruniversität populärwissenschaftliche Vorlesungen zu einem bestimmten Thema, etwa zur Musikgeschichte der Stadt. Die Teilnahme an den Frankfurter Goethe- und den Poetikvorlesungen ist sogar kostenlos. Außerdem gibt es hervorragende Klassikkonzerte und Theateraufführungen.

Westend

Campus Westend, Grüneburgplatz 1 | Tel. 069 79 80 | www.uni-frankfurt.de | U 1–3, 8 Holzhausenstraße, Bus 36, 75 Uni Campus Westend (230 A2)

HOLZHAUSENSCHLÖSSCHEN

Die Frankfurter Bürgerstiftung richtet als Träger des Holzhausenschlösschens den Fokus auf Konzerte begabter Nachwuchsmusiker, auf Klassik und Jazz. Auch Lesungen, Vorträge und Angebote für Kids sind im Programm: Geschäftsführer Clemens Greve erzählt etwa als »Schlosskater Ferdinand« Märchen. Mitmachen heißt es in der musikalischen Früherziehung, im Kinderchor und der Geschichtsprojektgruppe. Bei Veranstaltungen für die Kleinen ist der Eintritt frei. Das anmutige Wasserschlösschen und sein schöner Park sind an sich schon einen Besuch wert.

Nordend

Justinianstr. 5 | Tel. 069 55 77 91 | www.holzhausenschloesschen.de | U 1–3, 8 Holzhausenstraße, Bus 36 Holzhausenpark (230 B2)

LITERATURHAUS

Das Literaturhaus ist in der wiedererrichteten Alten Stadtbibliothek, einem eleganten Bau mit strahlend weißer klassizistischer Fassade, untergebracht. Hier gibt es hochkarätige Veranstaltungen, Lesungen und das monatliche Literaturgespräch »Schöne Aussichten«, bei dem Neuerscheinungen besprochen werden. Dem Nachwuchs wird beim Kinderbuchsonntag das Lesen schmackhaft gemacht. In der Rubrik Junges Literaturhaus widmet man sich besonders jüngeren Talenten, u. a. mit Open Writings und dem Autorenkollektiv »sexyunderground«.

City

Schöne Aussicht 2 | Tel. 069 7 56 18 40 | www.literaturhaus-frankfurt.de | Tram 14, 18 Hospital zum Heiligen Geist (230 C5)

ROMANFABRIK

Seitdem Michael Hohmann die Leitung übernommen hat, setzt das Haus auf eine Mischung aus Text, Ton und Thema. Dazu gehört Musik ebenso wie Literatur. Im Programm sind Autorenlesungen, eine Schreibwerkstatt, Chansonabende und Klassikkonzerte, aber auch ein Salsa-Abend am Freitag und ein Tangocafé am Sonntag.

Ostend

Hanauer Landstr. 186 | Tel. 069 4 94 09 02 | www.romanfabrik.de | Tram 11 Schwedlerstraße (231 F4)

MUSEEN

ARCHÄOLOGISCHES MUSEUM

In der Karmeliterkirche, in der einst Bettelmönche beteten, sind heute rund

Nicht nur hübsch, sondern auch Ort der Kultur: Holzhausenschlösschen

15 000 archäologische Fundstücke ausgestellt. Einen Großteil der Sammlung bestimmen Exponate, die aus der Römerstadt Nida, der Frankfurter Altstadt und dem ehemaligen jüdischen Ghetto stammen. Auch Kleinkunst und Gebrauchsgegenstände aus der Klassischen Antike, dem Alten Orient und dem Frühen Mittelalter können Sie sich hier anschauen. Sonntags um 11 Uhr gibt es kostenlose Führungen.

City

Di, Do–So 10–18, Mi 10–20 Uhr | Eintritt 7 Euro, letzter Sa im Monat frei | Karmelitergasse 1 | Tel. 069 21 23 58 96 | www.archaeologisches-museum.frankfurt.de | U 1–5, 8, Tram 11, 12 Willy-Brandt-Platz (227 D4)

BIBELHAUS-ERLEBNISMUSEUM

Wie haben die Menschen zu Jesu Zeiten gelebt? Wie hat religiöse Musik vor 2000 Jahren geklungen? Das Bibelhaus erzählt anschaulich die Geschichte des Buchs der Bücher. So können Sie beispielsweise in ein nachgebautes Boot vom See Genezareth steigen, sich auf eine Pilgerreise begeben oder es sich in einem Nomadenzelt gemütlich machen.

Sachsenhausen

Di–Sa 10–17, So 14–18 Uhr | Eintritt ab 5 Euro | Metzlerstr. 19 | Tel. 069 66 42 65 25 | www.bibelhaus-frankfurt.de | U 1–3, 8 Schweizer Platz, Tram 15, 16, Bus 46 Schweizer-/Gartenstraße (227 E6)

INSIDER TIPP **CARICATURA-MUSEUM**
Wussten Sie, dass Frankfurt eine Hochburg des Humors ist? Der wird in der Caricatura im Leinwandhaus in der Nähe des Römers gefeiert. Robert Gernhardt, F. K. Waechter, Hans Traxler, Chlodwig Poth und F. W. Bernstein sind einige der bekannten Namen, die die komische Kunst zwischen Banken und Big Business hochgehalten haben.

Das Deutsche Architekturmuseum zeigt Bauprojekte aus aller Welt

City
Di, Do–So 11–18, Mi 11–21 Uhr | Eintritt 6 Euro | Weckmarkt 17 | Tel. 069 21230161 | www.caricaturamuseum.de | U 4, 5 Dom/Römer, Tram 11, 12 Römer/ Paulskirche (227 F4)

DEUTSCHES ARCHITEKTURMUSEUM
Frankfurt ist eine Stadt mit historischer und moderner Architektur. Dokumentiert wird beides im Deutschen Architekturmuseum mit 160 000 Zeichnungen und Stichen, Möbeln und 500 Modellen. Von der Lehmhütte bis zum Wolkenkratzer zeigt das Museum architektonische Meilensteine. Zusätzlich sind Sonderausstellungen im Programm. Kinder werden hier außerdem zu Bauherren, wenn sie in Workshops mit Bauklötzen eigene Wohnträume wahr werden lassen.

Sachsenhausen
Di, Do–So 11–18, Mi 11–20 Uhr | Eintritt 9 Euro | Schaumainkai 43 | Tel. 069 21238844 | www.dam-online.de | U 1–3, 8 Schweizer Platz, Tram 15, 16 Schweizer-/Gartenstraße, Bus 46 Untermainbrücke (227 D5)

DEUTSCHES FILMMUSEUM
Das Filmmuseum glänzt durch außergewöhnliche Ausstellungen, etwa zur Arbeit des Animationsfilmstudios Aardman Animation oder zum Wechselspiel von Film und Games, und mit Retrospektiven, z. B. zu Rainer Werner Fassbinder. Die Dauerausstellung über Filmgeschichte und -produktion hat viele **INSIDER TIPP** interaktive Elemente: Sie können vor einem Green Screen durch

den Weltraum fliegen oder selbst einen Film synchronisieren. Sonntags um 15 Uhr gibt es eine kostenlose Führung. Das museumseigene Kino ist ebenfalls einen Besuch wert.

Sachsenhausen

Di, Do–So 10–18, Mi 10–20 Uhr | Eintritt Dauerausstellung 6 Euro | Schaumainkai 41 | Tel. 069 96 12 20 2 20 | www.deutsches-filminstitut.de | U 1–3, 8 Schweizer Platz, Tram 15, 16 Schweizer-/Gartenstraße, Bus 46 Untermainbrücke (227 D5)

DIALOGMUSEUM

Was wäre, wenn wir die Welt nicht mehr sehen könnten, sondern sie ertasten, riechen, hören müssten? Das Dialogmuseum bietet eine Stadttour der anderen Art, nämlich in vollkommener Finsternis. In Gruppen, ausgerüstet mit einem Blindenstock und geführt von blinden oder sehbehinderten Guides, tapsen Sie durch nachgebaute Parks und über wackelige Hängebrücken oder bahnen sich Ihren Weg über belebte Plätze. Bei einem Dialog-im-Dunkeln-Workshop geben blinde Pädagogen einen Einblick in ihre Welt. Beeindruckend!

Ostend

Di–Fr 9–17, Sa, So 11–19 Uhr, 1. Do im Monat bis 21 Uhr | 1-std. Führung 16 Euro (Anmeldung erforderlich), Workshop 3 Euro p. P. bzw. mind. 60 Euro pauschal | Hanauer Landstr. 137–145 | Tel. 069 90 43 21 44 | www.dialogmuseum.de | Tram 11 Osthafenplatz (231 E4)

DOMMUSEUM FRANKFURT

Zehn deutsche Kaiser wurden hier gekrönt und machten Frankfurt nicht nur zur Kaiserstadt, sondern den Dom auch zu einem einzigartigen Ort der Geschichte. Die ständige Ausstellung des Museums ist im mittelalterlichen Kreuzgang untergebracht, sie zeigt Reliquien, die Beigaben eines Mädchengrabes und liturgische Gegenstände vom 14. bis zum 20. Jh.

City

Di–Fr 10–17, Sa, So 11–17, Führungen Di–So 15 Uhr | Eintritt 4 Euro, Führung 4 Euro | Domplatz 14 | Tel. 069 13 37 61 86 | www.dommuseum-frankfurt.de | U 4, 5 Dom/Römer, Tram 11, 12 Römer/Paulskirche (227 E4)

INSIDER TIPP EINTRACHT-FRANKFURT-MUSEUM

Von der Fankurve ins Museum – der Weg ist in diesem Fall nicht weit, denn die Sammlung des Eintracht-Museums befindet sich direkt in der Haupttribüne der Commerzbank-Arena. Natürlich ist Fußball der Schwerpunkt der multimedialen Ausstellung. Siege, Niederlagen, Auf- und Abstiege: Sie können hier all die Höhen und Tiefen Ihres Lieblingsvereins seit seiner Gründung im Jahr 1899 hautnah miterleben. Dazu gibt es Filmausschnitte großer Spiele und Radioreportagen.

Niederrad

Di–So 10–18 Uhr | Eintritt 5 Euro | Mörfelder Landstr. 362 | Tel. 069 95 50 32 75 | www.eintracht-frankfurt-museum.de | S 7–9 Stadion, Tram 21 Stadion (233 F6)

FOTOGRAFIE-FORUM FRANKFURT

Zeitgenössische und klassische Fotografie, Bilder aus Kunst, Wissenschaft und Werbung zeigt das Forum. Neben renommierten Fotografen werden hier auch die Arbeiten junger Talente von internationalem Rang gezeigt. Regelmäßig bietet das FFI Vorträge und Workshops an.

City

Di, Do–So 11–18, Mi 11–20 Uhr | Eintritt 8 Euro | Braubachstr. 30–32 | Tel. 069 29 17 26 | www.ffi-frankfurt.de | U 4, 5

Dom/Römer, Tram 11, 12 Römer/Paulskirche (227 E4)

FRANKFURTER GOETHEHAUS UND GOETHEMUSEUM

Das originalgetreu eingerichtete Goethehaus ist für Fans des Dichters ein Muss: Hier verbrachte er seine Kindheit und Jugend. Zu sehen ist etwa das Schreibzimmer, in dem seine frühen Werke entstanden sind. Im angeschlossenen Museum werden Gemälde von Künstlern seiner Zeit gezeigt. Auch die Wechselausstellungen zu literaturverwandten Themen oder zu Karikaturen sind immer einen Besuch wert.

City

Mo–Sa 10–18, So 10–17.30 Uhr | Eintritt 7 Euro | Großer Hirschgraben 23–25 | Tel. 069 13 88 00 | www.goethehaus-frankfurt.de | U 1–5, 8, Tram 11, 12 Willy-Brandt-Platz (227 D4)

HISTORISCHES MUSEUM

NEU Ab 2017 soll das moderne Stadtmuseum in völlig neuem Glanz erstrahlen. Bei der umfassenden Renovierung wurden Teile des alten Museums durch Neubauten ergänzt, auch der Eingang führt nun über den umgestalteten Museumsplatz. Der öffentliche Raum dient als Türöffner für das interaktive Ausstellungskonzept – durch den verglasten Boden kann man bereits einen Blick in die leuchtende »Schneekugel« werfen, in der auf Wunsch verschiedene Stadt-Klischees von einem Roboter präsentiert werden. Neben den Dauerausstellungen *Frankfurt Einst?* und *Frankfurt Jetzt!* mit einem 70 m² großen, künstlerisch gestalteten Stadtmodell werden im Rahmen des INSIDER TIPP Stadtlabors gemeinsam mit den Bürgern Wechselausstellungen erarbeitet *(www.stadtlabor-unterwegs.de)*.

City

Di, Do–So 10–17, Mi 10–21 Uhr | Eintritt 7 Euro | Am Römerberg, Saalgasse 19 | Tel. 069 21 23 55 99 | www.historisches-museum.frankfurt.de | U 4, 5 Dom/Römer, Tram 11, 12 Römer/Paulskirche (227 E4)

INSTITUT FÜR STADTGESCHICHTE

Tauchen Sie im Karmeliterkloster tiefer in Frankfurts Geschichte ein. Die Dokumente reichen bis ins 9. Jh. zurück und machen das Institut zu einem der bedeutendsten seiner Art in Deutschland. Auch die alte Klosteranlage lohnt den Besuch. Die Wandgemälde gehören zu den wichtigsten vorbarocken Wandmalereien nördlich der Alpen. Einmal im Monat können Sie bei den INSIDER TIPP Klosterkonzerten klassischer Musik im Kreuzgang lauschen.

City

Ausstellungen Mo–Fr 10–18, Sa, So 11–18, Lesesaal Mo–Fr 8.30–17 Uhr | Münzgasse 9 | Tel. 069 21 23 84 25 | www.stadtgeschichte-ffm.de | U 1–5, 8, Tram 11, 12 Willy-Brandt-Platz (227 D4)

LIEBIEGHAUS-SKULPTUREN-SAMMLUNG

Ein Besuch im Liebieghaus ist ein Muss! Die Lichtkompositionen und Farben schaffen eine tolle Atmosphäre. Skulpturen aus dem alten Griechenland, dem Mittelalter und Barock sind so aufgestellt, dass sich aus jedem Blickwinkel neue Ansichten ergeben. Sehr schön sind auch die Wohnräume in den oberen Etagen. Hier wird die Faszination des 19. Jhs. für die Antike greifbar.

Sachsenhausen

Di, Mi, Fr–So 10–18, Do 10–21, kostenlose Führung So 11 Uhr | Eintritt 10 Euro | Schaumainkai 71 | Tel. 069 6 05 09 82 00 | www.liebieghaus.de | Tram 15, 16 Otto-Hahn-Platz, Bus 46 Städel (230 B6)

Das Museum für Kommunikation steht mit seiner Architektur für Transparenz und Offenheit

MUSEUM FÜR ANGEWANDTE KUNST

Gebrauchskunst aus 6000 Jahren und aus aller Welt: Das Museum zeichnet sich durch außergewöhnliche Wechselausstellungen aus. Die Exponate der Dauerausstellung sind nach Themen geordnet: unter anderem »Frankfurt am Main«, »Mode/Körper« und »Wohnen«. Zu sehen kriegen Sie hier alles, vom antiken Kleiderschrank über Porzellan bis zum Designertoaster.

Sachsenhausen

Di, Do–So 10–18, Mi 10–20 Uhr | Eintritt 9 Euro | Schaumainkai 17 | Tel. 069 21 23 40 37 | www.museumangewandtekunst.de | U 1–3, 8 Schweizer Platz, Tram 15, 16 Schweizer-/Gartenstraße, Bus 46 Eiserner Steg (227 E5)

MUSEUM FÜR KOMMUNIKATION

Wie beeinflusst die moderne Kommunikation unsere Gesellschaft und Kultur? Diese Frage steht bei den Ausstellungen im Museum für Kommunikation im Fokus. Hier sind etwa solch beeindruckende Dokumente wie Telegramme von der »Titanic« zu sehen, aber auch die neuesten Medienentwicklungen werden dokumentiert.

Sachsenhausen

Di–Fr 9–18, Sa, So 11–19 Uhr | Eintritt 3 Euro | Schaumainkai 53 | Tel. 069 6 06 00 | www.mfk-frankfurt.de | U 1–3, 8 Schweizer Platz, Tram 15, 16 Schweizer-/Gartenstraße, Bus 46 Untermainbrücke (227 D6)

MUSEUM FÜR MODERNE KUNST ★

Das verwinkelte »Tortenstück« beherbergt Kunst von Weltrang ab den 1960er-Jahren. Werke von Andy Warhol und Joseph Beuys, von Bill Viola, Jeff Koons und Thomas Ruff sind zu entdecken. Das MMK2 im Taunusturm (Taunusanlage 1–3) stellt weitere 1700 m² Ausstellungsfläche bereit sowie ein Café. Dritte Location ist die Dependance MMK3 im Zollamt gegenüber, sie verschafft noch jungen Künstlern eine interessante Plattform, um sich mit ihren Arbeiten zu präsentieren. Dort ist auch der MMK-Store untergebracht. Mehr-

mals im Jahr werden an allen drei Orten wechselnde Ausstellungen eröffnet, bis Anfang 2017 stehen die Werke von Fiona Tan, Willem de Rooij und Florian Hecker im Zentrum des Geschehens.
City
Di, Do–So 10–18, Mi 10–20, kostenlose Führungen Di, Do–Sa 15.15, Mi 11 u. 18, So 11 Uhr | Eintritt 6–12 Euro, letzter Sa im Monat frei | MMK 1: Domstr. 10, MMK 2: Taunustor 1, MMK 3: Domstr. 3 | Tel. 069 21 23 04 47 | www.mmk-frankfurt.de | U 4, 5 Dom/Römer, Tram 11, 12 Römer/Paulskirche (227 E3)

Hier werden Werke von Weltrang präsentiert: Museum für Moderne Kunst

INSIDER TIPP MUSEUM GIERSCH

In der ehemaligen Villa des Bauunternehmers Philipp Holzmann sind Werke aller Gattungen zu sehen, die Künstler aus dem Rhein-Main-Gebiet in den beiden vergangenen Jahrhunderten hervorgebracht haben. Zu ihnen gehören Berühmtheiten wie Max Beckmann und Willi Baumeister, die an der Städelschule gelehrt haben. Der Schwerpunkt liegt jedoch allgemein auf weniger bekannten Positionen.
Sachsenhausen
Di–Do 12–19, Fr–So 10–18 Uhr | Eintritt 5 Euro | Schaumainkai 83 | Tel. 069 13 82 10 10 | www.museum-giersch.de | Tram 12, 15, 16, 21, Bus 46 Stresemannallee/Gartenstraße (230 A6)

MUSEUM JUDENGASSE & JÜDISCHES MUSEUM

NEU Seit der Wiedereröffnung des Museums Judengasse unter Leitung von Dr. Mirjam Wenzel im März 2016 kann man hier die Entwicklung des jüdischen Lebens in Frankfurt vom Mittelalter bis zum Beginn des 19. Jhs. nachverfolgen. Interaktive Stationen laden auch Kinder zu detektivischen Streifzügen durch die Ruinen ein. Die Zeit nach 1800 soll ab 2018 im Rothschild-Palais mit neuem Ausstellungskonzept präsentiert werden. Wechselausstellungen an verschiedenen Orten sowie Vorträge und Konzerte ergänzen das spannende Angebot.
City

Museum Judengasse: Di 10–20, Mi–So 10–18 Uhr | Eintritt 6 Euro | Battonnstr. 47 | Tel. 069 21 27 07 90 | www.museumjudengasse.de | U 4, 5 Konstablerwache, Tram 11, 12 Battonnstraße (227 F3)
Rothschild-Palais: wegen Umbau geschl. | Untermainkai 14/15 | www.juedischesmuseum.de | U 1–5, 8, Tram 11, 12 Willy-Brandt-Platz (226 C5)

PORTIKUS

Eine Insel für die Kunst: Mitten im Main hat der Portikus ein außergewöhnlich designtes Domizil. Über einen Holzsteg betreten Sie die Ausstellungshalle, die Teil der Städel-Kunsthochschule ist. Neben bekannten (Konzept-)Künstlern werden hier junge Kreative präsentiert.

Sachsenhausen

Di, Do–So 11–18, Mi 11–20 Uhr | Eintritt frei | Maininsel, Alte Brücke 2 | Tel. 069 96 24 45 40 | www.portikus.de | Bus 30, 36 Schöne Aussicht (227 F4)

PORZELLANMUSEUM FRANKFURT & HÖCHSTER PORZELLANMANUFAKTUR

»Höchste Güte und barocke Zier« können Sie im Kronberger Haus, einer Außenstelle des Historischen Museums Frankfurt, bewundern. Zu sehen sind Porzellanarbeiten der letzten Jahrhunderte, die in der ebenfalls in Höchst ansässigen Manufaktur gefertigt wurden. Über die Produktion informieren Führungen in der Erlebnismanufaktur. Althöchster Reproduktionen sind im Bolongaropalast ausgestellt.

Höchst

Porzellanmuseum: Sa, So 11–18 Uhr | Eintritt 3 Euro | Bolongarostr. 152 | Tel. 069 21 23 67 12 | www.historisches-museum.frankfurt.de | Bus 50, 54, 55 Mainberg (210 B5)
Manufaktur: Führungen Di 15 Uhr | Eintritt 10 Euro | Palleskestr. 32 | Tel. 069 3 00 90 20 | www.hoechster-porzellan.de | Bus 50, 55 Auerstraße (232 B4)
Bolongaropalast: Mo–Fr 9–16 Uhr | Eintritt frei | Bolongarostr. 109 | Tel. 069 21 24 55 21 | Tram 11 Zuckschwerdtstraße, Bus 51, 54, 55, 59 Bolongaropalast (232 B5)

SCHIRN-KUNSTHALLE

Eines der renommiertesten Ausstellungshäuser für moderne und zeitgenössische Kunst in Europa: Gezeigt werden Arbeiten zu brisanten Themen oder Blicke auf

MEINE STADT

▶ Das hessische Nationalgetränk schlechthin –der Apfelwein. Gerade die robusten, säurehaltigen Apfelsorten, wie sie nur auf heimischen Streuobstwiesen wachsen, geben dem »Stöffche« (5–6 % Alkohol) den unverwechselbar herben Geschmack. Jährlich werden in Hessen rund 65 000 t Kelteräpfel zu Apfelsaft und -wein verarbeitet. Die jährliche Frankfurter Apfelweinmesse ist international, immerhin wird der Durstlöscher in mehr als 20 Ländern getrunken.

▶ Mit 21 km^2 ist der Flughafen ein eigener Stadtteil mit Kirchen, Arztpraxen, Hotels, Feuerwehr und zwei Bahnhöfen. Über 80 000 Menschen arbeiten hier. Täglich finden ca. 1300 Starts und Landungen statt, pro Jahr werden fast 60 Mio. Passagiere und ca. 2,1 Mio. t Fracht transportiert – darunter Bienenvölker, Zebras, Rennpferde oder Elefanten. Die Vierbeiner haben einen eigenen Transitbereich mit Großtierställen – die »Animal Lounge«.

aktuelle und vergangene künstlerische Strömungen. Immer wieder schafft man es, die großen Werke der Kunstgeschichte nach Frankfurt zu holen: von Kandinsky, Klimt, Miró und Picasso bis zu Alberto Giacometti, Henri Matisse und Yoko Ono.

City

Di, Fr–So 10–19, Mi, Do 10–22 Uhr | Eintritt ab 9 Euro, je nach aktueller Ausstellung | Römerberg | Tel. 069 2 99 88 20 | www.schirn.de | U 4, 5 Dom/Römer, Tram 11, 12 Römer/Paulskirche (227 E4)

SENCKENBERG-NATURMUSEUM

Das Senckenbergmuseum ist für viele Frankfurter ein Haus voller Kindheitserinnerungen – wer kennt nicht das Präparat einer Anakonda, die gerade ein Wasserschwein verschlingt! Weitere Highlights: Dinosaurier, ägyptische Mumien und die Sammlung konservierter Tiere. Auch verschiedene Sonderausstellungen und interessante Themenführungen sind im Programm.

Westend

Mo, Di, Do, Fr 9–17, Mi 9–20, Sa, So 9–18 Uhr | Eintritt 9 Euro | Senckenberganlage 25 | Tel. 069 7 54 20 | www.senckenberg.de | U 4, 6, 7, Tram 16 Bockenheimer Warte (229 E3–4)

STÄDEL-MUSEUM ★

Gemälde, Zeichnungen und Skulpturen der letzten 700 Jahre sind in einem der bedeutendsten Museen der Welt zu besichtigen. Oft werden alte Meister – von Dürer und Rembrandt bis Monet und Picasso – mit modernen Künstlern kombiniert. Die großen Wechselausstellungen locken regelmäßig internationales Publikum an. Vor einigen Jahren hat das Museum seine Sammlung bis ins 21. Jh. erweitert und dafür einen spektakulären unterirdischen Anbau mit futuristischem Glasdach errichtet. Man kann die Sammlung auch digital begehen und vertiefende Informationen zu 700 Werken erhalten – eine neue Art des Museumsbesuchs.

Sachsenhausen

Di, Mi, Sa, So 10–18, Do–Fr 10–21 Uhr | Eintritt 14 Euro | Schaumainkai 63 | Tel. 069 6 05 09 80 | www.staedelmuseum.de | U 1–3, 8 Schweizer Platz, Tram 15, 16 Otto-Hahn-Platz, Bus 46 Städel (226 C6)

STOLTZE-MUSEUM

Der Frankfurter Mundart- und Freiheitsdichter Friedrich Stoltze (1816–1891) nahm in seiner satirischen Wochenzeitung »Frankfurter Latern« in schönstem Hessisch das Zeitgeschehen aufs Korn. Das Museum der Frankfurter Sparkasse dokumentiert Werk und Biografie mit Zeichnungen, Texten und persönlichen Gegenständen. Bis zur für 2018 geplanten Fertigstellung des neuen Standorts im Dom-Römer-Quartier ist in der Galerie im Kundenzentrum ein Stoltze-Zimmer mit Originalmöbeln eingerichtet. Auch Sonderausstellungen, Lesungen und Vorträge finden hier statt.

City

Mo–Mi, Fr 9–16, Do 9–18 Uhr | Eintritt frei | Neue Mainzer Str. 49 | Tel. 069 26 41 40 06 | www.frankfurter-sparkasse.de/stoltze | S 1–6, 8, 9 Taunusanlage, U 1–5, 8, Tram 11, 12 Willy-Brandt-Platz (226 C3)

VERKEHRSMUSEUM FRANKFURT AM MAIN

Seit über 30 Jahren lässt die Dauerausstellung »Von der Pferdebahn bis zur Neuzeit« die Entwicklung des öffentlichen Personennahverkehrs in Frankfurt Revue passieren. In zwei historischen Wagenhallen, auf einem Außengelände und im denkmalgeschützten Bahnhofsgebäude Schwanheim können Sie einen Blick in liebevoll restaurierte Originalfahrzeuge wie den ersten Pferdebahnwagen von 1872 werfen. Historische Dienstkleidungen und eine INSIDER TIPP Modellbahnanlage, die das Frankfurt der 1960er-Jahre zeigt, vervollständigen die Ausstellung.

Schwanheim

So 10–17 Uhr | Rheinlandstr. 133 | Eintritt 3 Euro | Tel. 069 21 32 31 31 | www.hsf-ffm.de | Tram 12, 19, Bus 51, 62 Rheinlandstraße (224 B5)

WELTKULTURENMUSEUM & GALERIE 37

In einer Stadt, die Heimat von mehr als 80 Nationalitäten ist, fragt dieses Museum, wie ein friedliches Zusammenleben aller möglich sein kann. Das *Weltkulturen Labor* und der *Green Room* bieten dabei Raum für experimentelles Arbeiten und interdisziplinäre Zusammenarbeit. Auch Vorträge sind im Programm. Die *Galerie 37* präsentiert Künstler aus Afrika, Südamerika und Südostasien.

Sachsenhausen

Di, Do–So 11–18, Mi 11–20 Uhr | Eintritt 7 Euro, letzter Sa im Monat frei | Schaumainkai 29–37 | Tel. 069 21 23 15 10 | www.weltkulturenmuseum.de | U 1–3, 8 Schweizer Platz, Tram 15, 16 Schweizer-/Gartenstraße, Bus 46 Untermainbrücke (227 D5)

THEATER, OPER & BALLETT

THE ENGLISH THEATRE

Angelsächsisches Theater in Bestform – der Mix aus Klassik, Musical, Komödie, Krimi und Modernem machts! Die Darsteller werden meist extra aus England eingeflogen. Mehrmals im Jahr findet ein Poetry-Slam – hauptsächlich auf Deutsch – statt, ein englischsprachiger Slampoet ist aber immer zu Gast. In der Bar stoßen Sie nach dem Abend stilecht mit Gin Tonic oder Ginger-Beer an.

City

Karten 25–50 Euro | Gallusanlage 7 | Tel. 069 24 23 16 20 | www.english-theatre.

Schirn-Kunsthalle: Ausstellungshaus für zeitgenössische Kunst

org | U 1–5, 8, Tram 11, 12 Willy-Brandt-Platz (226 C4)

FRANKFURT LAB

Was vor Jahren als Probebühne, Musik-, Theater- und Tanzwerkstatt für bekannte Ensembles begann, ist nun zu einem der spannendsten Kulturorte der Stadt geworden. Tanzaufführungen und Performances zeitgenössischer Produktionen stehen im Fokus, es gibt aber auch Theaterstücke und Kunstausstellungen.

Gallus

Karten 6–32 Euro, Eintritt frei bei den offenen Proben | Schmidtstr. 12 | Tel. 069 73 94 16 93 | www.frankfurt-lab.de | Bus 34 Schmidtstraße (228 B6)

FRITZ-RÉMOND-THEATER

Direktor und Regisseur Claus Helmer führt die Bühne im Geist ihres Gründers Fritz Rémond weiter. Das einzige Theater weltweit, das in einem Zoologischen Garten beheimatet ist, feiert sein 70-jähriges Jubiläum u. a. mit einem aktuellen Londoner West End Hit: Slapstick und britischer Humor à la Monty Python geben sich beim »Chaos auf Schloss Haversham« die Hand. Mit Machiavellis »Mandragola« in einer modernen Bearbeitung wird aber auch ein Klassiker erfolgreich auf seinen Pointenreichtum getestet.

Ostend

Karten ab 17,50 Euro | Bernhard-Grzimek-Allee 1 | Tel. 069 43 51 66 | www.fritzremond.de | U 6, 7, Tram 14 Zoo (231 D4)

KELLERTHEATER

Die Junge Bühne Frankfurt e. V. besteht bereits seit 1957. Drei bis vier Produktionen pro Jahr, klassische Inszenierungen wie zeitgenössische Stücke, werden auf der Off-Bühne gezeigt. Am letzten Sonntag im Monat bietet der Maleen-Abend ein experimentelles Programm. Dann werden etwa neue Texte in szenischer Lesung oder Chansons präsentiert.

City

Karten 12 Euro | Mainstr. 2 | Tel. 069 28 80 23 | www.kellertheater-frankfurt.de | U 4–7, S 1–6, 8, 9, Tram 12, 18, Bus 30, 36 Konstablerwache (227 F4)

KÜNSTLERHAUS MOUSONTURM ★

Eigenwillig und zukunftsweisend seit bald 30 Jahren – der Mousonturm ist Spielstätte für Künstler aller Bereiche. Schwerpunkte sind zeitgenössischer Tanz, Performances und Theater sowie Bildende Kunst und Musik. Experimenteller geht es auf Frankfurter Bühnen kaum irgendwo zu. Intendant Matthias Pees wünscht sich, dass Künstler und Besucher miteinander ins Gespräch kommen.

Bornheim

Eintritt Saal 19 Euro, Studio 12 Euro bzw. je nach Veranstaltung | Waldschmidtstr. 4 | Tel. 069 4 05 89 50 | www.mousonturm.de | U 4 Merianplatz, Tram 14 Waldschmidtstraße (231 D3)

OPER FRANKFURT

Eines der führenden Opernhäuser in Deutschland, mehrfach wurde es mit dem Kritikerpreis »Opernhaus des Jahres« ausgezeichnet. Premiere in dieser Saison haben u. a. Georg Friedrich Händels »Xerxes«, »Die Trojaner« von Hector Berlioz und Giuseppe Verdis »Rigoletto«. Zweite Spielstätte: das über 100 Jahre alte Bockenheimer Depot.

City

Karten ab 15 Euro | Willy-Brandt-Platz | Kartentel. 069 21 24 94 94 | www.oper-frankfurt.de | U 1–5, 8, Tram 11, 12 Willy-Brandt-Platz (226 C5)

Bockenheim

Bockenheimer Depot: Carlo-Schmid-Platz 1 | www.bockenheimer-depot.de | U 4, 6, 7, Tram 16, Bus 32, 36, 50 Bockenheimer Warte (229 E3)

EVREN UND HORST
TÄGLICH VON 5 BIS 9
Hit Radio
FFH

SCHAUSPIEL FRANKFURT ★

Jedes Jahr werden etwa 25 Neuinszenierungen erarbeitet, von Klassikern bis zu Experimentellem, dazu Diskussionsrunden, Performances und mehr. Ab 2017 wird Anselm Weber den jetzigen Schauspielchef Oliver Reese als neuen Intendanten ablösen. Schüler, Studenten, Azubis und Buftis zahlen einen Einheitspreis von 8 bzw. 10 Euro (Premieren & Gastspiele) – auf allen Plätzen!

City

Karten 8–58 Euro | Willy-Brandt-Platz | Kartentel. 069 21 24 94 94 | www.schauspielfrankfurt.de | U 1–5, 8, Tram 11, 12 Willy-Brandt-Platz (226 C4)

Bockenheim

Bockenheimer Depot | Carlo-Schmid-Platz 1 | www.bockenheimer-depot.de | U 4, 6, 7, Tram 16, Bus 32, 36, 50 Bockenheimer Warte (229 E3)

THEATERKOLLEKTIV LANDUNGSBRÜCKEN

Die Landungsbrücken haben auf dem Milchsackgelände Künstler und das Tanzhaus West als Nachbarn. Neben Produktionen des Vereins gibt es Ausstellungen, Jazzlesungen und Stücke für Kinder.

Gutleutviertel

Karten 15 Euro | Gutleutstr. 294 | Tel. 069 25 62 77 44 | www.landungsbruecken.org | S 3–6 Galluswarte, Bus 37 Johanna-Kirchner-AHZ (233 E2)

THEATER WILLY PRAML

Mit Goethes »Faust« zum 1200-jährigen Jubiläum von Frankfurt hat sich Willy Praml 1992 einst ein Denkmal gesetzt – die Aufführungen waren der Beginn eigenwilliger Projekte mit wechselnden Ensembles. Gastspiele, etwa des Frankfurter Aktions- und Straßentheaters Faust, gehören ebenfalls zum Repertoire. Im Naxos-Kino *(www.naxos-kino.org)* sind kontroverse Dokumentationen und Filme zu sehen.

Ostend

Karten ab 18 Euro | Wittelsbacherallee 29 | Tel. 069 43 05 47 34 | www.theater-willypraml.de | U 4 Merianplatz, Tram 14 Waldschmidtstraße (231 D3)

Theater Willy Praml: eigenwillige Projekte mit unterschiedlichen Ensembles

Essen & Trinken

Klar, die *Grie Soß* muss man probiert haben. Aber auch wer sich gern durch die Küchen der Welt probiert, im Imbissformat oder auf Gourmetniveau, kann durchstarten.

Sterneregen für Frankfurt: Das ist der Beweis – in der Mainmetropole kann man heutzutage so gut essen wie noch nie zuvor. Gleich fünf neue Michelin-Sterne wurden auf die heimische Gastronomie verteilt, darunter aus dem Stand zwei für das Lafleur im Palmengarten → **S. 79** und jeweils einer für das Seven Swans → **S. 80**, die Villa Merton → **S. 81** und das Gustav → **S. 79**, mit seiner phantastischen Kombination aus Gourmetküche und regionaler Bistrokarte. Doch auch für Gäste mit kleinerem Geldbeutel hält die Frankfurter Gastroszene etliche Highlights bereit: Längst haben sich die zahlreichen Foodtrucks mit ihren Burrito- oder Waffelkreationen, mit hausgemachten Burgern oder Pommes Frites als feste Größe in der Frankfurter Gastronomie eingeschrieben. Ein Kapitel für sich bildet die Frankfurter Hausmannskost mit Köstlichkeiten wie der berühmten Grünen Sauce, die in jedem Lokal ein wenig anders zubereitet wird – beginnen Sie Ihre Testreihe z. B. im Solzer → **S. 107** in Alt-Bornheim. Im kulinarischen Angebot spiegelt sich aber natürlich genauso der kosmopolite, internationale Charakter von Mainhattan wider: Von äthiopischer bis zu mongolischer Küche, vom koreanischen Bulgogi (Sonamu → **S. 68**) bis zum argentinischen Steak finden Sie hier alles, was Herz und Gaumen begehren – und das in oft hervorragender Qualität. Frankfurts Gastrohimmel bietet auch für Menschen, die sich ohne tierische Produkte ernähren, eine immer größere Auswahl. Neben dem etablierten Savory → **S. 108** überzeugen zum Beispiel das Chimichurri → **S. 107** oder das Vevay → **S. 108** mit frischen Smoothies und Falafel.

Im Savanna wird nach nordostafrikanischer Art gekocht, serviert und gegessen

AFRIKANISCH

AFRICAN HOUSE

Schon beim Betreten des gemütlichen Restaurants mit stoffbehangenen Decken fühlt sich der Gast auf den afrikanischen Kontinent gebeamt. Bei den Spezialitäten aus Eritrea und Äthiopien, darf man wählen, ob Lamm- oder Rindfleisch als Hauptzutat bevorzugt werden. Dazu wird das typisch-fruchtige DjuDju-Bier ausgeschenkt. Jeden Montagabend gibt es ein INSIDER TIPP All-you-can-eat-Buffet (Mo 17–22 Uhr für 13,90 Euro).

Bockenheim

€–€€ Mo–So 17–24 Uhr | Kiesstr. 39 | Tel. 069 71 71 97 12 | www.african-house.de | U 4, 6, 7, Tram 16 Bockenheimer Warte (229 D–E3)

Essen ■■■ Ambiente ■■■ Service ■□□

KENKEY HOUSE

Das Kenkey House tischt in großen Tonschalen landestypische, authentische Spezialitäten aus Nigeria und Ghana auf. Viele Gäste sind afrikanischer Herkunft, die Speisekarte ist auf Englisch, aber Inhaberin Abena Addoquaye erklärt Ihnen gern alles genau. Zu Hähnchen oder Fisch kommen beispielsweise Maismehlklöße und *Fufu*, ein fester Brei aus Maniokknollen, auf den Teller. Unbedingt probieren sollten Sie außerdem die leckeren Säfte und das Palmbier!

Sachsenhausen

€–€€ Mo 17–1, Di–So 13–1 Uhr | Gartenstr. 167 | Tel. 069 24 24 62 03 | Tram 12, 15, 19, 21 Vogelweidstraße (234 B3)

Essen ■■■ Ambiente ■■□ Service ■■□

MOUNIR

NEU Benannt ist das ehemalige *Herr Löffel* nach seinem Gründer und Chefkoch Mounir Chaikoun, ein Frankfurter mit nordafrikanischen Wurzeln. Das marokkanische Restaurant im Nordend präsentiert eine kleine, aber feine Karte, zu deren Spezialitäten Harira-Suppe, Couscous, Bulgur und Lamm-Tajine mit Pflaumen und Quitten gehören.

Ostend

€–€€ Di–So 18–24 Uhr | Rohrbachstr. 41 | Tel. 069 35 10 29 07 | www.mounir-restaurant.de | Tram 12, 18 Rohrbachstraße/Friedberger Landstraße (231 D2)

Essen ■■□ Ambiente ■■□ Service ■□□

SAVANNA

Auf der Karte des nordostafrikanischen Restaurants stehen Teigtaschen, vegetarische Spezialitäten sowie Hauptgerichte mit Lamm, Huhn und Rind, dazu gibt es scharfe Saucen. Alle Speisen werden gemeinsam auf einer großen

Platte serviert, gegessen wird mit der Hand, auf Wunsch reicht man auch Besteck. Wer möchte, kann hier eine Kaffeezeremonie erleben, das etwa einstündige, liebevoll zelebrierte Ritual ist fester Bestandteil des sozialen Lebens in Eritrea (3 Euro p. Pers., vorab bestellen!).

City

€–€€ *Tgl. 17–24 Uhr | Alte Gasse 69 | Tel. 069 21998786 | www.savanna-restaurant.com | S1–6, 8, 9, U 4–7, Tram 12, 18, Bus 30, 36 Konstablerwache* **(227 E1)**

Essen ■■■ Ambiente ■■□ Service ■■□

AMERIKANISCH

BURGERMEISTER

Hamburger haben in Frankfurt eine stetig wachsende Fangemeinde – sofern sie zwischen zwei Brötchendeckel passen und so köstlich und meisterlich zubereitet sind wie hier. Hübsche Idee: die Rubrik »Mitburger von Welt«. Neben dem Mexikaner, dem Texaner und dem Thai finden Sie hier auch den »Sachsenhäuser alias Heinz Schenk« (Rippchen mit Sauerkraut, Rucola, Romanasalat und Burgercreme im Laugenbreedsche).

Sachsenhausen

€–€€ *Mo–Do 17–23, Fr, Sa 12–1, So 13–21 Uhr | Dreieichstr. 30 | Tel. 069 611366 | www.burgermeister-ffm.de | Tram 14, 18, Bus 46 Frankensteiner Platz* **(231 D5)**

Essen ■■□ Ambiente ■■□ Service ■□□

FLETCHER'S

ÖKO Alles frisch und von regionalen Erzeugern! Das Fleisch kommt vom Metz-

MARCO POLO HIGHLIGHTS

★ **Sonamu**
Für manch einen der beste Koreaner in Frankfurt, in Hessen, vielleicht sogar darüber hinaus. In jedem Fall kann auch unter der Woche eine Reservierung nicht schaden → **S. 68**

★ **Iimori-Patisserie**
Wo sonst können Sie schon Grüne-Matchatee-Torte mit Azuki-Mus oder New York Cheesecake japanese Style probieren? Und: Allein die zuckersüße Einrichtung lohnt einen Besuch → **S. 72**

★ **Restaurant Carmelo Greco**
Ebenso unverfälschte wie kreative Küche: eins der besten italienischen Restaurants in Deutschland. Das Lokal ist die Adresse für Neuinterpretationen italienischer Klassiker → **S. 77**

★ **Weinsinn**
Anspruchsvolle, kreative Gourmetküche trifft Bistrokultur bei Edelrebe: Mit diesem Konzept wurden schon die Gastrokenner von Guide Michelin und New York Times überzeugt → **S. 81**

★ **Zu den 12 Aposteln**
Deftige Hausmannskost zu kleinen Preisen, uriges Ambiente und eine hauseigene Brauerei verleihen diesem Restaurant die Lizenz zum Stammlokal → **S. 101**

★ **Solzer**
Über die beste *Grie Soß* in town kann man sich streiten. Das urige Bornheimer Kultlokal aber hat gute Chancen auf einen der vorderen Plätze. Und alles andere mundet natürlich auch → **S. 107**

ger des Vertrauens, auf Tiefkühlware wird verzichtet und alle Saucen und Toppings sind ohne Geschmacksverstärker, verschiedene Brötchensorten und sogar kohlenhydratfreie Burger im Salatbett bieten Burger-Freude für jeden Gaumen. Zum fleischlosen Vergnügen locken diverse Veggie-Falafel-Burger. Mehrere Dependancen – das Konzept kommt an!

City

€–€€ So–Do 11.30–22, Fr, Sa 12–23 Uhr | Münchener Str. 11 | Tel. 069 24 00 75 58 | fletchers-frankfurt.de | U 1–5, 8, Tram 11, 12 Willy-Brandt-Platz **(226 B5)**

Bockenheim

€–€€ Mo–Fr 11–21, Sa, So 12–21 Uhr | Ohmstr. 57 | Tel. 069 78 07 95 14 | S 3–6 Westbahnhof, Bus 50, Voltastr. **(229 D3)**

Essen ■■□ Ambiente ■■□ Service ■■□

HEROES PREMIUM BURGERS

Dieses kleine Lokal ist das Paradies für jeden Burgerfan. Das Angebot an Fleisch, Brot und Toppings lässt keine Wünsche offen, egal ob »Spicy Juan«, Frikadelle mit gegrillter Paprika und feuriger Chilisauce oder »Lucia«, gegrillte Hähnchenbrust mit Tomate und Mozzarella. Der Service ist aufmerksam und fürsorglich. Das Innere ist originell eingerichtet, mit Comiczeichnungen an der Wand und auf der Speisekarte – Batman hat seine Spuren hinterlassen. Eine Reservierung ist unbedingt notwendig.

Nordend

€–€€ Mo–Do 12–23, Fr 12–24, Sa, So 13–23 Uhr | Leibnizstr. 13 | Tel. 069 84 77 37 35 | www.heroes-burgers.de | U 4 Höhenstraße **(231 D3)**

Essen ■■□ Ambiente ■■□ Service ■■■

Im Fletcher's heißt es: nicht rumfackeln, sondern zubeißen!

JAMY'S BURGER

In inzwischen zwei Filialen beweist das Team, dass die hauseigenen Burgerkreationen zu Recht zu den beliebtesten der Stadt gehören. Zahlreiche Extras wie karamellisierte Zwiebeln oder Champignons sind gratis. Auch Pommes oder Salat darf man ordern und dazu eine hervorragende, hausgemachte Minzlimo. Außerdem bietet Jamy's Burger eigene Hausweine.

City

€–€€ Mo–Sa 11–23, So 12–22 Uhr | Neue Kräme 14 | jamysburger.de | U 4, 5, Tram 11, 12 Dom/Römer **(227 E4)**

Ostend
Oskar-von-Miller-Str. 1 | Tram 14, 16, 18 Hospital zum Heiligen Geist

Essen ■■□ Ambiente ■■□ Service ■■□

KING CREOLE

King Creole bietet Küche der USA einmal jenseits der Steak-and-Lobster-Monokultur. Die Speisekarte punktet stattdessen mit authentischen Gerichten aus dem Kulturschmelztiegel New Orleans, wie besipielsweise dem dort so beliebten *Gumbo*, Maniokbällchen oder *Spicy Jambalaya*. Das klingt nicht nur sehr verheißungsvoll, es schmeckt auch großartig. Im Sommer können Sie lauschig im großen Garten die Küche genießen.

Eckenheim
€€ *Mo, Mi–Sa 18–1, So 18–23 Uhr | Eckenheimer Landstr. 346 | Tel. 069 54 21 72 | www.kingcreole.de | U 5 Ronneburgstraße, Bus 34 Marbachweg* (225 D3)

Essen ■■■ Ambiente ■■■ Service ■■□

MAXIE EISEN

Das nach einem amerikanischen Mafioso mit deutschen Wurzeln benannte Restaurant von David und James Ardinast vereint auf seiner Speisekarte beide Länderküchen. Das absolute Highlight (und einzigartig in Hessen) ist Pastrami – Rindfleisch, das gepökelt, mariniert, geräuchert und schließlich gekocht wird. Die Spezialität kam Ende des 19. Jhs. mit rumänischen Einwanderern nach New York und hat sich von dort aus über das ganze Land verbreitet. Das Fleisch für die Küche des Maxie Eisen importieren die Ardinast-Brüder aus den USA, um es hier aufwendig zu verfeinern. In der benachbarten Bar genießen Sie außergewöhnliche Cocktails.

City
€–€€ *Restaurant: Mo–Mi 11.30–23, Do–Sa 11.30–24 Uhr, Bar: Mo–Mi 18–1, Do–Sa 18–2 Uhr | Münchener Str. 18 | Tel. 069 76 75 83 62 | www.maxieeisen.com | Tram 11, 12 Weser-/Münchener Straße* (226 B5)

Essen ■■□ Ambiente ■■□ Service ■■□

Wein von eigenen Reben und (Bio-)Rinder von den eigenen Weiden: Ojo de Agua

OJO DE AGUA

Der Schweizer Dieter Meier wurde als Musiker der Gruppe Yello bekannt, die mit dem Song »The Race« die Titelmelodie für die ARD-Sendung »Formel Eins« lieferte. Er betreibt zwei Restaurants in Zürich und Frankfurt. Weil er außerdem argentinisches Weideland und ein Weingut sein Eigen nennt, ist er zugleich Lieferant für seine Küchen. Die bewusst reduzierte Speisekarte bietet Tatar, Roastbeef und Filet vom ÖKO zertifizierten Biorind. Das Fleisch kommt aber nicht auf den Rost, sondern wird schonend nach der Sous-Vide-Methode gegart.

City

€€–€€€ Mo–Sa 11–23 Uhr, warme Küche: 12–15, 18–22 Uhr | Hochstr. 27 | Tel. 069 92 02 05 10 | www.ojodeagua.de | S 1–6, 8, 9, U 1–3, 6–8 Hauptwache (227 D2)

Essen ■■■ Ambiente ■■□ Service ■■□

SURF 'N' TURF/M-STEAKHOUSE

In den Steakhäusern können Gäste mit Qualitätsbewusstsein der Fleischeslust frönen. Es kommt ausschließlich erstklassiges Rind oder Lamm auf den Teller. Dafür greifen Kenner gern tiefer in die Tasche: Das saftige Angus-Filet aus Santa Fe beispielsweise kostet 34,90 Euro (220 g). Im Preis inklusive: stillvolles Ambiente und freundlicher Service.

Westend

M-Steakhouse: €€–€€€ Mo–Fr 12–15, 18–24, Sa 18–24 Uhr | Feuerbachstr. 11a | Tel. 069 71 03 40 50 | www.mook-group.de | U 6, 7 Westend (226 A2)

Westend

Surf 'n' Turf: €€–€€€ Mo–Fr 12–15, 18–24, Sa 18–24 Uhr | Grüneburgweg 95 | Tel. 069 72 21 22 | Bus 36 Simon-Bolivar-Anlage (230 A3)

Essen ■■■ Ambiente ■■□ Service ■■■

ASIATISCH

INSIDER TIPP KONFUZIUS SAGT ...

NEU ... eine ganze Menge, schaut man sich nur einmal die Zitatsammlung des Altmeisters an. Sicherlich würde er heute einen Besuch in diesem vietnamesischen Restaurant empfehlen, in dem die freundlichen Besitzer auch seltener dargebotene Spezialitäten wie Pfannkuchen mit Lotblättern, Krebssuppe und zum Abschluss den berühmten Drip-Coffee servieren. Dank der offenen Küche kann der Gast bei der Zubereitung seiner Bestellung live zuschauen.

Eckenheim

€–€€ Di–So 11.30–14, 17–22 Uhr | Homburger Landstr. 145 | Tel. 069 13 81 82 62 | U 5, Bus 39 Ronneburgstraße (225 D3)

Essen ■■■ Ambiente ■■□ Service ■■■

MAMA KIM

Das Mittagsangebot des schlicht, aber elegant gestalteten Koreaners umfasst traditionelle Gerichte, die schnell auf den Tisch kommen. Abends können Sie zwischen Fisch und Fleisch sowie vegetarischen Spezialitäten wählen. Und sich überraschen lassen, denn es werden vielfältige Kleinigkeiten serviert – Tapas auf koreanische Art, könnte man sagen.

Westend

€€ Mo–Fr 12–15, 18–23, Sa 18–23 Uhr | Kettenhofweg 61 | Tel. 069 71 37 58 00 | www.mama-kim.de | U 6, 7 Alte Oper (230 A4)

Essen ■■□ Ambiente ■■□ Service ■■□

MORIKI

»Moderne japanische Küche selbst erleben« – unter diesem Motto bietet das Moriki Fusion Küche vom Feinsten, dazu chinesische Gerichte und Klassiker aus Südostasien. Ein Signature-Dish ihrer buchstäblich grenzenlosen Küche: »Mr. Duc's My Best Friends Rolls« (11 Euro).

City

€–€€€ tgl. 12–16, 18–23 Uhr | Taunusanlage 12 | Tel. 069 71913070 | www.moriki.de | U 6, 7 Alte Oper (226 B3)

Essen ■■■ Ambiente ■■□ Service ■■□

MR. LEE

Das Lokal wirkt wie eine Kneipe, aber davon sollte man sich nicht irritieren lassen, echte Fans der koreanischen Küche schwören auf die Gerichte von Mr. Lee. Eine INSIDER TIPP große Auswahl an kleinen Vorspeisen gewöhnt den Gaumen an die unterschiedlichen Geschmacksrichtungen.

City

€–€€ Mo–Fr, So 11.30–14.30, 17.30–22.30 Uhr | Gutleutstr. 153 | Tel. 069 251198 | Tram 14/17 Hafenstraße (234 B2)

Essen ■■■ Ambiente ■□□ Service ■■□

PAK CHOI

Hier ist »authentisch« mehr als ein Werbeslogan: Im Pak Choi wird die aromatische Küche Nordchinas zelebriert, ohne falsche Rücksicht auf den westlich geprägten Geschmack. So findet man hier neben bekannteren Gerichten auch Spezialitäten wie Innereien, Klebdampfnudeln oder Quallen. Doch keine Sorge: Weniger Mutige orientieren sich einfach an der bebilderten Karte oder fragen, was auf dem Nachbartisch so köstlich ausschaut.

City

€–€€ Mo–Fr, So 11.30–15, 17.30–23 Uhr, Sa 17–23 Uhr | Elbestr. 12 | Tel. 069 78988418 | www.restaurant-ding.de | Tram 11, 12 Weser-/Münchener Straße (226 B5)

Essen ■■□ Ambiente ■□□ Service ■■□

QUAN VAN

Hier zeigt sich die vietnamesische Küche von ihrer appetitlichsten Seite. Das wissen auch die vielen Anwohner, die das Restaurant samt Sommergarten mittags und abends bevölkern. Wenn Sie hier essen möchten, sollten Sie vorher lieber reservieren. An den relativ eng stehenden Tischen werden unter anderem Gerichte zum Selbstrollen oder vietnamesisches Fondue namens »Tamarinden-Feuer-Insel« serviert.

Nordend

€–€€ Mo–Fr, So 12–15, tgl. 18–23 Uhr | Schwarzburgstr. 74 | Tel. 069 599723 | www.quanvan.de | U 5 Glauburgstraße (230 C2)

Essen ■■□ Ambiente ■□□ Service ■■□

RAMA V

Unter König Rama V. (1806–1910) erreichte die thailändische Kochkunst eine neue Blütezeit. Dieser Tradition sieht sich das Restaurant verpflichtet. Küche, Service und Ambiente überzeugen seit Jahren, und so gilt das XXL-Lokal noch immer als eine der besten Thai-Adressen der Stadt.

City

€€ Mo–Fr 12–14.30, 18–23, Sa 12–23, So 18–23 Uhr | Vilbeler Str. 32 | Tel. 069 21996488 | www.ramav-frankfurt.de | S 1–6, 8, 9, U 4–7, Tram 12, 18, Bus 30, 36 Konstablerwache (227 E–F2)

Essen ■■□ Ambiente ■■□ Service ■■□

SONAMU ★

Hier treffen Sie auf eine Mischung aus traditioneller koreanischer Küche und gemütlichem Minimalismus. »Casual Korean Dining«, lautet das Konzept, das etwa mit Bulgogi (in Ingwer und Honig eingelegter Schweinenacken in Chilisauce) wunderbar aufgeht.

Bornheim

€–€€ Di–So 12–23 Uhr | Berger Str. 184 | Tel. 069 90 43 72 50 | U 4, Tram 12, Bus 34, 43, 69 Bornheim Mitte (231 E2)

Essen ■■□ Ambiente ■■□ Service ■■□

TAP TIM THAI

Taptim Tapboonyanuch möchte die thailändische Esskultur so präsentieren, wie sie in ihrer Heimat gepflegt wird. Dazu gehören ein ebenso zeitgemäß wie schnörkellos gestaltetes Interieur und ein Speisenangebot, das viel Liebe zum Detail erkennen lässt. Während die Thaigerichte zu den authentischsten gehören, die man in Frankfurt finden kann, beinhaltet die Getränkeauswahl auch hessische Erzeugnisse wie den Emma-Schoppen, einen Cidre der Kelterei Stier.

Sachsenhausen

€–€€ Mo–Fr 12–15, 17–23, Sa, So 12–23 Uhr | Wendelsweg 85 | Tel. 069 98 95 65 61 | www.taptimthai.de | Tram 15, 16, 18 Lettigkautweg (235 E3)

Essen ■■■ Ambiente ■■□ Service ■■□

TOAN

Folgen Sie ruhig den Empfehlungen des Hauses – Sie werden keinen Reinfall erleben und können beim kulinarischen Muskelspiel gleich die Möglichkeiten der vietnamesischen Küche ausloten. Deren Raffinesse offenbart sich im Umgang mit Aromen, etwa beim würzigen Tintenfisch, mit Knoblauch und Saté gegrillt, oder bei der Bac-Ha-Suppe mit Garnelen und frischen exotischen Kräutern – eine Spezialität des Landes. Der

Wer authentisch – und lecker – vietnamesisch essen möchte, geht ins Quan Van

Gastraum könnte zwar etwas Aufrüschung vertragen, aber der ☀ Sommergarten ist dafür sehr schön.

Nordend

€–€€ Di–Fr, So 12–14.30, 18–23, Sa 18–23 Uhr | Friedberger Anlage 14 | Tel. 069 44 98 44 | www.restaurant-toan.de | U 6, 7, Tram 14 Zoo (231 D4)

Essen ■■□ Ambiente ■■□ Service ■■□

VIPHO

Sehenswert ist die auffällige Wand- und Deckenverkleidung: Unzählige ausgefräste Löcher verleihen den Kirschholzplatten eine Luftigkeit, die an einen gigantischen Paravent erinnert. Mittendrin stehen eigens angefertigte Tische aus demselben Material. Darauf serviert man Ihnen vietnamesische Spezialitäten wie das Nationalgericht *pho*.

Nordend

€–€€ Mo–Do 12–14.30, 17.30–23, Fr 12–14.30, 17.30–24, Sa 12–24, So 12–23 Uhr | Oeder Weg 21 | Tel. 069 55 67 46 | www.vipho.de | U 1–3, 8, Bus 36 Eschenheimer Tor (227 D1)

Essen ■■□ Ambiente ■■□ Service ■■□

BRUNCH & FRÜHSTÜCK

CAFÉ ALBATROS

☀ Die meisten Studenten sind aus Bockenheim weggezogen, weil die Uni nun im Westend ist. Trotzdem gehen sie immer noch gerne in das kleine, gemütliche Albatros. Und nicht nur sie! Hier gibt es alles, was das Frühstückerherz begehrt: unterschiedliche Käse- und Wurstsorten, allerlei Deftiges wie Rührei und Spiegelei mit Bacon – viel Auswahl zu erschwinglichen Preisen und attraktiven Zeiten für Langschläfer.

Bockenheim

Mit dem Paternoster in den siebten Stock – und ins kulinarische Glück: Fleming's Deluxe Hotel

Mo–Sa 9–24, So 9–19 Uhr | Kiesstr. 27 | Tel. 069 7 07 27 69 | www.cafe-albatros.de | U 4, 6, 7 Bockenheimer Warte, Tram 16, Bus 50/36 (229 D–E3)

Essen ■■□ Ambiente ■□□ Service ■□□

CAFÉ BOHNE

Seit 20 Jahren gibt es das gemütliche Café Bohne – und inzwischen gleich zweimal. Unschlagbar ist das All-you-can-eat-Frühstücksangebot für 5,90 Euro. Dafür biegt sich der Tisch unter Brötchen, Omeletts und Pfannkuchen, so viel das Herz begehrt. Wer hier einen Platz ergattern will, muss Glück haben, denn der ehemalige Geheimtipp hat sich gerade bei Studenten mit kleinem Geldbeutel zum Dauerschlager gemausert. Reservierungen sind an Wochenenden und Feiertagen nicht möglich.

Bornheim

Mo–So 8–18 Uhr | Berger Str. 111 | Tel. 069 43 94 97 | www.cafe-bohne.info | U 4 Höhenstraße (231 D3)

Ostend

Mo–So 8–20 Uhr | Pfingstweidstr. 9 | Tel. 069 15 04 69 11 | U 6, 7, Tram 14 Zoo (231 D4)

Essen ■■□ Ambiente ■■□ Service ■□□

FLEMING'S DELUXE HOTEL

Die in einem ehemaligen Bürogebäude untergebrachte Nobelherberge hat sich manches vom Charme der 1950er-Jahre bewahrt. Der Paternoster trägt auf jeden Fall dazu bei: Er bringt die Gäste in die siebte Etage, wo sie sonntags von 12 bis 15 Uhr bei einem exquisiten Brunch (39 Euro) mit Spezialitäten vom Grill und aus dem Wok und köstlichen Desserts wie Waffeln und unterschiedlichen Kuchen und Torten den Ausblick auf die Stadt genießen können – gern auch von der Terrasse.

City

Tgl. 6–23 Uhr | Eschenheimer Tor 2 | Tel. 069 4 27 23 20 | www.flemings-hotels.com | S 1–6, 8, 9, U 1–3, 6–8 Hauptwache, U 1–3, 8, Bus 36 Eschenheimer Tor (230 B3)

Essen ■■□ Ambiente ■■□ Service ■■□

GINGKO

Eine weitere Institution: Vor über 20 Jahren erblickte im Stadtteil Bornheim das Café Gingko das Licht Frankfurts und ist seitdem im stetigen Wandel. Aktuell serviert der Familienbetrieb seinen Gästen neben drei veganen Frühstücksvarianten auch Kreationen wie das Gingko-Frühstück mit Lachs, Parmaschinken, Basilikum-Frischkäse und frischem Obst.

Bornheim

So–Do 9–24, Fr, Sa 9–1 Uhr | Berger Str. 81 | Tel. 069 49 12 02 | www.ginkgo-frankfurt.de | U 4 Höhenstraße (231 D3)

Essen ■■□ Ambiente ■■■ Service ■■□

HARVEY'S

Benannt nach Harvey Milk, dem Bürgerrechtsaktivisten der Schwulenbewegung, erweist das Lokal auch auf der Frühstückskarte der Gay-Prominenz seine Reverenz. Unter pompösen Kronleuchtern werden etwa die Varianten »Dirk Bach« (Croissant mit Butter und Marmelade) oder »Ernie & Bert« (nur für Kinder – Nutellabrot, Glas Milch, Apfelscheiben) serviert. Schön ist der großzügige Außenbereich.

Nordend

Mo–Fr 10–1, Sa 10–2, So 10–24 Uhr | Bornheimer Landstr. 4 | Tel. 069 48 00 48 78 | www.harveys-ffm.de | U 4 Höhenstraße, Tram 12, 18, Bus 30 Friedberger Platz (231 D3)

Essen ■■□ Ambiente ■■□ Service ■□□

SCHÖNHAUSER

Auch so geht Sightseeing in Frankfurt: Die Frühstückskarte im Café Schönhauser an der Frankenallee führt vorbei an den beliebtesten Sehenswürdigkeiten der Stadt. Es gibt die Varianten »Alte Oper« (klassisch: mit Marmelade, Wurst, Käse und Müsli), »Waldstadion« (vital: mit Putenbrust, Kräuterquark und Karottensticks) oder »Palmengarten« (urlaubsreif: mit Serranoschinken und Oliven).

Gallus

Di 17–24, Mi–Sa 10–24, So 10–18 | Frankenallee 90 | Tel. 069 94 41 15 25 | www.schoenhauser-frankfurt.de | S 3–6, Tram 11, 21 Galluswarte **(229 D5)**

Essen ■■□ Ambiente ■■■ Service ■■□

WUNDERBAR

In der Wunderbar hat der Besucher das Gefühl, in einer sympathischen Kunstgalerie gelandet zu sein, die eben auch Speisen und Getränke offeriert. Selbst Stammgäste entdecken an den Wänden immer wieder Neues. Nicht genug mit der reichhaltigen Frühstückskarte samt vieler Kaffeekreationen (Mo–Fr 10–15 Uhr) und dem Marktbuffet am Samstag, sonntags trifft man sich hier zum Brunchbuffet à la All-you-can-eat. Gerade für Feinschmecker ein Genuss.

Höchst

Mo–So 10–24 Uhr | Antoniterstr. 16 | Tel. 069 31 87 83 | www.cafewunderbar.de | S 1, 2 Höchst, Tram 11 Zuckschwerdtstraße **(232 B5)**

Essen ■■□ Ambiente ■■■ Service ■□□

CAFÉS

BITTER & ZART ★

Längst gehört das Schokoladenparadies in der City zu den Frankfurter Sehenswürdigkeiten: ein Süßwarengeschäft randvoll mit den herrlichsten Versuchungen und so märchenhaft dekoriert, als hätte Willy Wonka persönlich Hand angelegt. Im benachbarten Salon können Sie neben Trinkschokoladen sowie Tee und Kaffee auch feinste Patisserie genießen. Die Theke ist randvoll gefüllt mit verführerischen Eclairs, Kuchen und Tartes, z. B. der Johannisbeertarte mit locker-leichter Baiserhaube: Süße und saure Aromen wetteifern hier um die geschmackliche Oberhand.

City

Mo–Sa 10–19, So 11–18 Uhr | Braubachstr. 14 | Tel. 069 96 86 98 16 | www.bitterundzart.de | U 4, 5, Tram 11, 12 Dom/Römer **(227 E3)**

Essen ■■□ Ambiente ■■□ Service ■■□

IIMORI-PATISSERIE ★

Eine süße Nippon-Connection! Die japanische Inhaberin und ihr Bäckermeister aus Paris betreiben das originellste Café Frankfurts: Kaffeehaus und Patisserie in einem. Neben den üblichen Verdächtigen wie Torten, Kuchen und Schokolade finden sich hier auch japanische Backwaren. Grünteekuchen und Brötchen aus Süßbohnenpaste sind eine Sünde wert.

City

Mo–Fr 9–21, Sa, So 10–21 Uhr | Braubachstr. 24 | Tel. 069 97 76 82 47 | www.iimori.de | U 4, 5, Tram 11, 12 Dom/Römer **(227 E3)**

Essen ■■□ Ambiente ■■□ Service ■□□

IM GLÜCK

NEU Aus einem ehemaligen Tabakladen haben die neuen Besitzer in monatelanger Detailarbeit ein kleines Nordend-Wohnzimmer mit persönlicher Note geschaffen: Für den Barista- und Filterkaffee wurde eine eigene Sorte kreiert, und die Brötchen und Bagels aus der Bäckerei um die Ecke werden hier frisch belegt.

Nordend

Mo 7.30–16, Di–Fr 7.30–18, Sa 8.30–16 Uhr | Gluckstr. 17 | Tel. 069 5 96 98 49 | U 5 Glauburgstraße (230 C2)

Essen ■■□ Ambiente ■■□ Service ■□□

Mo–Sa 9–24, So 10–19 Uhr | Großer Hirschgraben 28 | Tel. 069 29 52 17 | www.cafekarin.de | U 1–3, 6–8, S 1–6, 8, 9 Hauptwache (227 D3)

Essen ■■□ Ambiente ■□□ Service ■■□

K'TIE'S

Inhaberin Katie Heinrich ist Französin und bietet in ihrem kleinen Café allerlei leckere Tartes und Quiches an –

Das Café Karin ist die ideale Frühstückslocation für Ultralangschläfer

CAFÉ KARIN

☀ Das Karin gehört zu den Locations in Frankfurt, die scheinbar schon immer da gewesen sind. Ideal für Langschläfer sind die Frühstückszeiten, bis 18 Uhr können Sie lecker in den Tag starten. Nota bene: Hier gibt es keinen Latte Macchiato, sondern einen Kaffee Karin. Eigentlich dasselbe, aber irgendwie auch nicht. Karin ist eben einfach Kult.

City

selbst gemacht mit viel Liebe zum Detail und zu ungewöhnlichen Kompositionen. Auch der Kaffee ist eine eigene Kreation. Das K'tie's überzeugt als nettes Kleinod, in dem man sich schnell heimisch fühlen kann. Nebenbei findet man hier noch diverse Deko-Artikel, wie Schälchen und andere Tischwaren, und Leckeres wie französische Schokolade und diverse Edelbrände. *Savoir vivre* wird hier großgeschrieben.

Genießen *à la française*: Im K'tie's gibt's jede Menge Schönes und Köstliches aus dem Nachbarland

Sachsenhausen
Mo–Fr 9–18.30, Sa 10–18 Uhr | Textorstr. 81 | Tel. 069 96 23 05 56 | www.k-ties.de | U 1, 2, 3, Tram 15, 16 Schweizerstraße (234 C3)

Essen ■■□ Ambiente ■■□ Service ■□□

MOKKATEERIA

☀ »Vorsicht! Sand ist sehr heiß. Bitte nicht anfassen!« steht auf dem Schild an der Theke. Im Quarzsand – hier erzeugen Heizstäbe die fehlenden Wüstentemperaturen – lässt Betreiber Ömür Kar seinen Mokka ganz stilecht im Kupferkännchen mehrmals aufkochen, bevor er ihn mit Baklava als typische Frankfurter Multikultimelange serviert. Auch sehr interessante Teesorten sind im Angebot.

Bornheim
Mo–Sa 10–22, So 11–22 Uhr | Heidestr. 149 | Tel. 069 90 75 90 91 | www.mokkateeria.de | U 4, Tram 12, Bus 34, 43, 69 Bornheim Mitte (231 E2)

Essen ■□□ Ambiente ■□□ Service ■□□

NASCHMARKT AM DOM

Ganz so groß wie im Wiener Namensvorbild ist die Auswahl in dem kleinen Café in der Frankfurter Innenstadt zwar nicht. Viel leichter fällt die Wahl zwischen all den Leckereien dann aber doch nicht. Hier gibt's nicht nur die legendären Stückchen der Confiserie Graff, sondern auch schokoladige Eigenkreationen und Geschenkideen zu finden.

City
Di–Sa 10–19, So 11–19 Uhr | Domstr. 4 | Tel. 069 27 27 96 63 | www.naschmarktamdom.de | U 4, 5 Dom/Römer, Tram 11, 12 Börneplatz (227 E3–4)

Essen ■■■ Ambiente ■■■ Service ■■□

PHOENIX TEA – SALON DU THÉ

ÖKO Ausgerechnet an der lauten Friedberger Landstraße hat Kim Yen Thai eine Oase der Ruhe geschaffen, einen Hort der Beständigkeit. Es gibt feine Tees aus Taiwan und Japan, die durch eigene Laboruntersuchungen auf Rückstände kontrolliert werden. In einer gemütlichen Sitzecke serviert man Ihnen die Spezialitäten je nach Herkunftsland auf ihre traditionelle Art, dazu schmecken Teegebäck und vegetarische Häppchen.

Nordend

Di–Sa 10–18 Uhr | Friedberger Landstr. 82 | Tel. 069 48 98 79 74 | www.phoenixtea.de | Tram 12, 18, Bus 30 Friedberger Platz (230 C2)

Essen ■□□ Ambiente ■□□ Service ■□□

CAFÉHAUS SIESMAYER

Nach einer Expedition durch den Palmengarten ist das Caféhaus Siesmayer genau die richtige Adresse für eine Pause. Hier wartet die Küche mit deftigen, aber auch süßen Spezialitäten auf. Frankfurter Kranz, Apfelkuchen und die Siesmayer-Torte stammen von der hauseigenen Patissière und sind etwas für verwöhnte Naschkatzen. ☀ Unschlagbar ist die Sonnenterrasse, von der aus Sie einen tollen Blick auf den Teich haben.

Westend

Tgl. 8–19 Uhr | Siesmayerstr. 59 | Tel. 069 90 02 92 00 | www.palmengarten-gastronomie.de | U 6, 7 Westend, Bus 36 Palmengartenstraße (229 E3)

Essen ■■■ Ambiente ■□□ Service ■□□

ZEIT FÜR BROT

ÖKO Eines der Markenzeichen der Start-up-Bäckerei mit Café ist die reichhaltige Auswahl an frisch gebackenen Hefeschnecken: Weiße-Schokolade-Kokos, Cookies und Walnuss-Ahornsirup sind nur einige der hauseigenen Kreationen. INSIDER TIPP Jeden Mittwoch ist Schneckentag, d. h. es gibt noch mehr Schneckenvarianten – und alle günstiger.

Nordend

Mo–Fr 7–20, Sa 8–19, So 8–18 Uhr | Oeder Weg 15 | Tel. 069 56 99 81 50 | www.zeitfuerbrot.com | U 1–3, 8, Bus 36 Eschenheimer Tor (227 D1)

Essen ■■■ Ambiente ■■■ Service ■□□

EISDIELEN

BIZZIICE

ÖKO Althergebracht klingt das nicht: White Wedding, Hate it or love it, Imperial Almond oder Marrakech Dream, doch die Herstellung der hausgemachten Bio-Eissorten ist ganz traditionell. Ob die gewünschte Sorte vegan oder laktosefrei ist, erklären Ihnen die Mitarbeiter gerne.

Sachsenhausen

Im Sommer Mo–So 11–22, sonst Di–So 10–18 Uhr | Wallstr. 26 | Tel. 069 94 94 25 50 | www.bizzi-ice.com | S 3–6 Lokalbahnhof, Tram 14, 18 Frankensteiner Platz (235 D2)

Essen ■■□ Ambiente ■■□ Service ■■□

DAS EIS

ÖKO Diese sehr kleine Eisdiele in direkter Nachbarschaft zur Kleinmarkthalle ist immer gut besucht – daher ist auch mal Schlangestehen angesagt. Aber das lohnt sich: Hier gibt es veganes Bio-Eis in außergewöhnlichen Sorten, oder haben Sie schon einmal Kreationen wie Rote Bete-Ingwer oder Cocos-Sesam-Hanf probiert? Die mobile Theke des Eisgeschäfts steht auch auf großen Festen der Stadt, z. B. auf dem Museumsuferfest.

City
Mo–Fr 12–18, Sa 10–18, So 13–17 Uhr | Hasengasse 1 | Tel. 069 74 73 14 09 | www.daseis.eu | U 4, 5 Dom, Römer (227 E3)

Essen ■■□ Ambiente ■□□ Service ■□□

EIS-CHRISTINA

Seit mehr als 40 Jahren stellt Familie Spadotto eine große Auswahl an Eissorten selber her. Und die Eisdiele mit Bella-Italia-Flair zieht noch immer die Massen an – für viele gibt es hier das beste Eis der Stadt. Auch wenn immer wieder neue Kreationen dazukommen – die Klassiker haben weiterhin ihre Fangemeinde. Eine Kugel Tiziano rosso oder Zuppa Inglese ist ein besonderer Genuss. An sonnigen Tagen muss man die Mittagspause schon mal ausdehnen, der Ansturm ist meist groß.

Nordend
Tgl. 10–22 Uhr | Eckenheimer Landstr. 78 | Tel. 069 59 84 52 | www.eischristina.de |U 5 Glauburgstraße (230 C2)

Essen ■■□ Ambiente ■□□ Service ■□□

EIS-CAFÉ MILANO

Im Sachsenhäuser Traditionssalon stehen mehr als 20 Sorten zur Auswahl: Wie wäre es etwa mit den Geschmacksrichtungen Bittere Schokolade oder Karamell-Fleur-de-Sel? Natürlich kommen ausschließlich frische Zutaten in die Eismaschine. Das wissen auch die zahllosen Schleckermäuler zu schätzen, die besonders bei steigenden Temperaturen geduldig in der Schlange warten. Selbst wenn Regenwolken im Anmarsch sind, lassen sie sich ihre Laune nicht verhageln, denn das stilvolle Eiscafé lädt zum gemütlichen Löffeln im Trockenen ein.

Sachsenhausen
Mo–Sa 11–22, So 13–22 Uhr | Schweizer Str. 22 | Tel. 069 9 87 45 63 21 | www.eismilano.de | U 1–3, 8 Schweizer Platz, Tram 15, 16, 19 Schweizer-/Gartenstraße (230 B6)

Essen ■■□ Ambiente ■□□ Service ■□□

FRANZÖSISCH

LA CIGALE

Das Restaurant La Cigale in Laufnähe zur Bockenheimer Warte ist ein Ort der Gemütlichkeit. Neben der behaglichen Einrichtung gehört auch das kulinarische Angebot des Südtirolers Martin Kofler dazu (z. B. französische Spezialitäten in Verbindung mit Gerichten aus seiner Heimat auf Basis hochwertiger Produkte). Koflers Qualitätsanspruch schlägt sich auch in der Weinkollektion nieder. Auf der Karte geben sich Winzer aus Frankreich, Italien, Österreich und Deutschland ein Stelldichein.

Bockenheim
€€–€€€ *Di–Sa ab 18, Do 12–14 Uhr | Falkstr. 38 | Tel. 069 70 41 11 | www.lacigale-restaurant.de | U 6, 7, Tram 16 Bockenheimer Warte* (229 E3)

Essen ■■■ Ambiente ■■□ Service ■■□

INSIDER TIPP JASPERS

Dieses gastronomische Schatzkästchen versteckt seine Pracht etwas zurückgelegen in einem Hinterhof. Im Ambiente einer echten Brasserie, bietet das Jaspers eine hervorragende Mischung aus französischer und deutscher Küche. Die wechselnde Karte sorgt für eine gelungene Bandbreite von bodenständigen bis exklusiven Gerichten mit passenden Weinen. Eine Adresse zum Wohlfühlen.

Sachsenhausen

€€–€€€ Mo–Sa 19–1 Uhr | Schifferstr. 8 | Tel. 069 61 41 17 | www.jaspers-restaurant.de | U 1–3 Südbahnhof, S 4, 5, 6, Lokalbahnhof, Bus 30/36 Elisabethenstraße (227 F6)

Essen ■■□ Ambiente ■■□ Service ■■□

MON AMIE MAXI

Wer gern Meeresfrüchte isst, kommt an dieser authentisch gestalteten Brasserie und Oysterbar nicht vorbei. Mittelpunkt des Restaurants ist eine riesige Theke mit Hummern, Garnelen, Taschenkrebsen und Austern. Dort werden vor den Augen der Gäste die mehrstöckigen INSIDER TIPP Meeresfrüchteteller angerichtet. Auf der Karte stehen außerdem Klassiker der Brasserieküche von *Bœuf bourguignon* bis hin zur *Soupe à l'oignon* – alles in vorzüglicher Qualität, die natürlich ihren Preis hat. Eine Delikatesse ist auch die knusprig-saftige Ente vom Moltenigrill für zwei Personen.

Westend

€€€ Mo–Fr, So 12–15, tgl. 18–24 Uhr | Bockenheimer Landstr. 31 | Tel. 069 71 40 21 21 | www.mook-group.de | U 6, 7, Bus 64 Alte Oper, Bus 36 Niedenau (226 B2)

Essen ■■■ Ambiente ■■■ Service ■■□

GOURMET

BLUMEN

An diesem Kleinod der guten Küche könnte man glatt vorbeilaufen, so unscheinbar im Souterrain versteckt sich das Blumen. Drinnen finden gerade einmal 18 Gäste Platz, die im reduzierten Vintage-Ambiente wechselnde Überraschungsmenüs genießen.

Ostend

€€€ Do–Sa ab 19 Uhr, Di Barabend ab 20 h | Rotlintstr. 60 | www.rotlint60.de | Tram 12, 18, Bus 30 Rohrbachstraße/ Friedberger Landstraße (231 D2)

Essen ■■■ Ambiente ■■■ Service ■■□

RESTAURANT CARMELO GRECO ★

Carmelo Greco hat eine Erfolgsgeschichte vorzuweisen, die in Frankfurt ihresgleichen sucht. Sowohl mit dem früheren als auch dem heutigen Restaurant hat der Inhaber und Chefkoch eine Vielzahl von Preisen eingeheimst. Egal ob Gault-Millau oder Michelin, beide honorierten die erstklassig zubereiteten

Brasserie? Oui! Schlemmen im Mon Amie Maxi

Restaurant Lafleur: hochklassige französische Küche

Gerichte der *cucina italiana* schon mehrfach. Genießen können Sie die Gaumenerlebnisse in elegantem Ambiente. Eine besondere Attraktion ist der begehbare Weinschrank. Außerdem erwarten Sie eine Raucherlounge sowie eine ☀ großzügig gestaltete Terrasse.

Sachsenhausen

€€–€€€ *Mo–Fr 12–14, 18.30–22, Sa 18.30–22 Uhr | Ziegelhüttenweg 1–3 | Tel. 069 60 60 89 67/68 | www.carmelo-greco.de | Tram 14, Bus 45, 61 Oppenheimer Landstraße* (234 C3)

Essen ■■■ Ambiente ■■■ Service ■■■

CARTE BLANCHE

Der Name ist Programm: In diesem charmanten Lokal wird die Karte immer wieder neu geschrieben – ganz abhängig davon, was der Markt gerade Frisches bereithält. Verraten werden nur die Zutaten, die genaue Zusammensetzung der Speisen bleibt bis zum Servieren eine Überraschung.

Nordend

€€–€€€ *Mi–So 18–24 h | Egenolffstr. 39 | www.carteblanche-ffm.de | Tram 12, 18, Bus 30 Rohrbachstraße/Friedberger Landstraße* (231 D2)

Essen ■■■ Ambiente ■■■ Service ■■■

ERNO'S BISTRO

☀ Mit einem Michelin-Stern kann sich das gemütliche Restaurant schon seit 1998 schmücken. Chefkoch Valéry Mathis trägt wesentlich zur anhaltenden Erfolgsgeschichte von Erno's Bistro bei. Der gebürtige Franzose fühlt sich der feinen Küche seiner Heimat verpflichtet, setzt klassische Gerichte zeitgeistig um. Sein hoher Anspruch beschert den Gästen beispielsweise hervorragendes Entrecote und Hummer von entsprechender Güte. Auf einer mehr als 600 Positionen umfassenden Weinkarte finden sich die passenden Winzererzeugnisse.

Westend

€€€ *Tgl. Mo–Fr 12–14, 19–22 Uhr | Liebigstr. 15 | Tel. 069 72 19 97 | www.ernosbistro.de | U 6, 7 Westend* (226 B1)

Essen ■■■ Ambiente ■■■ Service ■■■

GOLDMAN RESTAURANT

Entspannte Atmosphäre, perfekter Service und ein Menü, nach dem man sich die Finger ablecken möchte: Im Goldman Restaurant zelebriert man den modernen Gourmetgenuss. Die Speisekarte wird regelmäßig aktualisiert, ein paar Klassiker und eine gewohnt großzügige Auswahl köstlichster Süßspeisen sind immer dabei. Wer sich gern überraschen lässt, wählt das INSIDER TIPP Chefmenü aus tagesfrisch wechselnden Zutaten.

Ostend

€€–€€€ Mo–Sa 18–24 | Hanauer Landstr. 127 | www.goldman-restaurant.com | Tram 11 Osthafenplatz, U 6, Tram 11. Bus 31, 32 Ostbahnhof (231 E4)

Essen ■■■ Ambiente ■■■ Service ■■■

GUSTAV

NEU ÖKO Der kleine Bruder vom Weinsinn hat die Herzen nicht nur der lokalen Gourmets im Sturm erobert. Das Geheimrezept: regionale Zutaten, eine gewollt reduzierte Karte und die Raffinesse echter Könner, die das Ganze zu einem stimmigen Gesamterlebnis werden lässt und hierfür auch gleich mit einem Michelin-Stern ausgezeichnet wurde.

Westend

€€–€€€ Di–Fr 12–14, Di–Sa ab 18.30 | Reuterweg 57 | www.restaurant-gustav.de | U 1, 2, 3, 8 Grüneburgweg (230 A3)

Essen ■■■ Ambiente ■■■ Service ■■■

RESTAURANT LAFLEUR

Das Spitzenrestaurant im Gesellschaftshaus des Palmengartens ist eine gesetzte Adresse für hochklassige Küche und inzwischen auch mit zwei Michelin-Sternen dekoriert. Der Stil von Chefkoch Andreas Krolik ist von der gehobenen französischen Küche geprägt, aber auch zeitgemäße vegane Ideen halten Einzug. Neben den eleganten Gasträumen ist die wunderschöne Aussicht in den Park beeindruckend.

Westend

€€€ Di 18.30–24, Mi–Fr 12–15, 18.30–24,Sa 18.30–24 Uhr | Palmengartenstr. 11 | Tel. 069 90 02 91 00 | www.palmengarten-gastronomie.de | U 4, 6, 7, Tram 16, Bus 32, 36, 50, 75 Bockenheimer Warte (229 E3)

Essen ■■■ Ambiente ■■■ Service ■■■

LOHNINGER

Ebenso frische wie hochwertige Zutaten sind das Markenzeichen dieses Restaurants. Daraus bereitet das Team um Paul Lohninger und Dirk Schommer moderne Gerichte mit österreichischem Schwerpunkt zu. Das kulinarische Angebot lässt aber auch Einflüsse aus aller Welt erkennen. Dafür hat vor allem Lohningers Sohn Mario ein feines Gespür. Als Spiritus Rector steuert er immer wieder neue Ideen bei.

Sachsenhausen

€€€ Tgl. 12–14, 18–24 Uhr | Schweizer Str. 1 | Tel. 069 24 75 57 86 0 | www.lohninger.de | U 1–3, 8 Schweizer Platz, Tram 15, 16, 19 Schweizer-/Gartenstraße (234 C2)

Essen ■■■ Ambiente ■■■ Service ■■■

MAIN-TOWER-RESTAURANT

Ja, hier muss man angesichts der Perspektiven den Atem anhalten. Denn höher als im Main-Tower-Restaurant kann man in der deutschen Skyscraper-Hauptstadt nicht speisen. Edler Fisch und bestes Fleisch, auf Wunsch ein vegetarisches Menü, dazu die Aussicht: Hoffentlich findet sich bald ein besonderer Anlass, um es sich in himmlischer Höhe gut gehen zu lassen!

City

€€€ Di–Do 12–15, 18–24, Fr 12–15, 18–1, Sa 18–1 Uhr | Neue Mainzer Str. 52–58 | Tel. 069 36 50 47 77 | www.maintower-restaurant.de | S 1–6, 8, 9 Taunusanlage (226 C3)

Essen ■■■ Ambiente ■■■ Service ■■■

RESTAURANT FRANÇAIS

Das elegante Restaurant mit Kaminzimmer, Wintergarten und ☀ Sommerterrasse ist immer für eine Auszeichnung gut. Die kulinarische Leistung hat der Guide Michelin wiederholt mit einem Stern und der Gault-Millau mit 17 von 20 Punkten belohnt.

City

€€€ *Mo–Fr 12–13.45, 18.30–21.30, Sa 18.30–21.30 Uhr | Steigenberger Hotel Frankfurter Hof | Am Kaiserplatz 1 | Tel. 069 215118 | www.francais-restaurant.de | U 1–5, 8, Tram 11, 12 Willy-Brandt-Platz* (227 D3)

Essen ■■■ Ambiente ■■■ Service ■■■

SEVEN SWANS

Im schmalsten Haus der Stadt ist Sous-Chef Jan Hoffmann Herrscher über den Herd. Er führt den Stil von Chefköchin Kimberley Unser, die noch in Babypause ist, weiter. Die Küche ist frisch und leicht, eine Mischung aus Tradition und Moderne. Die Gäste werden mit einer ungewöhnlichen Speisenfolge überrascht. So viel Engagement hat der Gault-Millau mit 15 Punkten ausgezeichnet. Da ist es wohl kein Wunder, dass alle, die diese Gerichte genießen wollen, langfristig planen müssen. Zauberhaft für ein intimes Dinner: die kleine ☀ Dachterrasse mit Blick auf Dom und Skyline. Und als wäre das noch nicht genug Spitzenklasse: ÖKO Das Gemüse wird selbst angebaut, und auch sonst legt die Küche Wert auf regionale Zutaten aus Bioanbau.

City

€€€ *Di–Sa ab 18.30 Uhr | Mainkai 4 | Tel. 069 21996226 | www.sevenswans.de | U 4, 5, Tram 11, 12 Dom/Römer* (227 F4)

Essen ■■■ Ambiente ■■■ Service ■■□

STANLEY DIAMOND

Der neueste Coup aus dem Hause Ardinast (zu dem u. a. das Maxie Eisen gehört): Ein charmantes Lokal, in dem ganz

Gehobene Küche, gute Weine, lässige Atmosphäre – das alles bietet das Weinsinn

anachronistisch rosa Marmor und viel Glamour verbaut wurden. Das Ambiente ist phantastisch, der Service unkompliziert, die Küche zaubert einfache Ausgangsrezepte zu Gourmetgerichten. Die Mittagsmenüs sind sehr fair bepreist.

Gallus

€€–€€€ Di–Do 12–14.30, 18-30–23, Fr 12–14.30, 18.30–24, Sa 18.30–24 | Ottostr. 16–18 | stanleydiamond.com | Tram 11, 16, 17, 21 Platz der Republik (229 S5)

Essen ■■■ Ambiente ■■■ Service ■■□

TIGER-GOURMETRESTAURANT

Am Herd steht Christoph Rainer, der als Küchenchef in der Villa Rothschild bereits mit zwei Michelin-Sternen dekoriert war, und auch hier im Restaurant des Tigerpalast-Theaters wurde seine aromenreiche Küche im Herbst 2015 mit zwei Sternen bestätigt. Historische Varieté-Plakate an den Wänden und schlichte Eleganz in der Einrichtung tragen bei zur stimmungsvollen Ungezwungenheit des Spitzenlokals.

City

€€€ Di–Sa 19–24 Uhr | Heiligkreuzgasse 16–20 | Tel. 069 92 00 29 00 | www.tigerpalast.de | S 1–6, 8, 9, U 4–7, Tram 12, 18, Bus 30, 36 Konstablerwache (230 C4)

Essen ■■■ Ambiente ■■■ Service ■■■

VILLA MERTON

Der Chef, André Großfeld, hat sich vor über zehn Jahren in seinem eigenen Restaurant Grossfeld in Friedberg bereits einen Michelin-Stern erkocht, den er auch in der Villa Merton verteidigt. Der Gourmetkoch steht für eine regionale, raffinierte Küche auf hohem Niveau. Ein Besuch in der altehrwürdigen Villa lohnt sich also auch kulinarisch.

Bockenheim

€€€ Mo–Fr 18.30–22 Uhr | Am Leonhardsbrunn 12 | Tel. 069 70 30 33 | www.villa-merton.de | U 4 Bockenheimer Warte (229 E2)

Essen ■■■ Ambiente ■■■ Service ■■■

WEINSINN ★

So viele Fans können nicht irren: Die »New York Times« stellte das Weinsinn als eines von nur fünf kulinarischen Highlights in Deutschland vor, dem Guide Michelin ist die kreative Bistro-Küche von André Rickert ebenfalls einen Stern wert. Dazu das erstaunlich lässige Ambiente und die hervorragend bestückte Weinkarte.

Bockenheim

€€€ Di–Sa ab 18.30 Uhr | Fürstenbergerstr. 179 | Tel. 069 56 99 80 80 | www.weinsinn-frankfurt.de | U 1–3 Holzhausenstraße, Bus 36 Bremer Platz (230 B2)

Essen ■■■ Ambiente ■■■ Service ■■■

GRIECHISCH

ALEXIS-SORBAS-RESTAURANT

Das ebenso feine wie gemütliche Restaurant ist einer der besten Griechen von Frankfurt. Hier werden auch Wild-, Lamm- und Fischspezialitäten aufgetischt. Besonders empfehlenswert ist das Hasenrückenfilet auf Vanille-Mango-Lauchbett.

Niederrad

€€ Di–Sa 17–24, So 12–15, 17–24 Uhr | Güntherstr. 42a | Tel. 069 67 24 62 | www.alexis-sorbas-restaurant.de | Tram 12 Triftstraße (233 E4)

Essen ■■■ Ambiente ■■□ Service ■■□

DER GRIECHE

Die Gemeinschaftsproduktion von Gastronom Nikos Gatzias und Ex-Ein-

tracht-Kicker Ioannis Amanatidis kombiniert moderne Tavernenfolklore mit der Weite eines Lofts. Auf der Karte sind die Hauptdarsteller Gyros, Bifteki, Souvlaki und Co. Allerdings kommt man ohne mächtige Gerichte wie Moussaka aus und setzt den Schwerpunkt auf gegrillte Fleisch- und Fischgerichte. Dazu gibt es ein reichhaltiges Angebot an alkoholischen Getränken, denn im Nebenjob versteht sich die Location in Toplage auch als Hotspot der Party-Community.
City
€€ *Mo–Fr 12–15, 17–2, Sa 14–2, So 17–22 Uhr | Kaiserhofstr. 12 | Tel. 069 91396147 | www.der-grieche-frankfurt.de | U 1–3, 6–8, S 1–6, 8, 9 Hauptwache* (226 C2)

Essen ■■□ Ambiente ■■□ Service ■■□

PARTHENON

Seit fast 50 Jahren gehört das Parthenon an der Kennedyallee zu den beliebtesten griechischen Lokalen der Stadt. ☀ Im Sommergarten genießen die Gäste im Schatten eines Ahornbaums ihre Spezialitäten, darunter viele Gerichte mit Fisch oder Lamm.
Sachsenhausen
€–€€ *Mo–So 12–15, 18–23 Uhr | Kennedyallee 34 | Tel. 069 635419 | www.parthenon-restaurant.net | Tram 15, 16 Otto-Hahn-Straße* (230 B6)

Essen ■■□ Ambiente ■■□ Service ■■□

QUALITÄTSECK

Hier steht der Chef jeden Tag selbst im Lokal, und das schätzen die Stammgäste, darunter viele Eintrachtfans und Profis. Kosta begrüßt jeden Besucher persönlich und bietet traditionelle griechische und deutsche Küche, dazu gibt es eine wechselnde Wochenkarte. Seit vielen Jahren ist der Familienbetrieb für die Sachsenhäuser ein fester Bestandteil ihres Viertels. Wer die Spiele der Eintracht in geselliger Runde schauen möchte, ist hier willkommen. Und wer gute Küche in familiärer Atmosphäre genießen möchte, sollte ebenfalls den Weg ins Qualitätseck finden. ☀ An lauen Sommerabenden ist der kleine Garten geöffnet.
Sachsenhausen
€–€€ *Tgl. 17–1 Uhr | Hedderichstr. 132 | Tel. 069 616644 | U 1–3 Südbahnhof* (234 C3)

Essen ■■□ Ambiente ■■□ Service ■■□

GUT & SCHNELL

ALIMS FISCHIMBISS

Wenn es einen Imbiss im Bahnhofsviertel gibt, der Kultstatus erreicht hat, dann Alims. Die Fischgerichte sind nicht nur günstig und schnell zubereitet, sondern auch frisch und lecker. Im benachbarten Supermarkt können sich die Kunden auch Fische aussuchen und diese für einen kleinen Aufpreis INSIDER TIPP direkt im Imbiss zubereiten lassen.
City
€ *Mo–So 10–22 Uhr | Münchener Str. 35 | Tel. 069 27134690 | www.facebook.com/AlimsFischimbiss | S 1–9, U 4, 5, Tram 11, 12, 14–17, 19–21, Bus 33, 37, 46, 64, 600 Hauptbahnhof* (226 B5)

Essen ■■■ Ambiente ■□□ Service ■■□

INSIDER TIPP AROYDEE

Hier gehen im Minutentakt thailändische Spezialitäten über die Theke. Dafür sorgt Inhaberin Bunrung Wojciech, die auch eine passionierte Köchin ist. Ihre Erfahrung im Umgang mit Aromen – bereits als junges Mädchen hantierte sie mit exotischen Gewürzen – wissen vor allem jene Gäste zu

Was Pankúka sind? Lettische Pfannkuchen – und die kriegt man in ganz Frankfurt nur im Baltique

schätzen, die ihre hausgemachten Currys lieben. Die Ausbildung der Küchenchefin umfasste alle Facetten ihrer Heimatküche, das Angebot des Aroydee ist entsprechend vielfältig. Und weil ihre Gerichte nicht nur gut aussehen, sondern auch so schmecken, stehen die Gäste um die Mittagszeit gern mal Schlange.

City

€–€€ *Mo–Do 11–22, Fr, Sa 11–23, So 14–22 Uhr | Stiftstr. 34 | Tel. 069 29 72 36 36 | www.aroydee.de | S 1–6, 8, 9, U 1–3, 6–8 Hauptwache, Bus 36 Eschenheimer Tor* (227 D2)

Essen ■■□ Ambiente ■■□ Service ■■□

BALTIQUE – DIE PANKUKA BAR

Die Idee für seine Teigtaschen-Renner kam Inhaber Ralph Weiss bei einem Urlaub in Lettland, und da der ehemalige Banker keine Lust mehr auf seinen Schreibtischjob hatte, wagte er den Sprung. Nun ist er der erste Pankúka-Crépier in Frankfurt. Die lettischen Pfannkuchen bestechen durch ihre Füllung. Fischliebhaber wählen geräucherten Lachs mit frischem Dill und Meerrettichcrème (4,50 Euro), Naschkatzen bevorzugen süßes Beerenmus und *Tworog,* ein Frischkäse aus Osteuropa (2,80 Euro). Aber was wäre der Inhalt ohne die leckere Umhüllung? Sie können zwischen zwei Varianten wählen: klassisch als Weizenteig oder vegan mit Buchweizen.

City

€–€€ *Mo–Fr 9–21, Sa 10–22, So 10–15 Uhr | Heiligkreuzgasse 31 | Tel. 069 27 24 31 01 | www.baltique.de | U 1–8, S 1–9 Konstabler Wache* (230 C4)

Essen ■■■ Ambiente ■■□ Service ■■□

BURRITO BANDE

Das Start-Up ist zu einer der größten Gastro-Erfolgsgeschichten Frankfurts mutiert und hält sich in den obersten Plätzen der Streetfood-Szene. Ihre gefüllten Teigtaschen bezeichnen die »Bandenmitglieder« als Slow Fast Food, also frisch gekocht und trotzdem für den schnellen Hunger geeignet. Neben ihrem festen Standort am Hauptbahnhof ist die Burrito Bande inzwischen mit bis zu drei Trucks gleichzeitig unterwegs.

City

€ *Mo–So 10–21 Uhr, T | Im Hauptbahnhof (Markthalle), Standorte und Termine der Foodtrucks online | Tel. 069 95 64 93 20 | www.burritobande.de | S 1–9, U 4, 5, Tram 11, 12, 14–17, 19–21, Bus 33, 37, 46, 64, 600 Hauptbahnhof* (226 5A)

Essen ■■□ Ambiente ■□□ Service ■■□

GOOSE

An wechselnden Standorten im Stadtgebiet bietet das Team des Goose-Foodtruck besondere Waffelvarianten – herzhaft oder süß, ganz nach persönlicher Präferenz – ebenso Suppen und einen leckeren, wenn auch gehaltvollen New-York-Cheesecake. Wo man den vom Feinschmecker-Magazin ausgezeichneten Truck aktuell finden kann, steht auf der Internetseite.

€–€€ *Tel. 0151 40 44 42 98 | www.goose-ffm.de*

Essen ■■□ Ambiente – Service ■□□

DIE KLEINE ANNA

Kreativität ist Trumpf in dem kleinen Stullenimbiss, in dem Chefin Antje Gutenste die Aufstriche täglich frisch zubereitet. Die frischen Steinofen-Brotscheiben werden mit variablen Belägen je nach Wunsch zubereitet und dann gegrillt. Dazu lässt man sich die beliebten Tagessalate schmecken – und hinterher noch ein leckerer Nachtisch zum Kaffee.

Gallus

€ *Mo–Fr 9–16 Uhr | Mainzer Landstr. 111 | Tel. 069 45 09 48 94 | www.kleineanna.de | Tram 11, 21 Güterplatz, Tram 16, 17 Platz der Republik* (229 E5)

Essen ■■□ Ambiente ■■■ Service ■■■

IBERISCH

CASA PINTOR

☀ Das überschaubare spanische Restaurant ist unangefochtener Tapaspionier, denn hier wird schon seit 1997 erfolgreich kulinarischer Kulturaustausch betrieben. Die kleinen Happen wie Tortilla, Chorizo und *albóndigas* (Hackfleischbällchen) sind köstlich, der Wein ist exzellent, das Ambiente hinreißend. Und dann gibt es zu den Gaumenfreuden auch noch Augenschmaus: In der

Casa Pintor sind Bilder von Inhaber Jose Manuel Perez Fincias ausgestellt.

Nordend

€–€€ Tgl. 18–2 Uhr | Bornwiesenweg 75 | Tel. 069 5 97 37 23 | www.casapintor.de | U 1–3, 8 Grüneburgweg, U 6, 7 Westend (230 B3)

Essen ■■□ Ambiente ■■□ Service ■■□

CENTRO CULTURAL GALLEGO

Früher oder später kehren alle Gäste wieder zurück an den Tisch dieser Tapas-Institution, zu *dátiles con tocino, tortilla de jamón* oder *flan* – allein schon, um sich wieder einmal zu vergewissern, dass das Leben doch gar nicht so kompliziert ist. Denn es gibt keinen besseren Ort für eine Erdung als dieses so schlichte Lokal mit Daddelautomat und Großbildschirmen.

City

€–€€ Di–So 12–24 Uhr | An der Staufenmauer 14 | Tel. 069 21 99 58 40 | www.cc-gallego.de | U 4–7, S 1–6, 8, 9, Tram 12, 18, Bus 30, 36 Konstablerwache (227 F3)

Essen ■■□ Ambiente ■■□ Service ■■□

DON JUAN

Der Name passt perfekt zu diesem kleinen Restaurant. Leckere Tapas, gedämmtes Licht – eine ideale Atmosphäre für Don Juan und alle, die es schon immer mal sein wollten. Die Weine harmonieren hervorragend mit den frisch zubereiteten Tapas, die perfekt abgestimmt sind und keine Wünsche offenlassen. Der Service ist charmant und aufmerksam.

City

€€ Mo–Sa 18–1 Uhr | Fahrgasse 15 | Tel. 069 20 97 69 99 | www.don-juan-ffm.de | U 4, 5 Römer, Bus 30, 36 Dom, Tram 14, 15 Schöne Aussicht (227 F4)

Essen ■■□ Ambiente ■■□ Service ■■■

So müssen Tapas aussehen: häppchenweise spanische Köstlichkeiten im Casa Pintor

Speisen in einem alten Industriedenkmal: Druckwasserwerk

WEISSE LILIE

Das spanische Restaurant trägt den historischen Namen des Gebäudes (ein Saalbau aus dem 19. Jh.), in dem es beherbegt ist, und steht selbst seit mehr als 20 Jahren in der Gunst des Publikums. Wer dieses Wunder ergründen will, muss lediglich einige Häppchen aus der Tapas-Küche und dazu einen Rioja ordern und weiß dann: Das Wiederkommen lohnt. Die Weiße Lilie ist sehr gut besucht, also unbedingt reservieren! Denn es locken nicht nur *pimientos del padron* oder *gambas a la plancha*, sondern auch ☀ der schöne Garten begeistert die Gäste.

➡ **Bornheim**

€–€€ *Tgl. 17.30–1 Uhr | Berger Str. 275 | Tel. 069 45 38 60 | www.weisse-lilie.com | U 4, Tram 12, Bus 34, 43, 69 Bornheim Mitte, Tram 14 Ernst-May-Platz* (231 E2)

Essen ■■□ Ambiente ■■□ Service ■■□

INDISCH

BOLLYS CHILLYS

„The best indian restaurant in Frankfurt", nennt sich Bollys Chillys selbstbewusst – und sie haben Recht. Doch probieren Sie selbst: Die reichhaltige Auswahl hält für wirklich jeden Geschmack das passende Gericht bereit, besonders empfehlenswert sind die fachkundig zusammengestellten Thalis. Sehr gut im Preis-Leistungs-Verhältnis schneiden die Mittagsmenüs ab, ebenso der bequeme Lieferservice.

City

€–€€ Bethmannstr. 19 | Tel. 069 27 13 57 56 | www.bollyschillys.de | U 1–5, 8, Tram 11, 12, 14, 16 Willy-Brand-Platz (227 D4)

Essen ■■■ Ambiente ■■■ Service ■■□

MERA MASALA

Mera masala bedeutet »meine Gewürzmischung«, und die bleibt in dem indischen Restaurant natürlich ein Geheimnis. Das Küchenteam hat sich auf traditionelle Zubereitung spezialisiert und verfügt über einen Tandoor-Ofen aus Lehm. Pakoras, also frittiertes Gemüse in Teighülle, und Lammcurry kommen zart, würzig und wohlschmeckend auf den Tisch, dazu gibt es Reis und Naan-Brot.

Bornheim

€–€€ Di–So 17–24 Uhr | Sandweg 56 | Tel. 069 94 34 01 50 | www.meramasala.de | U 6, 7 Zoo, U 4 Merianplatz, Tram 14 Waldschmidtstraße (231 D3)

Essen ■■□ Ambiente ■■□ Service ■■□

INTERNATIONAL

BIDLABU

Das kleine Bistro ist unprätentiös eingerichtet: Aufgemöbelte Schulstühle und Tischplatten aus Baubohlen vermitteln einen Sinn fürs Wesentliche. Das kulinarische Konzept ist international, lässt aber auch Raum für Regionales (etwa Hirschschinken mit lauwarmen Linsen und Hagebuttengelee). Alles wird mit viel Liebe zum Detail zubereitet. Dank der offenen Küche können Sie dem Koch jederzeit auf die Finger schauen.

City

€–€€ Mo–Fr 12–15 und ab 18, Sa 13–16 und ab 18 Uhr | Kleine Bockenheimer Str. 14 | Tel. 069 95 64 87 84 | www.bidlabu.de | S 1–6, 8, 9, U 1–3, 6–8 Hauptwache (226 C3)

Essen ■■□ Ambiente ■■□ Service ■■□

DORADE

Im Restaurant mit großzügig gestaltetem Sommergarten wird quer durch die Küche des südlichen Europas gekocht – auf konstantem Niveau und zu moderaten Preisen. Wie der Name schon vermuten lässt, ist das Lokal besonders Fischfans zu empfehlen. Die Seezunge gehört zu den Spezialitäten des Hauses.

Sachsenhausen

€–€€ Mo–Fr, So 11.30–15, 17.30–23, Sa 17.30–23 Uhr | Carl-von-Noorden-Platz 5 | Tel. 069 63 19 83 83 | www.dorade.net | Tram 12, 15, 21 Universitätsklinik (234 B3)

Essen ■■□ Ambiente ■■□ Service ■■□

DRUCKWASSERWERK

Der imposante Ziegelbau im Frankfurter Westhafen überzeugt mit einem 13 m hohen Gastraum, seinem originalgetreuen Fliesenboden und einer Alabasterbar. Neben der sehenswerten Umgebung muss sich auch die Küche nicht verstecken: Das kulinarische Angebot besteht aus internationalen Klassikern, die das Team am Herd mit Pfiff auf die Teller bringt. ÖKO Produkte aus der Region stehen hierbei besonders hoch im Kurs. Außerdem verarbeiten die Köche gern, was der saisonale Markt hergibt.

City

SPÄTER HUNGER

A'MIR

Diesen kleinen libanesischen Imbiss betrachten viele als unübertroffen in ganz Frankfurt. Außer den Teigtaschen, die mit Hähnchen- oder Kalbfleisch und der berühmten Spezialsauce gefüllt sind, bekommen Sie hier auch andere Leckerbissen wie Falafel. Oder wie wäre es beispielsweise mit Taboulé, einem Klassiker aus gehackter Petersilie und Couscous?

Sachsenhausen

€ Tgl. 11–5 Uhr | Paradiesgasse 46 | Tel. 069 62 33 33 | Bus 30, 36 Affentorplatz (235 D2)

Essen ■■■ Ambiente ■□□ Service –

CURRYWURST TAUNUS 25

Hier hat schon mancher Prominente seinen Hunger gestillt, denn die eher zweckmäßige Atmosphäre des Stehimbisses darf nicht darüber hinwegtäuschen, dass Peter eine der besten Currywürste der Stadt anbietet. Bei der Kreation der Sauce half ein Sternekoch.

City

€ Mo–Mi 11.30–0, Do 11.30–4, Fr 11.30–6, Sa 13–6, So 15–0 Uhr | Taunusstr. 25 | Tel. 069 46 09 08 58 | www.currywurst-frankfurt.de | S 1–9, U 4, 5, Tram 11, 12, 14–17, 19–21, Bus 33, 37, 46, 64, 600 Hauptbahnhof (229 F5)

Essen ■■■ Ambiente ■□□ Service –

HAMBURGER AM TURM

Wenn ganze Polizeiwachen anfangen, Unterschriften zu sammeln, weil ein Imbiss aus stadtplanerischen Gründen geschlossen werden soll, muss der Ort ein besonderer sein. Neben den namensgebenden Burgern, die zudem günstig zu

erstehen sind, schmeckt hier auch der Döner richtig lecker.

€ Mo–So 12–4 Uhr | Eschenheimer Tor 4 | Tel. 06929 02 02 | www.hamburgeram turm.de | U 1–3, 8, Bus 36 Eschenheimer Tor (227 D2)

Essen ■■■ Ambiente ■□□ Service –

BISTRO SALVATORE

Eine Frankfurter Institution! Seit mehr als 40 Jahren bietet Salvatore Rimonti italienische Klassiker in all ihren Facetten und immer appetitlich zubereitet. Spaß macht bei ihm nicht nur der Blick auf den Teller, sondern auch die Aussicht auf das Mainufer.

City

€–€€ Mo–Fr 17–1, Sa 17–2 Uhr | Schöne Aussicht 16 | Tel. 069 28 21 13 | www.bistro-salvatore.de | Bus 30, 36 Schöne Aussicht (227 F4)

Essen ■■□ Ambiente ■■□ Service ■■□

WALON & ROSETTI

Das Walon & Rosetti liegt im hippen Bahnhofsviertel und ist eine gute Adresse für trendige internationale Küche. In den späten Abendstunden wird das Restaurant zur Szenebar. Die Gerichte sind üppig und inspiriert, ebenso die zahlreichen Varianten an Cocktails und Longdrinks.

City

€–€€ Mo–Sa 17–2 Uhr | Moselstr. 15 | Tel. 069 25 75 59 73 | www.walon-rosetti.com | S 1–9, U 4, 5, Tram 11, 12, 14–17, 19–21, Bus 33, 37, 46, 64, 600 Hauptbahnhof (229 F5)

Essen ■■□ Ambiente ■■□ Service ■■□

YOURS AUSTRALIAN BAR

Eine perfekte Anlaufstelle für den späten wie auch den großen Hunger. »All you can eat« steht die ganze Woche zu unterschiedlichen Zeiten auf der Karte. Das überwiegend junge Publikum kann jede Menge Aussie-Food bestellen.

City

€–€€€ Mo–Do 11–1, Fr 11–5, Sa, So 10–5 Uhr | Rahmhofstr. 2–4 | Tel. 069 28 21 00 | www.yours-bars.de | U 1–3, 8, Bus 36 Eschenheimer Tor (227 D2)

Essen ■□□ Ambiente ■□□ Service ■■□

€€–€€€ Mo–Fr 11.30–24, Sa 18–24, So 10–24 Uhr | Rotfeder Ring 16 | Tel. 069 2 56 28 77 00 | www.restaurant-druckwasserwerk.de | Bus 33 Rotfederring (233 F2)

Essen ■■□ Ambiente ■■□ Service ■□□

FREITAGSKÜCHE

ÖKO Jeden Freitagabend steht ein anderer Gastkoch aus der Künstlerszene am Herd. Unterstützung erhält er von Gleichgesinnten, denn die bis zu hundert Essen für die große Fangemeinde machen viel Arbeit. Außerdem gibt es einen von Laien zubereiteten Mittagstisch: Die wechselnden Gerichte bestehen aus biologischen Lebensmitteln, schmecken immer ausgezeichnet und sind unschlagbar günstig. Sie bestellen und bezahlen an der Theke und warten danach im wunderschönen Hinterhausambiente, bis Sie aufgerufen werden. In der Mittagspause kann man sich hier, vor allem im Sommergarten, leicht verplaudern.

City

€ Mo–Do 11.30–17.30, Fr 11.30–14, 19–24 Uhr | Mainzer Landstr. 105 | www.freitagskueche.de | Tram 11, 16, 17, 21, Bus 32 Platz der Republik (229 E5)

Essen ■■□ Ambiente ■■□ Service –

HOLBEIN'S

Die Architektur des Restaurants ist beeindruckend: Mit seiner riesigen Glasfront liegt es im Seitenflügel des Städel-Museums, die Terrasse gehört zu den elegantesten der Stadt. Die Küche besticht durch ebenso kreative wie leichte Gerichte, die sich mittags am Bistrostil orientieren und abends unter der Leitung von Sternekoch Mario Lohninger zum eindrucksvollen Hochgenuss werden.

Sachsenhausen

€€–€€€ Di–So 10–24 Uhr | Holbeinstr. 1 | Tel. 069 66 05 66 66 | www.meyer-frankfurt.de | Tram 14–16, 19 Otto-Hahn-Platz (226 C6)

Essen ■■■ Ambiente ■■■ Service ■■■

JESSE JAMES

Der gleichnamige Bankräuber stand Pate für diesen Ort, der sich als Bar, Café und Restaurant im Ostend binnen kürzester Zeit einen Namen gemacht hat. Serviert werden natürlich Drinks plus internationale Gerichte vom Burger bis zum Curry. Ein besonderes Highlight: Der beleuchtete Tresor, in dem alkoholische Schätze aufbewahrt werden.

Ostend

€–€€ Mo–Do 11–1, Fr, Sa 11–3, So 10–1 | Hanauer Landstr. 83 | www.jessejames.

eu | U 6, Tram 11, Bus 31, 32 Ostbahnhof (231 E4)

Essen ■■□ Ambiente ■■■ Service ■■□

LAUBE, LIEBE, HOFFNUNG

Der Europagarten wächst ständig. Und genau dort steht etwas, das sich am besten als Hommage an die gute alte Laube beschreiben lässt. In einem (fast) komplett aus Holz errichteten Haus samt Ess- und Wohnzimmer sowie offenem Kochbereich sitzen Sie unter Küchenlampen aus den 1950er-Jahren. Handgemachte Fliesen unterstreichen den nostalgischen Charme. Auf die Teller kommen authentisch zubereitete Gerichte der Land- und Gartenküche. Bei den Zutaten zählt die Qualität, teilweise werden ÖKO Bioprodukte verwendet.

Gallus

€–€€ *Di–Sa 11.30–24, So 10–23 Uhr | Pariser Str. 11 | Tel. 069 75 84 77 22 | www.laubeliebehoffnung.de | Tram 11 Schwalbacher Straße* (228 C5)

Essen ■■■ Ambiente ■■□ Service ■■□

MARGARETE

Simon Horn und Raffaela Schöbel betreiben das wunderbar schlichte und lichte Margarete, das »internationale Gastlichkeit mit Frankfurter Wurzeln« bietet – köstlich, bodenständig und mit Sachverstand zubereitet. Lobenswert sind auch das Frühstück und der ☀ große Außenbereich im Hof.

City

€€ *Café und Bar: Mo–Mi 11–23, Do–Fr 11–0.30, Sa 10–0.30, So 10–22, Restaurant: Mo–Fr 12–14.30, ab 18 Uhr, Sa, So ab 18 Uhr | Braubachstr. 18–22 | Tel. 069 13 06 65 00 | www.margarete-*

Das Margarete erinnert an Margarete Schütte-Lihotzky, die den Urtyp der Einbauküche erfunden hat

restaurant.de | U 4, 5, Tram 11, 12 Dom/ Römer (227 E3)

Essen ■■□ Ambiente ■■□ Service ■■□

NAÏV
Sascha Euler und Christian Daam brechen alle Regeln, machen alles anders und selbst. Das mag manchem naiv erscheinen, hat sich aber als Erfolgsrezept entpuppt. Das Naïv ist zugleich Restaurant, Café und Bar. Die ineinander übergehenden Räume bieten den geeigneten Rahmen dafür. Im Sommer schmecken das bunt gemischte Angebot und die INSIDER TIPP verschiedensten Biersorten allerdings am besten auf der Terrasse am Fischerplätzchen.

City

€–€€ *Mo–Fr 17–1, Sa, So 12–1 Uhr | Fahrgasse 4 | Tel. 069 24 40 49 82 | www.naiv-frankfurt.de | Bus 30, 37 Schöne Aussicht* (227 F4)

Essen ■■□ Ambiente ■■□ Service ■■□

RIZ
Durch die großen Fensterscheiben hat man schon von weitem Einblick in das reduziert-elegante Restaurant. Drinnen stehen feine Speisen und Weine auf der bewusst klein gehaltenen Karte, besonders lohnenswert ist ein Besuch zur Mittagszeit, wenn man kleine Menüs ab ca. 14 Euro genießt.

City

€€–€€€ *Mo–Fr 12–15, Mo–Sa 18–24 | Berliner Str. 72 | www.riz-frankfurt.de | U 1–5, 8, Tram 11, 12, 14, 16 Willy-Brand-Platz, S 1–6, 8–9, U 1–3, 6–8 Hauptwache* (227 D4)

Essen ■■■ Ambiente ■■■ Service ■■□

SCHÖNEBERGER
Wer das Gerücht in die Welt gesetzt hat, der Frankfurter sei unterkühlt, der ist sicherlich noch nie im Schöneberger gewesen. Bei regionalen Schmankerln wie Hochstädter Handkäs mit Musik, aber auch Flammkuchen mit Speck und Zwiebeln kommt man ins Gespräch. Schnit-

Die Weinauswahl kann sich im Senckenbergs ebenso sehen lassen wie das frisch gezapfte Bier

zel, Rumpsteak und Burger sowie Penne mit Garnelen werden ebenfalls serviert. Am Sonntag gibt es ein ausgezeichnetes Frühstück. ☀ Im Sommer können Sie nicht nur vor der Tür auf der Terrasse, sondern auch hinten im Garten unter alten Kastanien sitzen.

Bornheim

€–€€ Mo–Do 12–1, Fr, Sa 10–2, So 10–1 Uhr | Berger Str. 237 | Tel. 069 94 50 66 11 | www.schoene-berger.de | U 4, Tram 12, Bus 34, 43, 69 Bornheim Mitte (231 E2)

Essen ■□□ Ambiente ■■□ Service ■■□

SENCKENBERGS

☀ In den Räumen des ehemaligen Bastos erfreut nun das Senckenbergs seine Gäste – ein modernes Lokal mit ausgesuchten Speisen. Von diversen Salaten bis zu einer feinen Auswahl an Steaks bietet das Restaurant leckere Gerichte ohne viel Schnickschnack, sehr verlockend. Eine große Weinauswahl ergänzt das reiche Angebot. Wer Kunstliebhaber ist, kann sich hier wechselnde Ausstellungen ansehen. Denn das Senckenbergs versteht sich nebenbei auch als Galerie. Wahrer Genuss für die Sinne!

Bockenheim

€€ Mo–Do 11–24, Fr 11–1, Sa 17–1 Uhr | Gräfstr. 45 | Tel. 069 77 06 77 77 | www.senckenbergs.com | U 6, 7 Bockenheimer Warte (229 E3)

Essen ■■□ Ambiente ■■□ Service ■■■

SMØRGÅS

☀ Der Name ist Programm: Auf ihrer Speisekarte steht eine ganze Reihe von *smørgås* – also jene »offenen Brote«, die in Schweden, Dänemark und Norwegen praktisch zu jeder Tageszeit gegessen werden. Neben landestypischen Spezialitäten mit Elch und Lamm können Sie auch die allseits bekannten *köttbullar* bestellen.

Nordend

€–€€ Mo–Do 17.30–23, Sa 12–23, So 12–22, Fr ab 17 Uhr | Burgstr. 82 | Tel. 069 84 77 70 92 | www.smorgas-frankfurt.de | Tram 12, 18, Bus 103 Burgstraße (231 D2)

Essen ■■□ Ambiente ■■□ Service ■■□

TRARES

NEU ☀ Das Trares punktet mit seiner Küche, die Klassiker wie Markklößchensuppe nach Omas Rezept ebenso beherrscht wie kreatives Fine Dining. Danach kann man sich INSIDER TIPP eine Portion Schokoravioli mit Mangobutter gönnen, die bei Koch Christopher Crell schon im Vorgängerlokal auf der Karte standen. Gegen Barmusik sollte man allerdings nichts einzuwenden haben, denn die gehört zum Konzept dazu: Das Trares ist Restaurant und Bar mit inspirierten Drinks in einem.

Nordend

€€–€€€ Mo–Do, So 18–1, Sa, So 18–3 Uhr | Luisenstr. 7 | Tel. 069 96 75 25 34 | www.trares-restaurant.de | U 4, 5 Merianplatz (231 D3)

Essen ■■■ Ambiente ■■□ Service ■■□

ITALIENISCH

TRATTORIA AMICI

In der drinnen wie draußen behaglich gestalteten Trattoria wird eine der besten Pizzen der Stadt gebacken. Am Steinofen steht schließlich ein Küchenkünstler aus Neapel, dem Ursprungsort des Teigfladens. Sein florentinischer Kollege versteht sich dagegen auf die Zubereitung von Pastagerichten in verschiedenen Variationen. Fisch und

Fleisch gehören ebenfalls zum Angebot. Für die kleinen Gäste hält die Trattoria neben mehreren Gerichten auch eine Kinderspielecke auf der Sommerterrasse bereit.

Westend

€–€€€ Tgl. 11.30–15, 18–24 Uhr | Bettinastr. 17–19 | Tel. 069 74 09 31 75 | www.amici-frankfurt.de | Tram 11, 16, 17, 21 Platz der Republik (234 A1)

Essen ■■□ Ambiente ■■□ Service ■■□

INSIDER TIPP CAFÉ DIESSEITS

Auf den ersten Blick nehmen Passanten das Ecklokal dank seines Namens oft nicht als Restaurant und noch weniger als Italiener wahr. Doch die schmackhaften Pasta-, Fleisch- und Fischgerichte sowie die italienischen Weine sorgen dafür, dass es als echter Geheimtipp unter Bockenheimern gehandelt wird. Wer günstig gut essen will, sollte am Wochenanfang vorbeikommen: Montag ist Pastatag, Dienstag gibt es Schnitzel für 4,95 Euro.

Bockenheim

€–€€ Mo 9–24, Di–Sa 9–1, So 9–23 Uhr | Konrad-Broßwitz-Str. 1 | Tel. 069 77 03 38 16 | www.cafe-diesseits-ffm.de | U 6, 7 Kirchplatz (229 D2)

Essen ■■□ Ambiente ■□□ Service ■■□

LELLA MOZARELLA

Der Ziegelhüttenplatz südwestlich der Schweizer Straße galt lange Zeit als kaum belebt. Das wollen die ansässigen Gastro- und Handelsbetriebe nun mit ausgefallenen Ideen ändern. Seit einigen Jahren ist mit Lella Mozzarella ein Publikumsmagnet eingezogen, der mit seinem stilechten Interieur für Schiffsatmosphäre sorgt. Auf der Speisekarte stehen neben Gerichten mit Büffelmozzarella vor allem Pasta, Fisch und Fleisch. Im Sommer gibt es viele Sitzplätze direkt auf dem Platz vorm Haus.

Sachsenhausen

€–€€ Mo–Mi 11.30–24, Do, Fr 11.30–1, Sa, So 17–24 Uhr | Am Ziegelhüttenplatz | Tel. 069 66 36 67 44 | www.lellamozzarella.de | S 3–6 Südbahnhof, Tram 14 Oppenheimer Landstr. (234 C3)

Essen ■■□ Ambiente ■■■ Service ■■□

MARE E MONTI

Das traditionelle italienische Restaurant verfügt über einen schönen Außenbereich unter alten Bäumen. Da fällt es nicht weiter auf, dass es an die viel befahrene Eckenheimer Landstraße grenzt. Auf der Speisekarte stehen zahlreiche Pastagerichte und Pizzavariationen – alle sind sehr gut zubereitet. Im hellen Lokal mit schneller und freundlicher Bedienung fühlt man sich tatsächlich umsorgt wie in *Bella Italia*.

Nordend

€–€€ Di–Sa 12–15, 18–23, So 12–23 Uhr | Scheffelstr. 1 | Tel. 069 59 53 53 | www.ristorante-frankfurt.de | Bus 36 Scheffeleck, U 5 Musterschule (230 C3)

Essen ■■□ Ambiente ■■□ Service ■■■

DA MICHELE

NEU In der ehemaligen Weinbar Rosso de Sera ist frischer Wind eingekehrt. Der Laden wurde 2015 von Michele Corrado übernommen, der seine Gäste hinter der Theke immer herzlich begrüßt. Auf der Karte des geschmackvoll eingerichteten Lokals stehen 32 verschiedene Pizzen und etliche Pasta- und Fleischgerichte, die es sich durchzuprobieren lohnt.

Rödelheim

€–€€€ Mo–Sa 11.30–15, 17.30–23 Uhr | Arnoldshainer Str. 2 | Tel. 069 78 80 78 44 |

www.michelepizza.de | S 3–5 Rödelheim (228 2A)

Essen ■■■ Ambiente ■■■ Service ■■□

NR 16 DE LUIGI & LUANA

Das sardische Restaurant in der Nummer 16 ist seit Jahren eine beliebte Adresse für Italienfreunde. Reservieren ist absolut notwendig – der Familienbe-

Liegt schnucklig in einer ehemaligen Erdgeschosswohnung: Pasta Davini

trieb ist stets ausgebucht. Die Pasta schmeckt hervorragend, und die Portionen sind groß. Ein Muss ist INSIDER TIPP die gebratene Salsiccia – doch Vorsicht, wer anschließend noch ein Date hat, sollte das besser vertagen, hier wird leidenschaftlich mit Knoblauch gekocht. Immer wieder spannend ist es, den Chef des Hauses dabei zu beobachten, wie er die randvollen Weingläser serviert, ohne zu kleckern, während man selbst selten das Glas ohne Zwischenfälle ansetzen kann.

Bornheim

€€ *Tgl. 18–1 Uhr | Wiesenstr. 52 | Tel. 069 46 45 91 | U 4, Tram 12, Bus 34, 43, 69 Bornheim Mitte* (231 E2)

Essen ■■□ Ambiente ■■□ Service ■■□

PAOLO

Klein, aber fein ist das Lokal, das die Gebrüder Cimino auf der Schloßstraße betreiben. Neben einer riesigen Pizza- und Pasta-Auswahl kommen Schweine- und Kalbsmedaillons in etlichen Variationen sowie leckere Salate auf die Tische.

Bockenheim

€–€€ *Mo–So 11–24 Uhr | Schloßstr. 85 | Tel. 069 71 91 00 70 | www.paolofrankfurt.de | Tram 16 Adalbert-/Schloßstraße* (229 D3)

Essen ■■■ Ambiente ■■□ Service ■■□

PASTA DAVINI

ÖKO Roswitha Stern und Gabriele Lepper haben eine winzige Erdgeschosswohnung in ihr Traumrestaurant verwandelt und schreiben damit eine erstaunliche Erfolgsgeschichte. Die Zutaten: Mut, Charme, Leidenschaft fürs Kochen, Antipasti in Bioqualität, frisch zubereitete Nudeln mit selbst gemachten »Hausfrauensaucen« nach alten Familienrezepten, dazu Bioweine unter anderem aus dem Veneto. Und das Ganze zu unschlagbar fairen Preisen. Um Qualität und Frische zu garantieren, wird die Speisekarte bewusst klein gehalten. Wenn Sie sich über die ungewöhnlichen Namen der Saucen, wie *ragù bolognese alla Marisa,* wundern: Sie beziehen sich auf Familienmitglieder der Frauen.

City

€ *Di–Fr 12–15, 18.30–23, Sa, So 18.30–23 Uhr | Heiligkreuzgasse 9a | Tel. 069 57805106 | www.pasta-davini.de | U 4–7, S 1–6, 8, 9, Tram 12, 18, Bus 30, 36 Konstablerwache* (230 C4)

Essen ■■□ Ambiente ■■□ Service ■■■

JAPANISCH

IIMORI

Süßes und Würziges ist bei Azko Iimori lediglich durch einige Treppen getrennt. Während sich ihre Patisserie im Erdgeschoss befindet, ist das Restaurant eine Etage höher. Das salonartig eingerichtete Speisezimmer bildet einen ungewöhnlichen, aber nicht unpassenden Rahmen für die modern interpretierten Klassiker der japanischen Küche. Sushis in verschiedenen Variationen dürfen in Iimoris Lokal ebenfalls nicht fehlen. Der offene Kochbereich gewährt Einblicke in die Vorgänge am Herd. **ÖKO** Viele Zutaten stammen aus Bioanbau.

Azko Iimori kann nicht nur süß: Direkt über ihrer Patisserie liegt das gleichnamige Restaurant

City

€€–€€€ Mo–Fr 9–21, Sa, So 10–21 Uhr | Braubachstr. 24 | Tel. 069 97 76 82 47 | www.iimori.de, U 4, 5 Römer (227 E3)

Essen ■■■ Ambiente ■■■ Service ■■■

IWASE

Für viele der beste Japaner mit dem köstlichsten Sushi und dem fangfrischsten Fisch der Stadt: Wer ins Iwase geht, der reserviert seinen Tisch am besten vorab. Das Ambiente ist schnörkellos und typisch japanisch, der Service ebenso.

City

€€–€€€ Mo 18.30–22, Di–Sa 10–22 | Vilbeler Str. 31 | Tel. 069 28 39 92 | U 4–7, S 1–9, Tram 12, 18, Bus 30, 36 Konstablerwache, Tram 12, 18, Bus 30 Hessendenkmal (227 F2)

Essen ■■■ Ambiente ■■□ Service ■■■

KABUKI

Das Kabuki verwöhnt seine Gäste seit knapp 25 Jahren. Es gilt als Frankfurts bestes Restaurant für Teppan Yaki, so nennt man die Gerichte, die auf einer heißen Stahlplatte (= *Teppan*) direkt am Tisch zubereitet werden. Man sitzt um das brutzelnde Kochfeld und schaut zu, wie der Profi aus frischen Zutaten und japanischen Gewürzen exklusive Fleisch- und Fischgerichte zaubert.

City

€€ Mo–Fr 12–15, 18–24, Sa, So 18–24 Uhr | Kaiserstr. 42 | Tel. 069 23 43 53 | www.kabuki-restaurant.com | U 1–5, 8, Tram 11, 12 Willy-Brandt-Platz (226 C4)

Essen ■■■ Ambiente ■■■ Service ■■■

MIKUNI

Im Mikuni sitzt man zwischen Petrol- und Gelbgrün an einfachen Holztischen oder direkt an der urgemütlichen Theke. Zur Begrüßung ruft der Koch persönlich, überhaupt ist hier alles angenehm unprätentiös. Sehr empfehlenswert auch ein Besuch zur Mittagszeit, wo für kleines Geld ein Hauptgericht mit gratis Tee, Reis, kleinen Gemüsebeilagen und Miso-Suppe auf den Tisch kommen.

City

€€ Mo–Fr 12–14, 18–22, Sa 12–14.30, 18.30–22 | Fahrgasse 91 | Tel. 069 28 36 27 | Tram 11, 12 , Bus 30 Börneplatz, U 4–7, S 1–9, Tram 12, 18, Bus 30, 36 Konstablerwache (227 E3)

Essen ■■■ Ambiente ■□□ Service ■■■

MUKU

Ramen bilden eine wichtige Säule der japanischen Küche, trotzdem sind sie hierzulande oft unterrepräsentiert. Nicht so im Muku: Hier werden die beliebten Nudeln in allen nur erdenklichen Variationen serviert. Dazu trinkt man Hochprozentiges von Sake bis Whisky direkt aus Japan.

Sachsenhausen

€–€€ Di–Sa 18–23, Sa 12–14.30, So 17–21 | Dreieichstr. 7 | Tel. 069 48 44 51 53 | muku-ramen.com | Tram 14, 16, 18. Bus 45, 46 Frankensteiner Platz (230 C5)

Essen ■■□ Ambiente ■■□ Service ■■□

SUSHIKO

Schlicht, aber geschmackvoll eingerichtetes Sushi-Restaurant, in dem die Häppchen auf einem Band um den Tresen fahren – farblich sortiert nach Preisen. Die Qualität ist sehr gut, entsprechend teuer ist das Vergnügen bisweilen. Zum Lunch gibt es aber besondere Angebote, etwa das Nigiri-Sushi-Menü für 13 Euro.

Sachsenhausen

Das Auge isst mit: Im T-Style werden die Fischkreationen ansprechend serviert

€–€€ Mo–Sa 12–14.30, 18–22.30 Uhr | Schweizer Str. 61 | Tel. 069 60 60 54 60 | www.frankfurt-sushi.de | U 1–3, 8, Tram 15, 16, 19 Schweizer Platz (234 C3)

Essen ■■□ Ambiente ■■□ Service ■■□

INSIDER TIPP T-STYLE

In dem äußerlich etwas unscheinbaren Restaurant speisen größtenteils japanische Gäste, ein gutes Indiz dafür, dass es hier authentische Küche gibt. Zwischendrin finden sich natürlich auch Deutsche, die auf kulinarische Entdeckungsreise gehen wollen. Denn Inhaber und Chefkoch Toshiyuki Suzuki serviert neben Bekanntem und Beliebtem, darunter viele Sushi-Kreationen zu guten Preisen, auch Exotischeres wie Leber vom Seeteufel. Seine Küche beschreibt er als klassisch, aber nicht zu klassisch – gewissermaßen als respektvoll weiterentwickelt.

Bockenheim

€–€€ Mo, Mi–Fr 12–14, 18–22, Sa, So 17–22 Uhr | Adalbertstr. 37–39 | Tel. 069 97 78 97 16 | www.t-style-de.com | Tram 16 Adalbert-/Schloßstraße (229 D3)

Essen ■■■ Ambiente ■□□ Service ■■□

KLASSIKER

BORUSSIA

Die lauschige Terrasse dieses Lokals ist einer der schönsten Plätze am Mainufer. Von hier aus haben Sie eine sensationelle Aussicht auf die Stadt und den Fluss. Die Küche (kreativ und deutsch) bietet schon seit Jahren eine erfreulich hohe Qualität. Dass es sich in Wirklichkeit um das Vereinsheim eines Ruderclubs handelt, merkt man allenfalls an den Bildern an der Wand sowie an der eher schlichten Inneneinrichtung.

Oberrad

€€ Mo–Fr 11.30–15, 17–23, Sa 18–23, So 11–23 Uhr | Mainwasenweg 31 | Tel. 069 65 11 85 | www.restaurantborussiafrankfurt.de | Bus 46 Rudererdorf (231 F5)

Essen ■■□ Ambiente ■■□ Service ■■■

CHAIRS

Kein Ruhetag und trotzdem (fast) immer voll: Das Chairs gehört zu den absoluten Lieblingen in Frankfurt-Bornheim. Neben Klassikern wie 500 oder gar 1000 g Garnelen in ordentlich Knoblauch oder waschechtem Wiener Schnitzel gibt's die wechselnde Wochenkarte, dazu eine gute Weinauswahl. Die charmante Vintage-Möblierung mit Designerstühlen zieht sich übrigens auch durch den Raucherbereich, der mit ebenso viel Liebe zum Detail eingerichtet wurde.

Bornheim

€€ Tgl. 18–1 Uhr | Gronauer Str. 1 | Tel. 069 48 44 69 22 | www.chairsffm.de | U 4, 5, Tram 12, 18, Bus 34, 38, 43, 103 Bornheim Mitte (231 E2)

Essen ■■■ Ambiente ■■■ Service ■■□

ESTRAGON

Fein speisen ohne steife Atmosphäre: Im Estragon sorgen Eckhart Keim und sein Team persönlich dafür, dass der Gourmetabend schön entspannt wird. Hier kann man sich ganz nach Gusto drei bis fünf Gänge zusammenstellen oder aus der mediterranen Abendkarte auswählen. Im Sommer auch auf der lauschigen Terrasse!

Nordend

€€ Di–Fr ab 18:30, Sa ab 19h | Jahnstr. 49 | Tel. 069 5 97 80 38 | www.estragon-ffm.de | U 1–3, 8, Bus 36 Eschenheimer Tor (230 B3)

Essen ■■■ Ambiente ■■□ Service ■■■

EXIL

Hinter einer unscheinbaren Fassade liegt ein gastronomischer Dauerbrenner der Stadt. Die Langlebigkeit verdankt das Restaurant seinem freundlichen Service und dem kontinuierlich hohen Niveau der Küche, die Kulinarisches aus Deutschland, Frankreich und dem Mittelmeerraum verbindet. Neben der Standardkarte mit den beliebtesten Gerichten der Gäste gibt es Empfehlungen für den Abend, die das saisonale Angebot berücksichtigen.

Nordend

€€–€€€ Di–Sa ab 18 Uhr | Mercatorstr. 26 | Tel. 069 44 72 00 | www.exil-frankfurt.de | Tram 12 Hessendenkmal, Bus 36 Scheffeleck (227 F1)

Essen ■■■ Ambiente ■■□ Service ■■■

CAFÉ GRÖSSENWAHN

Seit 1978 schon ist das Restaurant im Nordend ein ständiger Treffpunkt der Frankfurter Kultur-, Schwulen- und Politszene. Längst hat man sich im Größenwahn vom legendären »Schnitzel mit schrecklicher Sauce« und dem »Wahnsinnsburger« für 50 Pfennig, einem Schokokuss zwischen zwei Brötchenhälften, emanzipiert und kocht auf konstant hohem Niveau: erfreuliche Beständigkeit in Küche und Keller.

Nordend

€–€€ Tgl. 16–1 Uhr | Lenaustr. 97 | Tel. 069 59 93 56 | www.cafe-groessenwahn.de | U 5 Glauburgstraße, Bus 32 Richard-Wagner-Straße (230 C2)

Essen ■■■ Ambiente ■■□ Service ■■■

GASTHAUS ZUR KRONE

Seit 1879 befindet sich das Gasthaus im Besitz der Familie Bornschier. Dazu gehört eine eigene Kelterei, auf der Karte stehen traditionelle hessische Gerichte.

Ob Haspel, Presskopf oder Fleischwurst, hier werden Kenner der Ur-Frankfurter Küche glücklich. An lauen Abenden im ☀ Garten unter den großen Kastanien sitzen und ein Stöffche genießen – wunderbar!

Seckbach

€–€€ *Mo–Fr ab 17, So ab 16 Uhr | Wilhelmshöher Str. 163–165 | Tel. 069 47 93 85 | www.zurkrone-seckbach.de | Bus 43, Draisbornstraße* (225 E3)

Essen ■■□ Ambiente ■□□ Service ■■□

LOBSTER

Das Weinbistrot Lobster gibt es nunmehr seit bald 40 Jahren. Das Bistro ist ein beliebter Treffpunkt für Künstler, Schauspieler sowie die Sachsenhäuser. Ob zu einem Absacker zu später Stunde, oder zum Abendessen – es lohnt sich immer, hierher zu kommen. Die Küche ist kreativ und sehr lecker, die Karte bietet für jeden Hunger etwas. Eine Reservierung ist ratsam, da der Restaurantbereich sehr klein ist und es nur wenige Tische gibt.

Sachsenhausen

€€ *Mo–Sa 18–1 Uhr | Wallstr. 21 | Tel. 069 61 29 20 | www.lobster-weinbistrot.de | S 2, 3, 4, 5, Tram 15, 16 Lokalbahnhof* (227 F5)

Essen ■■□ Ambiente ■■□ Service ■■□

MEINE STADT

▶ Borretsch, Kerbel, Gartenkresse, Petersilie, Pimpinelle, Sauerampfer und Schnittlauch – sieben Kräuter gehören in das Frankfurter »Weltkochkulturerbe«, die Grüne Sauce. Seit März 2016 ist sie EU-weit geschützt, d. h. nur was tatsächlich aus der Rhein-Main-Region stammt, darf diesen Namen beanspruchen. Die Kräuter dafür wachsen in den Gärten von Oberrad, wo sich auch Deutschlands einziges Denkmal für ein Regionalgericht befindet: sieben Gewächshäuschen, jedes in einem anderen Grünton gefärbt. Mit Beginn der Dämmerung fangen die Gebäude an, wie Smaragde zu leuchten.

MAASCHANZ

In der Maaschanz, die in den bewährten Händen von Bruno Lauffenburger liegt, werden französische Bistroklassiker aufgetischt. Der Laden ähnelt immer noch einem Wohnzimmer aus den 1970er-Jahren, und wahrscheinlich verleiht ihm gerade das seinen besonderen Charme. Im Sommer können Sie auf einer ☀ Terrasse mit Mainblick speisen.

Sachsenhausen

€€–€€€ *Mo–Fr 15–24, Sa 13–23, So 12–24 Uhr | Färberstr. 75 | Tel. 069 62 28 86 | www.maaschanz.de | Bus 46 Eiserner Steg* (227 E5)

Essen ■■■ Ambiente ■■□ Service ■□□

WACKER'S KAFFEE

☀ Früher ging Goethe in das Haus am Kornmarkt 9, um sich mit Milch zu versorgen. Heute stehen in dem Fachgeschäft für Kaffeespezialitäten die vielleicht besten Röstbohnen von Frankfurt zum Verkauf. Der Feinkostladen mit eigener Rösterei und angeschlossenem Café hat sich mittlerweile zur Pilgerstätte für Fans des Wachmachers entwickelt. Wer hier einen Stuhl oder gar Tisch ergattern will, muss früh auf- oder lange anstehen.

City

Wackers hausgeröstete Kaffeespezialitäten: Wachmacher für höchste Ansprüche

€ Mo–Sa 8–19 Uhr | Kornmarkt 9 | Tel. 069 28 78 10 | www.wackers-kaffee.de | S 1–6, 8, 9, U 1–3, 6–8 Hauptwache (227 D3)

Essen ■■□ Ambiente ■□□ Service ■■□

ZU DEN 12 APOSTELN ★

Urig, uriger, 12 Apostel! Hier sitzt man im historischen Gewölbekeller zwischen gemütlich beleuchteten Steinmauern und lässt sich gutbürgerliche Hausmannskost aus Frankfurt und vom Balkan schmecken. Unbedingt dazu bestellen: Ein Bier aus der hauseigenen Brauerei.

City

€–€€ Mo–So 11.30–1 Uhr | Rosenbergerstr. 1 | Tel. 069 28 86 68 | 12apostelnfrankfurt.de | U 4–7, S 1–9, Tram 12, 18, Bus 30, 36 Konstablerwache, Tram 12, 18, Bus 30 Hessendenkmal (227 E2)

Essen ■■□ Ambiente ■■■ Service ■■□

OPEN AIR

DROSSELBART

☀ Ein klassischer großer Biergarten nach bayerischer Art ist in Frankfurt eher seltener zu finden. Ein wunderschönes Beispiel, dass solche Orte dennoch existieren, ist der Sommergarten der Gaststätte Drosselbart. Hier wird abgesehen von Bier natürlich auch der lokale Apfelwein gereicht. Als speisetechnische Grundlage dienen neben hessisch-deftigen Gerichten auch Klassiker wie Kalbschnitzel, Rumpsteak, Kassler und Rippchen.

Eschersheim

€€–€€€ Im Sommer Mo–Fr 12–14.30, 16.30–23, Sa 16.30–23, So 12–23 Uhr, sonst Mo–Sa 17–23, So 12–22 Uhr | Eschersheimer Landstr. 607 | Tel. 069 53 43 93 | www.drosselbart.net | U 1–3, 8 Weißer Stein (225 D3)

Essen ■■□ Ambiente ■■■ Service ■■□

DER LÖWE

Das Traditionslokal in Familienbesitz verfügt über einen lauschigen Hof, in dem Sie gemütlich speisen. Unter einem alten Kastanienbaum kommen gutbürgerliche Gerichte mit Pfiff auf den Tisch. Inhaber und Chefkoch Volker Hintz macht außerdem kulinarische Ausflüge in mediterrane Breiten, lässt sich von Länderküchen wie der französischen inspirieren. Ein großes Herz für kleine Leute beweist er nicht nur mit mehreren »Hits für Kids« (aus weitgehend regionalen Produkten frisch zubereitet), sondern auch mit einem Sandkasten im Hof.

Zeilsheim

€–€€ *Mo, Mi–So 17–22 Uhr | Alt Zeilsheim 10 | Tel. 069 30 06 05 55 | www.derloewe.eu | S 2 Frankfurt-Zeilsheim* (224 A4)

Essen ■■■ Ambiente ■■□ Service ■■□

MAINNIZZA

Die erfahrenen Gastronomen Ulrich Mlcoch und Hartmut Schranz schöpfen das volle Potenzial dieser schönen Location mit herausragender Lage am Fluss aus. Auf der breiten Veranda mit spektakulärer Aussicht macht die hier dargebotene bodenständige Küche ohne Chichi am meisten Spaß. Im angeschlossenen Biergarten gibt es zünftige Leckereien wie hessischen Wurstsalat mit Bauernbrot.

City

€–€€€ *Tgl. 11.30–1 Uhr | Untermainkai 17 | Tel. 069 26 95 29 22 | www.mainnizza.com | U 1–5, 8, Tram 11, 12 Willy-Brandt-Platz* (226 C5)

Essen ■■□ Ambiente ■■■ Service ■■□

OOSTEN

Es gibt Locations, denen ist der Erfolg gewissermaßen schon mit in die Wiege gelegt worden. Dazu gehört ohne Zweifel das Oosten. Die Lage an der Ruhrorter Werft, das transparente Gebäude im Bauhausstil, dazu mehrere große Sonnenterrassen und viele hungrige EZB-Banker um die Ecke: Da kann man als Betreiber nichts falsch machen. Im Restaurant wird moderne Weltküche geboten, die unkonventionellen Frühstücksvariationen orientieren sich an verschiedenen Metropolen, und abends lädt die Bar zum Entspannen ein. Im Sommer eignet sich der Biergarten mit Kiosk perfekt für einen kleinen Ausflugssnack.

Ostend

€€–€€€ *Mo–Do 10–24, Fr 10–1, Sa 9–1, So 9–24 Uhr | Eyssenstr. 4 | Tel. 069 9 49 42 56 80 | www.oosten-frankfurt.com | Tram 11 Osthafenplatz* (231 E5)

Essen ■□□ Ambiente ■■□ Service ■□□

ORANGE BEACH

Dieser Kiosk wurde vor einigen Jahren vom Trinkhallenguide »Die unteren Zehntausend« offiziell zum besten der 330 Büdchen in Frankfurt erklärt und erhielt dabei in gleich vier Kategorien Spitzennoten: für »Atmosphäre«, »Essbares«, »Getränkeauswahl« und »Service/Freundlichkeit« – Letzteres trotz Selbstbedienung. Oben rauscht der Straßenverkehr über die beiden Brücken, unten sitzen Sie gemütlich am kleinen Strand und genießen bei einem kühlen Getränk eine herrliche Aussicht auf den Main.

Gutleutviertel

€ *Di–So im Sommer ab 13, sonst 15–21 Uhr | Gutleutstr. 371a/Niederräder Brücke | Tel. 0176 10 31 43 56 | www.orangebeach-frankfurt.de | Tram 37 Briefzentrum* (233 D3)

Essen ■■□ Ambiente ■■□ Service ■■□

VILLA LEONHARDI

☀ Auf einer der schönsten Terrassen Frankfurts sitzen Sie mit Blick ins Grüne. Vor Ihnen erstrecken sich die weitläufigen Flächen und verschlungenen Pfade des Palmengartens. Die je nach Saison unterschiedlich blühenden Beete bieten den Augen viel Abwechslung. Damit auch auf dem Teller keine Langeweile herrscht, servieren Genny Guadalupi und Luigi Fabbri ihren Gästen in der Villa Leonhardi italienische Gerichte auf hohem Niveau. Den Schwerpunkt legen sie dabei auf die Küche ihrer Heimat – sie stammen aus der Region Emilia-Romagna rund um Parma und Bologna. In der je nach Jahreszeit wechselnden Auswahl an Spezialitäten ist selbstverständlich auch Platz für hausgemachte Pasta.

Westend

€€–€€€ *Mi–So 12–15, Do 18.30–22, So 12–17 Uhr | Zeppelinallee 18 | Tel. 069 7 89 88 47 | www.villa-leonhardi.com | U 6, 7 Westend, Bus 36 Palmengartenstraße* (229 E3)

Essen ■■□ Ambiente ■■■ Service ■■□

ORIENTALISCH

EL AMARA

NEU Dass der kulinarische Orient-Traum nicht immer mit viel Kitsch daherkommen muss, beweist dieses Lokal: 1001 kleine Köstlichkeiten, Reis, Fleisch und Gemüse aus der Tajine werden hier im puristisch-eleganten Ambiente serviert.

Sachsenhausen

€–€€ *Di–Do, So 18–1, Fr, Sa 18–2 Uhr | Wallstr. 22 | Tel. 069 95 01 48 74 | Bus 30, 36 Elisabethenstraße* (235 D2)

Essen ■■□ Ambiente ■■■ Service ■■□

AROMA

Der Name ist Programm: Die köstlichsten Falafel der Stadt gibt's in diesem klei-

Das Mainnizza liegt zwar nicht am Mittelmeer, aber traumhaft schön am namensgebenden Fluss

nen Imbiss, der an Sommertagen hoch frequentiert ist. Außerdem: Ordentliche Portionen, viele frische Kräuter und eine Karte, die Fleischliebhaber genauso glücklich macht wie Vegetarier.

Nordend

€ *Mo–Fr 11–22, So 15–22 Uhr | Oeder Weg 80 | Tel. 069 25 71 75 46 | aroma ffm.de | Bus 36 Adlerflychtplatz* (230 B3)

Essen ■■■ Ambiente ■□□ Service ■■□

Grüne Wände, grüne Nüsse: Im Pistazie ist der Name auch Programm

PISTAZIE

Der Name ist Programm: Im Lokal herrscht Pistaziengrün vor, und auch im Essen finden sich die Samenkerne. Orientalische Lampen rücken persische Spezialitäten wie die *polos* ins rechte Licht – Reisgerichte, für die die persische Küche berühmt ist. Besonderer Pluspunkt sind die vielen vegetarischen Gerichte zu erschwinglichen Preisen!

Nordend

€–€€ *Mo–Fr 17–23, Sa, So 12–23 Uhr | Baumweg 20 | Tel. 069 49 08 60 01 | www.pistazie-ffm.de | U 4 Merianplatz* (231 D3)

Essen ■■□ Ambiente ■□□ Service ■■□

SCHANDIS

Schandis heißt nicht nur ein Restaurant im Nordend, sondern auch ein Vorort der iranischen Stadt Maschad – und der ist besonders für die gute Zubereitung von *tschelo kebab* bekannt. Neben Fleischspießen in verschiedenen Variationen finden sich im hiesigen Schandis weitere persische Spezialitäten. Landestypische Schmorgerichte zählen ebenso dazu wie exotische Desserts, beispielsweise *falude,* persisches Glasnudeleis.

Nordend

€–€€ *Tgl. 12–23.30 | Nordendstr. 2 | Tel. 069 55 73 37 | www.schandis.de | Tram 12 Rohrbachstraße, Bus 30, 32 Nibelungenplatz* (230 C2)

Essen ■■□ Ambiente ■■□ Service ■■□

REGIONAL

BUCHSCHEER

Die Buchscheer ist eines der ältesten Apfelweinlokale in Frankfurt. Seit 1876 führt die Familie Theobald Lokal und Kelterei am Fuße des Sachsenhäuser Lerchesbergs. Ausgeschenkt werden ausschließlich selbst gekelterte Sorten des »Sachsenhäuser Lebenswasser«, die man regelmäßig bei Apfelweinproben testen und genießen kann. Die Speisekarte ist gespickt mit traditionell Frankfurter Gerichten wie gekochte Haspel oder gegrilltes Schäufelchen.

Sachsenhausen

€–€€ *Mo–Fr 16–23, Sa, So 12–23 Uhr | Schwarzsteinkrautweg 17 | Tel. 069 75 84 77 22 | www.buchscheer.de | S 3, 4 Bus 60, 61 Louisa* (234 B5)

Essen ■□□ Ambiente ■■□ Service ■■□

DAX

Kein börsennotiertes Unternehmen, sondern eine nette, bodenständige Apfelweinkneipe mit Kultstatus in der Nähe des legendären Ausgehviertels. Die Speisekarte ist traditionell hessisch, die Tagesempfehlungen immer wieder lecker und günstig. Für alle Draußensitzer gibt es einen hübschen Innenhof.

Sachsenhausen

€–€€ *Mo–So 12–24 Uhr | Willemerstr. 11 | Tel. 069 61 64 37 | www.apfelwein-dax.de | S 3–6 Lokalbahnhof, Tram 14, 18 Frankensteiner Platz, Lokalbahnhof/Textorstraße* (235 D2)

Essen ■■■ Ambiente ■■□ Service ■■□

HENSCHEID

Das Klabunt musste leider den Baggern weichen. Nun können die Freunde von Apfelwein, Satire und Schnaps wieder aufatmen: An dessen Stelle ist das Henscheid getreten. Der Namenszusatz »aus dem Hause Klabunt« verdeutlicht die Zielsetzung: Außer dem Namen und dem Ort hat sich glücklicherweise nichts geändert. Die Gaststätte – benannt nach dem Frankfurter Satiriker Eckhard Henscheid – steht wie gewohnt für Originelles und Schräges. Dazu bietet sie leckere Küche und gemütliches Ambiente.

Bornheim

€€ *Tgl. ab 18 Uhr | Mainkurstr. 27 | Tel. 069 43 05 18 88 | U 4, Tram 12, Bus 34, 43, 69 Bornheim Mitte* (231 E2)

Essen ■■□ Ambiente ■■□ Service ■■□

ZUM LAHMEN ESEL

Wenn sich die Gäste im historischen Fachwerkhaus mit lauschigem Sommergarten einen »guuden Schoppen« und Grüne Sauce mit Salzkartoffeln schmecken lassen, verspüren sie so etwas wie Lokalpatriotismus. Niederursel gehört doch zu Frankfurt!

Niederursel

€–€€ *Di–So 11.30–14.30, 17–24 Uhr | Krautgartenweg 1 | Tel. 069 57 39 74 | www.lahmer-esel.de | U 3 Niederursel* (224 C2)

Essen ■■□ Ambiente ■■□ Service ■■■

LOHRBERGSCHÄNKE

Die Lohrbergschänke war in den 1950er-Jahren ein Treffpunkt für Musiker und Schauspieler, dann kam das schöne Ausflugslokal mit einer atemberaubenden Aussicht in die Jahre und verlor an Glanz. Bis vor einigen Jahren die Betreiber Christian Dressler (Solzer) und Andreas Kunz das geschichtsträchtige Lokal von Grund auf sanierten und es zu neuem Leben erweckten. Heute erfreut sich das schön eingerichtete Lokal mit seiner herrlichen Terrasse erneut sehr großer Beliebtheit. An lauen Sommerabenden findet man nur mit Glück ein freies Plätzchen. Die Küche ist traditionell hessisch, und der Apfelwein kommt unter anderem von der Kelterei Stier. Mittags gibt es leckeren Kuchen und Eis für die Kleinen.

Bornheim

€–€€ Tgl. 11–23 Uhr | Auf dem Lohr 9 | Tel. 069 90 47 67 85 | www.lohrberg-schaenke.de | Bus 43 Zentgrafenschule (225 E3)

Essen ■■□ Ambiente ■■□ Service ■■□

OBERSCHWEINSTIEGE

Mit offenem Kamin, rustikalem Holzdekor und liebevollen Details ist das Waldlokal eine gemütliche Einkehradresse für Radfahrer, Spaziergänger und Jogger und lädt bei gutem Wetter auch auf der ☀ Terrasse zu einer Pause im Schatten großer Bäume ein. Für den kleinen Appetit sind Kuchen vom Wiesbadener Café Blum, Flammkuchen und Salate im Angebot. Abends verspricht eine umfangreiche Karte eine schöne Auswahl an kreativen Gerichten.

Sachsenhausen

€ Tgl. ab 11 Uhr, Küche durchgehend bis 21 Uhr | Oberschweinstiegschneise 65 | Tel. 069 6 97 69 37 10 | www.oberschweinstiege-frankfurt.de | Tram 17 Oberschweinstiege (225 D5)

Essen ■■□ Ambiente ■■□ Service ■■□

SCHUCH'S RESTAURANT

☀ Ein Apfelweinlokal der Spitzenklasse: Die Schuchs zeigen, wie man eine seit fünf Generationen bestehende Apfelweinwirtschaft in ein Restaurant verwandelt, das auch außerhalb der Stadtgrenzen jeder kennt. Man nehme die heimische Kochtradition und kombiniere sie mit viel Kreativität und Zeitgeist sowie, nicht zu vergessen, sortenreinen Apfelweinen, selbst gekeltertem Apfel-Secco und -Sherry.

Praunheim

€–€€ Mo 17–23, Di–So 12–23 Uhr | Alt-Praunheim 11 | Tel. 069 76 10 05 | | Bus 67 Praunheim-Brücke (224 C3)

Essen ■■□ Ambiente ■■□ Service ■■□

ZUM SCHWAN

NEU Die Rückkehr ihres Schwans haben die Höchster lange erwartet. Dafür gesorgt, dass in die Traditionsgaststätte wieder Leben einkehrt, hat Schlosscafébetreiber Holger Häusser. Dabei setzt er auf ein bewährt bodenständiges Konzept mit traditioneller Küche.

Höchst

€–€€ Im Sommer Mo–So ab 11, sonst Di–Sa 11–14, ab 17, So ab 11 Uhr | Höchster Schlossplatz 7 | Tel. 069 30 06 66 56 | S 1–2 Höchst, Tram 21 Zuckschwerdtstra-

ße (232 B5)

Essen ■■□ Ambiente ■■□ Service ■■□

SOLZER ★

Da die Apfelweinwirtschaft bei den Einheimischen einen Stein im Brett hat, lohnt es sich trotz der fast 500 Plätze (davon 300 im ☀ Sommergarten), vorm Besuch einen Tisch zu reservieren. Hier herrscht seit Gründung des Familienbetriebs im Jahr 1893 Bornheimer Gemütlichkeit, und die Grüne Sauce gehört zu den besten der Stadt. Besonders zu empfehlen sind das Bernemer Schnitzel sowie Solzer's Schlachtplatte. Zum Nachtisch gibt's hausgemachten Schokopudding.

Bornheim

€–€€ *Im Sommer Mo–Sa 16–24, So 12.30–22, sonst Mo–Fr 17–24, Sa 15–24, So 12.30–22 Uhr | Berger Str. 260 | Tel. 069 45 21 71 | www.solzer-frankfurt.de | U 4 Bornheim Mitte, Tram 12, Bus 38 Saalburgstraße* (231 E2)

Essen ■■■ Ambiente ■■■ Service ■□□

VEGAN & VEGETARISCH

CHIMICHURRI

☀ Betreiberin und Chefköchin Inge Marseiler bietet keine feste Karte, sondern stellt das kulinarische Angebot täglich neu zusammen. Ihre internationale Küche hält also immer wieder Überraschungen bereit. Meistens gibt es zwei Suppen, im Sommer Salate und kleine Gerichte (»weil man da nicht so viel essen will«) sowie ein bis zwei Desserts. Jeden Sonntag steht zudem ein Brunch auf dem Programm, etwa mit Fruchtaufstrichen, Falafelbällchen und marinierten Rohkostsalaten.

Bornheim

€–€€ *Di–Fr 18–23, Sa 18–24, So 10–*

Die Waldgaststätte Oberschweinstiege, schön gelegen am Jacobiweiher im Stadtwald

23 Uhr | Im Prüfling 63 | Tel. 069 13 82 52 99 | www.chimichurri-frankfurt.de | U4 Seckbacher Landstraße (231 E2)

Essen ■■□ Ambiente ■□□ Service ■■□

EDELKIOSK

ÖKO Im veganen Café wird der Kuchenteig handgerührt! Der Edelkiosk lädt mit Wohnzimmerflair (samt Super-Nintendo) zum Verweilen ein, neben Kaffeespezialitäten mit Soja-, Mandel-, Haselnuss-, Kokos- und Hafermilch werden süße und herzhafte Backwaren serviert. Am Wochenende lockt ab 10 Uhr INSIDER TIPP das Frühstück à la Baukasten.

Ostend

€ Di–Fr 10–19, Sa, So 10–18 Uhr | Rhönstr. 119 | www.edelkiosk.de | U 7 Habsburger Allee (231 E3)

Essen ■■□ Ambiente ■■■ Service ■■□

NATURBAR FRANKFURT

Omar Laalou eröffnete 1971 das erste vegetarische Restaurant in Frankfurt und macht bis heute die besten Brottaschen weit und breit. Einmalig schmecken auch seine Salatvariationen. Eine Spezialität ist das Menü für Veganer, außerdem gibt es ÖKO Spitzenweine aus ökologischem Anbau, zahlreiche Teesorten und frisch gepresste Säfte.

Nordend

€–€€ Mo–Fr 11.30–15.30, 18–23, Sa 18–23 Uhr | Oeder Weg 26 | Tel. 069 55 44 86 | www.naturbarfrankfurt.de | U 1–3, 8, Bus 36 Eschenheimer Tor (227 D1)

Essen ■■□ Ambiente ■■□ Service ■□□

SAVORY

In dem Eckcafé, das mit barocken Sesseln und rustikalen Holzhockern einen ganz besondren Charme aufweist, gibt es neben Frühstücksvariationen und täglich wechselnden Specials auch eine kleine Auswahl an süßen Verführungen: etwa Brownies, Schoko-Cupcakes mit Haselnusssahne oder Karamell-Zimt-Schnecken. Der Latte Macchiato wird hier selbstverständlich nur mit Mandel- oder Sojamilch serviert. Übrigens: Allein für die köstlichen Burger lohnt sich ein Abstecher nach Rödelheim.

Rödelheim

€ Di–Fr 11.30–20, Sa 11–16 Uhr | Burgfriedenstr. 2 | Tel. 069 74 22 31 60 | www.savory-thevegtory.de | S 3–5 Rödelheim Bahnhof, Bus 34, 72 Alt-Rödelheim (228 A2)

Essen ■■□ Ambiente ■■□ Service ■□□

VEVAY

ÖKO Der Name des Restaurants steht für Vegetarian Vegan Yummy, und die Küche macht ihrem Namen alle Ehre. Es gibt neben verschiedenen vegetarischen und veganen Frühstücksmenüs auch frische Smoothies und (teils täglich wechselnde) Mittagsangebote. Besonders empfehlenswert ist der Vevay-Teller mit Couscous, Bulgur, Linsensalat, Hummus, Falafel, Oliven und eingelegtem Gemüse.

City

€–€€ Mo–Fr 9–21, Sa, So 10–21 Uhr | Neue Mainzer Str. 20 | Tel. 069 26 91 87 60 | www.vevay.net | U 1–5, 8, Tram 11, 12 Willy-Brandt-Platz (226 C4)

Essen ■■□ Ambiente ■■□ Service ■■□

WONDERGOOD

ÖKO ☀ Die Einrichtung des Restaurants lässt viel Geschmack und noch mehr Liebe zum Detail erkennen. Gleiches gilt für die Küche, die ohne tierische Produkte auskommt und unter dem Motto

Die Naturbar Frankfurt serviert schon seit mehr als 40 Jahren vegetarische Kost

»Ethical Well Food« steht: Die Gerichte sollen guttun und gut schmecken und werden vorzugsweise aus regionalen Produkten in Bioqualität zubereitet. Der ethische Aspekt spielt ebenfalls eine große Rolle, denn bei der Herstellung der Lebensmittel soll den Inhabern zufolge niemand leiden. Das alles lockt eine bunt gemischte Gästeschar an, darunter Veganer genauso wie Menschen mit Laktose- oder Glutenunverträglichkeit.

Bornheim

€–€€ Mo 18–23, Di–Do 12–15, 18–23, Fr–Sa 12–15, 18–24 Uhr | Preungesheimer Str. 1 | Tel. 069 20 16 27 62 | www.wondergood.de | U4 Seckbacher Landstraße (231 E1)

Essen ■■□ Ambiente ■■■ Service ■■□

WEINSTUBEN

BOCKENHEIMER WEINKONTOR

Das stilvolle Weinlokal befindet sich im Keller eines Hinterhauses. In den ehemaligen Werkstatträumen einer Schmiede sitzen Sie gemütlich auf Weinkisten. Das Bockenheimer Weinkontor ist eigentlich nie leer, doch es findet sich immer ein Plätzchen für Sie. Im Sommer können Sie Ihren Schoppen im ☀ lauschigen Garten genießen.

Bockenheim

€–€€€ Tgl. ab 18 Uhr | Schloßstr. 92 | Tel. 069 70 20 31 | www.bockenheimer-weinkontor.de | Tram 16 Varrentrappstraße (229 D3)

Essen ■■□ Ambiente ■■■ Service ■■□

A CASA DI TOMILAIA

☀ Hier kredenzt man Ihnen die Weine des toskanischen Tomilaia-Guts. Sie werden direkt von den Weinbergen des Hausherrn auf dem Poggio al Mulino angeliefert. Zu den edlen Tropfen serviert man Spezialitäten aus der italienischen Landküche. Einiges von dem, was hier auf den Teller oder ins Glas kommt, können Sie mit nach Hause nehmen.

Sachsenhausen

€–€€€ *So 13–22, Mo–Fr 12–15, Mo–Sa 18–24 Uhr | Walther-von-Cronberg-Platz 9 | Tel. 069 68 97 76 25 | www.acasadi.de | Tram 14, 18 Frankensteiner Platz, Bus 46 Wasserweg* (231 D5)

Essen ■■■ Ambiente ■■■ Service ■■■

WEIN-DÜNKER

Sie sind spärlich gesät, die echten Frankfurter Weinlokale. Bei der Familie Dünker gehen seit 1948 Rebsäfte über die Theke – überwiegend von deutschen Winzern. Ob traditionell oder innovativ: Auf der gut sortierten Karte können Sie allerhand entdecken. Auch einige Weingüter aus den europäischen Nachbarländern sowie aus Argentinien oder Chile sind mit ihren Erzeugnissen vertreten. Das ist selten in Frankfurt: Ungeachtet der Speisekarte dürfen Sie INSIDER TIPP kalte Gerichte selbst mitbringen.

Bornheim

€–€€€ *Mo–Do 14–1, Fr 14–3, Sa 13–3, So 16–22 Uhr | Berger Str. 265 | Tel. 069 45 19 93 | www.weinkellerei-duenker.de | U 4, Tram 12, Bus 34, 43, 69 Bornheim Mitte* (231 E2)

Essen ■■□ Ambiente ■■□ Service ■■□

WEINSTUBE IM RÖMER

Der Lohrberg ist einer der schönsten Aussichtspunkte der Stadt und die letzte Hanglage mit Weinreben – immerhin war Frankfurt einst Weinhandelszentrum. Die Tropfen von hier können Sie in der rustikalen Stube im Rathaus verkosten. Dazu gibt es Rippchen mit Sauerkraut und Kartoffelbrei oder Fleischkäse.

City

€–€€€ *Di–Fr 16–23, Sa, So 11.30–23 Uhr | Römerberg 19 | Tel. 069 29 13 31 | www.weinstube-roemer.de | U 4, 5, Tram 11, 12 Dom/Römer* (227 E4)

Essen ■■□ Ambiente ■■□ Service ■■□

Holz und Balken prägen das rustikal-einladende Ambiente der Weinstube im Römer

Einkaufen

Auch kleine Läden kommen in Frankfurt groß raus. Und selbst jenseits der City trifft man auf Extravagantes – vom regionalen Designer-Kollektiv bis zum japanischen Kaufhaus.

Willkommen im siebten Shopping-Himmel! Man muss nicht übertreiben, um festzustellen: Frankfurt ist ein wahres Einkaufsparadies. Das liegt nicht zuletzt am unternehmerischen Geist der Stadt – denn auch ausgefallene Ideen, Pop-Up-Stores mit temporärem Angebot und kleine Hinterhof-Designerateliers haben hier einen festen Platz. Das Bild der Einkaufsstraßen und Shoppingcenter befindet sich im stetigen Wandel, weshalb die hier ausgewählten Adressen natürlich vor allem eine Inspiration für eigene Entdeckungen sein sollen. Jeder Stadtteil, von der City über Bornheim und dem Nordend bis nach Sachsenhausen, hält seine ganz eigenen Shopping-Highlights bereit. Vom traditionellen Bembel, der hier mit lässigem Streetstyle kombiniert wird, über exklusive Designermode bis hin zu kulinarischen Genüssen, Kunsthandwerk & Co.: In Frankfurt gibt es (fast) nichts, was es nicht gibt.

ACCESSOIRES

DANIELA-DAMM-TASCHEN

Soll es ein Shopper sein oder eine elegante Handtasche für Lippenstift und Geldbörse? Glatt- oder Wildleder? Lieber in Braun, Petrol oder doch in Lila? In der Manufaktur von Daniela Damm können Sie sich eine INSIDER TIPP Tasche nach Ihren eigenen Wünschen anfertigen lassen. Die ausgebildete Täschnerin – sie wurde mehrfach mit dem Deutschen Lederwarenpreis ausgezeichnet – entwirft und näht die Modelle selbst. Die edlen Teile sind aus besten Materialien, modisch und doch zeitlos – schließlich sol-

Ob Business-, Reise- oder Handtasche: Koffer Klein hat das Passende im Regal stehen

len sie ihre Trägerinnen mindestens ein halbes Leben lang begleiten.

Bockenheim

Di–Fr 10.30–18.30 Uhr | Falkstr. 28 | Tel. 0178 8 09 74 11 | www.danidamm.de | U 6, 7 Leipziger Straße (229 E3)

GATE 05

Die Produkte im Geschäft von Flugbegleiter Jan Unnewehr sollen Freude am Reisen und Schenken bereiten: Im Gate 05 finden Sie schöne und praktische Reiseaccessoires wie Taschen und Koffer, Kulturbeutel, Passhüllen, Kofferanhänger, Schlafbrillen, Nackenkissen, pfiffige Geschenkideen und vieles andere mehr.

Bornheim

Mo–Fr 10–19 Uhr | Berger Str. 46 | Tel. 069 25 53 94 41 | www.gate05.de | U 4 Merianplatz (231 D3)

KOFFER KLEIN

Frankfurts nach eigener Aussage führendes Fachgeschäft für Lederwaren, Reisegepäck und Handtaschen hat Tradition und jeder Kunde wird kompetent beraten. Damen und Herren finden hier Taschen, Geldbörsen, Gürtel, Handschuhe und Businessbedarf zahlreicher namhafter Marken, außerdem gibt es einen Reparaturservice.

City

Mo–Sa 10–19 Uhr | Rossmarkt 10 | Tel. 069 28 48 14 | www.kofferklein.de | U 1–3, 6–8, S 1–6, 8, 9 Hauptwache (227 D3)

AUSGEFALLENES

360° BBQ

Der Grillfachhandel präsentiert auf 1000 m² Ausstellungsfläche Produkte aller führenden Hersteller, wie Weber, Napoleon, Broil-King, Outdoorchef, Big Green Egg oder Grandhall. Daneben gibt es kulinarische Spezialitäten, beispielsweise die Fleischprodukte von Otto-Gourmet, Pasta und Pesto des prämierten ÖKO Bioherstellers Ppura sowie die erlesenen Gewürze von Ingo Holland. In der Grillakademie können Sie verschiedene Grillseminare buchen.

Fechenheim

Mo–Fr 10–19, Sa 10–18 Uhr | Wächtersbacher Str. 83 | Tel. 069 42 69 71 03 | www.360bbq.de | U 4, 7 Gwinnerstraße, Tram 11 Casellastraße (237 F4)

INSIDER TIPP BLANKET STORE

ÖKO In ihrem zauberhaften Blanket Store bietet Natalie Gray auf wenigen Quadratmetern Wolldecken aus insgesamt 31 Ländern – und immer besten Naturmaterialien. Klassisches Karo aus Schottland, Feines aus Seide, Kamelhaar oder Kaschmir, Stylishes mit Grafikprint, extra große und extra kleine

Exemplare: Die Inhaberin hilft gern bei der Suche nach der neuen Lieblingsdecke.

City

Di–Sa 11–18 Uhr | Hasengasse 2 | Tel. 069 59 77 12 63 | www.blanketstore.de | U 4, 5 Dom/Römer, U 4–7 und S 1–9, Tram 12, 18 und Bus 30, 36 Konstablerwache, Tram11, 12 Börneplatz (227 E3)

BRANCO AZUL

Ein bisschen Retro, ein bisschen Urlaubsfeeling, ein guter Schuss Design und die Farbkombination Blau-Weiß immer dabei – das ist der Mix im Laden der gebürtigen Portugiesin Sandra Azevedo Hartmann. Sie verkauft traditionelle portugiesische Wäsche, Handtücher und Tischdecken, dazu hübsche Accessoires fürs Heim, Delikatessen, süße Babykleidung und puristische Mode von jungen deutschen Designerlabels.

City

Mo–Sa 10–19 Uhr | Domstr. 4 | Tel. 069 79 53 37 08 | www.brancoazul.com | U 4, 5 Dom/Römer, Tram 11, 12 Römer/Paulskirche (227 E3)

DAVIDOFF OF GENEVA

Feine Hölzer und natürliche Materialien in Erdtönen in Verbindung mit Kupferakzenten sorgen im Davidoff-Flagshipstore für eine warme Atmosphäre. Eine gemütliche Lounge lädt zum Verweilen und Genießen ein, ein weiteres Highlight ist der große Walk-in-Humidor, bestückt mit den besten Zigarren.

City

Mo–Fr 9.30–18.30, Sa 10–17 Uhr | Schillerstr. 4 | Tel. 069 28 22 40 | www.davidoff.com | U 1–3, 6–8, S 1–6, 8, 9 Hauptwache (227 D2)

DESIGNE, KLEINE!

In diesem kleinen Geschäft in Sachsenhausen können sich (Hobby-)Designer eine Box mieten und ihre Produkte ausstellen. Kunden finden in jeder Box eine eigene kleine Welt mit passendem Schmuck, Taschen oder lustigen Geschenkideen. Vor der Tür befindet sich ein Notfallautomat: Außerhalb der Öffnungszeiten lassen sich hier kleine Mitbringsel wie CD-Hüllen aus Stoff, Schlüsselanhänger oder Haargummis

MARCO POLO HIGHLIGHTS

★ Kontrast

Ein echtes Paradies für hochwertige Möbel- und Wohnaccessoires auf fünf Etagen. Ihnen fehlt ein Mitbringsel? Das Erdgeschoss ist eine Fundgrube für kreative Geschenke → S. 119

★ Cream Music

Ein Musikgeschäft, wie es im Buche steht: Seit Jahrzehnten genießt man hier eine tolle Atmosphäre mit fachkundigem Service auf kleinem Raum → S. 125

★ Die Wendeltreppe

Spezial-Buchhandlung für Krimis und Antiquariat gehen in diesem gemütlichen Laden Hand in Hand – dazu gibt's regelmäßige spannungsgeladene Leseabende → S. 126

★ Confiserie Graff

Die feinen Petits Gâteaux von Regina Graff lohnen nicht erst, seit die Rödelheimerin bei »Deutschlands beste Bäcker« einen der Finalplätze belegte → S. 128

Ein wahres Dorado für alle, die kreativ sind und Ausgefallenes lieben: Designe, Kleine!

ziehen, die exakt so viel kosten wie eine Schachtel Zigaretten.

Sachsenhausen

Mi–Fr 11–19, Sa 11–17 Uhr | Wallstr. 26, Eingang Brückenstr. | Tel. 0177 4516824 | www.designe-kleine.de | U 1–3, S 3–6, Tram 11, 14–16, 18 Lokalbahnhof, Bus 30, 36 Elisabethenstraße **(235 D2)**

KAUF DICH GLÜCKLICH

In dem Concept-Store geht es nicht um den Kaufrausch, sondern um das Besondere. Das Team arbeitet ständig daran, das Stöbern nach den tollsten Styles und tausend schönen Dingen des Lebens einfacher und abwechslungsreicher zu machen. Neben den Modeartikeln steigern schöne Wohnaccessoires, Deko-Tipps und witzige Ideen wie ein Strick-Kit für DIY-Anhänger das Wohlbefinden.

City

Mo–Sa 10–20 Uhr | Große Eschenheimer Str. 39 | Tel. 069 21937903 | www.kaufdichgluecklich-blog.de | U 1–3, 6–8, S 1–6, 8, 9 Hauptwache **(227 D2)**

KOSTÜMSPIEL

Beim Cosplay verkleiden sich die Spieler wie ihre Helden aus Mangas, Animes oder Computergames. In dem Laden können sich Rollenspielfans mit Perücken in den verrücktesten Farben und Formen, mit ausgefallenen Kontaktlinsen, hochwertigen Kostümen oder Accessoires wie Elfenohren eindecken. Tipp: Auch auf der nächsten Halloween- oder Faschingsparty stehen Sie damit sicher im Mittelpunkt!

City

Mo–Sa 11–18 Uhr | Berliner Str. 8 | Tel. 069 95196438 | www.kostuemspiel.de | U 4, 5 Dom/Römer, Tram 11, 12, 14, 18 Römer/Paulskirche **(227 E3)**

MOMA

Alles rund um die arabische Wasserpfeife Shisha finden Sie in Bockenheim: Tabak, Kohle, Molasse, (E-)Shishas, diverse Aromen und unterschiedliches Zubehör. Die Wasserpfeife für Einsteiger gibt es bereits ab 20 Euro. Dem

Shop angegliedert ist eine Shishabar, die auch regelmäßig Cocktailnächte veranstaltet.

Bockenheim

Mo–Sa 12–19 Uhr | Grempstr. 9 | Tel. 069 27 27 44 66 | www.beste-shisha.de | U 6, 7 Kirchplatz (229 D3)

MUJI

Der Name Muji steht für markenlose Qualitätsprodukte, die allein aufgrund ihrer Funktionalität und des modern-reduzierten Designs immer mehr Fans haben. Das japanische Geschäft bietet unter anderem Dinge wie Papeteriewaren, Mode, asiatische Tabi-Socken, Geschirr, Möbel, Reisebedarf und sogar Fahrradreparatursets.

City

Mo–Sa 10–20 Uhr | Kaiserstr. 12 | Tel. 069 21 93 88 30 | www.muji.eu | U 1–5, 8, Tram 11, 12 Willy-Brandt-Platz (226 C4)

INSIDER TIPP NUUNA

Schöner schreiben, kritzeln, zeichnen: Die Notizbücher von Nuuna sind bundesweit bekannt bei Liebhabern guten Designs und hübscher Typografien. In Frankfurt ist das Label zu Hause, im Ladengeschäft kann man sich die verschiedenen Exemplare live anschauen und sich dann direkt einen als Ideenspeicher mitnehmen.

Sachsenhausen

Do–Sa 11–19 Uhr | Gutzkowstr. 25 | Tel. 069 408 09 01 00 | www.nuuna.com | Tram 14–16 und Bus 45 Brücken-/Textorstraße, Bus 30, 36 Affentorplatz (227 F6)

TÍA EMMA

Mit dem guten, alten Tante-Emma-Laden hat dieser Shop eigentlich nichts gemeinsam. Außer, dass die beiden Inhaberinnen ihr hübsches Geschäft ebenfalls keiner bestimmten Kategorie zuordnen: Es gibt neben Kaffee und

Jede Menge Schönes, Schräges, Witziges gibt's bei Tía Emma

Kuchen allerlei für die Verschönerung des Heims, Spielzeug für Kinder (und Erwachsene), Papeterie aus Paris, Nagellack in den unmöglichsten Farben sowie Mode und Schmuck.

City

Mo–Fr 11–19, Sa 11–17 Uhr | Alte Gasse 4 | Tel. 069 8 00 39 40 | www.tia-emma.de | U 4–7, S 1–6, 8, 9, Tram 12, 18, Bus 30, 36 Konstablerwache (227 E2)

TOKO-KURZWAREN

Selber machen ist in und spart Geld, bei Toko-Kurzwaren gibt es das Material dafür: Stoffe, Garn, Knöpfe und viel Nähzubehör in großer Auswahl. An den hochwertigen Nähmaschinen können Sie Ihrer Kreativität zu Hause freien Lauf lassen. Die vielen Borten, Bänder und Perlen eignen sich auch prima zum Dekorieren von allem Möglichem.

City

Mo–Fr 10–19, Sa 10–16 Uhr | Schäfergasse 17 | Tel. 069 21 65 86 75 | www.kurzwaren-naehkasten.de | U 4–7, S 1–6, 8, 9, Tram 12, 18, Bus 30, 36 Konstablerwache (227 E2)

BEAUTY

THE BODY SHOP

ÖKO Die Kultmarke für ethisch und umweltfreundlich produzierte Kosmetikartikel hat sich auch fairen Handel auf die Fahnen geschrieben. In dem Geschäft im Einkaufszentrum Skyline-Plaza gibt es rund 1000 Beautyprodukte.

Gallus

Mo–Mi 9.30–20, Do–Sa 9.30–22 Uhr | Europa-Allee 6 | Tel. 069 69 86 88 58 | www.thebodyshop.de | U 4 Festhalle/Messe, S 3–6 Messe (229 E5)

KOBBERGER

Die 1919 gegründete Parfümerie gehört zu den Frankfurter Urgesteinen. Damals wie heute findet man hier eine riesige Auswahl erlesener Parfums, darunter seltene Nischenlabels, und Luxuskosmetik. Die persönliche Beratung durch fachkundiges Personal ist in diesem inhabergeführten Geschäft selbstverständlich. Ebenfalls eine Empfehlung: individuelle Kosmetik- und Massagetreatments im hauseigenen Kosmetikinstitut.

City

Mo–Fr 10–19, Sa 10–18 Uhr | Zeil 123 | Tel. 069 28 10 35 | www.kobberger.de | S 1–6, 8, 9, U 1–3, 6–8 Hauptwache (235 D2)

Sachsenhausen

Mo–Fr 9.30–18.30, Sa 9.30–14 Uhr | Textorstr. 7 | Tel. 069 62 90 18 | S 3–6, Tram 14, 15, 16, 18, Bus 30,3 6 Lokalbahnhof (235 D2)

DESSOUS

PETIT BOUDOIR

Très sexy, was sich hier an Lingerie, Accessoires und sinnlichen Geschenken in den Regalen aus ausgesuchten Kollektionen ausbreitet! In der luxuriösen Loft-Boutique findet frau, was das Herz begehrt: von ausgefallenen Dessous für die Braut und Seidenpyjamas bis zu Leder-BHs und dem unverzichtbaren »One Night Stand-Kit«. Außerdem gibt es Passformberatung und Fotoshootings mit Styling.

Nordend

Mo–Fr 11–19, Sa 11–16 Uhr | Oeder Weg 23 | Tel. 069 95 90 83 11 | www.petitboudoir.de | U 1–3, 8, Bus 36 Eschenheimer Tor (227 D1)

PRINCESSE TAM.TAM

Die Prinzessin bietet Luxus hautnah: Im Flagship-Store der französischen Dessousmarke wird das Auge – und der (weibliche) Körper – mit raffinierten

BHs, Slips, Bikinis und Lingerie in allen Farben und Formen, mit Spitze oder ohne, verwöhnt.

City

Mo–Mi 10–20, Do–Sa 10–21 Uhr | MyZeil, Zeil 106 | Tel. 069 21 99 74 77 | www.princessetamtam.com | U 1–3, 6–8, S 1–6, 8, 9 Hauptwache (227 E2–3)

SÜNDIGE MODE

Korsetts aus Brokat oder Satin sind begehrt wie nie. Die schönen Teile in dem kleinen Laden für ganz spezielle Ansprüche – gerade der Gothic- oder Fetischszene – sind teilweise sogar ausgehtauglich. Neben Verführerischem aus Lack und Leder, auch für Braut oder Ball, gibt es ganz besondere, extravagante Dessous und Accessoires, die in jedem Schlafzimmer gut zur Geltung kommen.

City

Mo–Mi 12–19, Do, Fr 12–20, Sa 11–18 Uhr | Töngesgasse 7 | Tel. 069 29 99 27 90 | www.suendige-mode.de | U 4–7, S 1–6, 8, 9, Tram 12, 18, Bus 30, 36 Konstablerwache (227 E3)

EINRICHTEN

ARTOTHEK

Warum einen billigen Posterdruck an die Wand hängen oder eine Replik, die eher nach Trash als nach allem anderen aussieht? In der Artothek können Sie sich schöne und vor allem hochwertige Originale in allen Größen und Techniken für sagenhaft günstige 11 Euro einfach ausleihen. Nach acht Wochen bringen Sie die guten Stücke dann wieder zurück und suchen sich etwas Neues aus. Wer möchte, kann ein liebgewonnenes Kunstwerk aber auch kaufen.

Sachsenhausen

Fr 12–18, Sa 10–14 Uhr | Klappergasse 12 | Tel. 069 62 16 08, www.artothek-frankfurt.de | S 3–6 Lokalbahnhof, Tram 11, 14, 18, Bus 36, 45, 46 Frankensteiner Platz (230 C5)

FORM IM RAUM

Die Wohnung ist eingerichtet, aber es fehlt noch das gewisse Etwas? Egal, ob Komplettumgestaltung oder Detail, hier findet man neue Lieblingsstücke vom Designersessel bis zur Vase. Das kompetente Team berät gern individuell und lässt mit den neuen Möbeln auf Wunsch auch gleich die zum Aufbau nötigen Montage-Profis vorfahren.

City

Mo–Fr 11–19, Sa 10–18 Uhr | Berliner Str. 60 | Tel. 069 28 86 24 | www.formimraum.com | U 4, 5, Tram 11, 12, 14 Dom/Römer (230 B4)

FRICK

Vom berühmten Eames Chair bis zum Sideboard von USM Haller: Das traditionsreiche Einrichtungshaus mitten in der City hält eine große Auswahl berühmter Designklassiker für Wohnung und Büro bereit, daneben Leuchten und passende Wohnaccessoires.

City

Mo–Fr 10–18.30, Sa 10–18 Uhr | Kaiserstr. 28 | Tel. 069 28 51 31 | www.frick.de | U 1–5, 8, Tram 11, 12,1 4 Willy-Brandt-Platz (230 B5)

IKARUS

Auf drei Etagen können Sie hier praktisches und formschönes Mobiliar erstehen. Das umfangreiche Sortiment besteht aus exklusiven Schlafzimmer- und Gartenmöbeln, Schränken, Lampen und Accessoires. Inspirieren lassen können Sie sich in den Themenräumen. Sollten Sie schon fertig eingerichtet sein: Im Erdgeschoss finden Sie schmückenden Zierrat, Geschenke und Spielereien, etwa Dekorfolien für Waschmaschinen

Stilvoll, hochwertig und ausgefallen sind die Möbel bei Kontrast

und hübsche Topfuntersetzer.

Ostend

Mo–Fr 11–20, Sa 10–18 Uhr | Hanauer Landstr. 136 | Tel. 069 9 43 18 20 | www.ikarus.de | Tram 11 Osthafenplatz (231 E4)

KONTRAST ★

Auf fünf Stockwerken und 5000 m² können Sie kunterbunte Ideen für die eigene Wohnung finden, vom ausgefallenen Wandschmuck bis hin zu hochwertigen Möbeln, Lampen und Betten. Auch viele ungewöhnliche Einrichtungsgegenstände wie farbenfrohe Toaster, Kissen oder Plaids gibt es hier zu kaufen. Der Laden in der City bietet eine besonders umfangreiche Auswahl an Accessoires und Küchenartikeln.

Ostend

Mo–Fr 10–19.30, Sa 10–18, April–Sept. Sa 10–17 Uhr | Hanauer Landstr. 297 | Tel. 069 9 04 39 30 | www.kontrastmoebel.de, Tram 11 Riederhöfe (225 E4)

City

Mo–Fr 11–19.30, Sa 11–18 Uhr | Kornmarkt 7 | Tel. 069 2 98 02 90 | U 1–3, 6–8, S 1–6, 8, 9 Hauptwache (227 D3)

LEPTIEN 3

Leptien 3 bietet Klassiker und spannende Neuheiten des guten Wohngeschmacks. Wer nicht das nötige Kleingeld für Designercouch und Leuchter mitbringt: Im hauseigenen Outlet finden sich auch Schnäppchen, außerdem gibt's passende Wohnaccessoires.

City

Mo–Fr 10–19, Sa 10–18 Uhr | Große Friedberger Str. 29–31 | Tel. 069 913 01 60 | www.leptien3.de | U 4–7, S 1–9, Tram 12,1 8, Bus 30, 36 Konstablerwache (227 E2)

SONNTAGS EINKAUFEN

Selbst in einer Großstadt sind die Einkaufsmöglichkeiten am Sonntag beschränkt. Das Gesetz lässt nur vier verkaufsoffene Sonntage (in der Regel 13–18 Uhr) zu. Die Termine finden Sie auf *www.frankfurt-interaktiv.de.* Für den Rest des Jahres sind – neben Tankstellen – die Geschäfte am Flughafen und rund um den Hauptbahnhof die besten Adressen. An Backwaren herrscht sonntags sowieso kein Mangel: Zahlreiche Bäckereien bieten ihre Spezialitäten sogar ganztägig an. Bei Jeanette Baguette bekommen Sie neben Brot auch Kuchen. Haben Sie noch ein Geschenk nötig? Dann schauen Sie zum Last-Minute-Shopping in einen der Frankfurter Museumsshops rein!

FLUGHAFEN

Auf einer Fläche so groß wie vier Fußballfelder erstreckt sich am Flughafen ein eigener Kosmos aus über 300 Shops, der Passagieren, Besuchern und Mitarbeitern täglich von 7 bis 22 Uhr zur Verfügung steht. Der Rewe-City-Markt im Bürogebäude The Squaire hat sonntags sogar von 6 bis 24 Uhr geöffnet.

Flughafen
www.frankfurt-airport.de | S 8, 9 Flughafen **(237 E4)**

HAUPTBAHNHOF

Viele der über 80 Geschäfte im Hauptbahnhof haben jeden Tag geöffnet. Neben Mode-, Drogerie- und Parfümerieartikeln, Büchern und Zeitschriften finden Sie dort eine große Auswahl an Backwaren, z. B. in der Kamps-Backstube (tgl. 5–22 Uhr), sowie Lebensmittel, etwa in der Metzgerei Erich Zeiss (tgl. 8–21 Uhr). Blühende Mitbringsel

bekommen Sie bei Blumen-Hanisch täglich von 8 bis 21 Uhr. Die Apotheke hat jeden Tag von 9 bis 21 Uhr geöffnet.

Gallus & Gutleutviertel

www.einkaufsbahnhof.de | S 1–9, U 4, 5, Tram 11, 12, 14–17, 19–21, Bus 33, 37, 46, 64, 600 Hauptbahnhof (226 A5)

JEANETTE BAGUETTE

Binnen weniger Jahre hat sich die französische Bäckerei und Pâtisserie zu einer festen Anlaufstelle für alle entwickelt, die rund ums Jahr frische Baguettes (in zwei Sorten!), Brötchen, aber auch Kuchen, feine Törtchen, Quiche und Macarons zu Hause oder direkt vor Ort im zugehörigen Café genießen möchten. Das Versprechen lautet hier nicht umsonst: »365 Tage im Jahr von 8 bis 19 Uhr«!

Bornheim

Tgl. 8–19 Uhr | Bergerstr. 187 | Tel. 069 95 63 67 02 | www.baguette-jeanette.de | U 4, Tram 12, 18, Bus 34, 38, 43, 103 Bornheim Mitte (231 E2)

SENCKENBERG-NATURMUSEUM

ÖKO Umweltverträgliche Produkte und naturwissenschaftliche Bücher für Jung und Alt gehören zum Basisangebot des Shops. Kinder freuen sich auch über die Plüsch- und Plastikdinos.

Westend

Mo, Di, Do, Fr 9–17, Mi 9–20, Sa, So 9–18 Uhr | Senckenberganlage 25 | Tel. 069 75 42 0 | www.senckenberg-shop.de | U 4, 6, 7, Tram 16 Bockenheimer Warte (229 E3–4)

STÄDEL-MUSEUM

Der Museumsshop darf sich seit ein paar Jahren mit der vom Fachmagazin Buchmarkt vergebenen Auszeichnung »Spezial-Buchhandlung« schmücken. Er bietet ein vielfältiges Sortiment mit über 6000 Buchtiteln, schwerpunktmäßig Fachbücher zu Kunst und Kulturgeschichte sowie internationale Publikationen. Als Geschenk eignen sich auch die vielen hochwertigen Papeteriewaren.

Sachsenhausen

Di, Fr–So 10–18, Mi, Do 10–21 Uhr | Schaumainkai 63 | Tel. 069 6 05 09 80 | www.staedelmuseum.de | U 1–3, 8 Schweizer Platz, Tram 15, 16 Otto-Hahn-Platz, Bus 46 Städel (226 C6)

MANUFACTUM

Ein Kaufhaus wie aus vergangenen Zeiten: Verkauft werden hier im Opernturm bewährte Klassiker – von Schuhbürsten bis zu Möbeln – aus natürlichen Materialien, sie sind von hoher Qualität, lange haltbar und meist von kleinen Herstellern. Zudem werden auf speziellen Veranstaltungen verschiedene Themen eingehender beleuchtet.

City

Mo–Sa 10–19 Uhr | Bockenheimer Anlage 49–50 | Tel. 069 9 76 93 13 99 | www.manufactum.de | U 6, 7, Bus 64 Alte Oper (226 C2)

Ein Tempel für den Kamerakult: Die Leica-Galerie ist gleichzeitig Shop und Ausstellungsort

SELECTED – THE CONCEPT STORE

Hier bekommen Sie Designmöbel und -accessoires, die der Inhaber nach persönlichem Geschmack aussucht. Ins Auge fallen besonders die unverwechselbaren Tische und Stühle des niederländischen Designers Piet-Hein Eek: Aus farbigem Altholz gefertigt und mit mehreren Schichten Hochglanzlack versiegelt, ist jedes Stück ein Unikat. Auch besonders schön gestaltete Motorradhelme oder Kopfhörer gehören zum Angebot.

City

Di–Fr 10–19, Sa 10–18 Uhr | Liebfrauenberg 37 | Tel. 069 92 88 29 80 | www.selected-online.de | U 1–3, 6–8, S 1–6, 8, 9 Hauptwache (227 D3)

SOFA & CO.

Der Name ist Programm: Sofa & Co. bietet eine erlesene Auswahl erstklassiger Sitzmöbel von Herstellern wie Signet oder Brühl, darunter auch Sessel, Eck- und Schlafsofas, die zeitloses Design mit hochwertiger Verarbeitung und Funktionalität vereinen.

Sachsenhausen

Mo–Fr 10.30–19, Sa 10.30–15.30 Uhr | Schweizer Str. 90 | Tel. 069 26 09 85 62 | www.sofaundco-ffm.de | U 1–3, 8 Schweizer Platz, Tram 14 Südbahnhof/

Schweizer Straße, S 1–6, 8, 9 Frankfurt Main Süd (230 B6)

Ostend

Do, Fr 10.30–19, Sa 10.30–18 Uhr | Hanauer Landstr. 220 | Tel. 069 48 00 94 80 | Tram 11 Riederhöfe (225 E4)

ELEKTRONIK

ANYMODE

Der im modern-puristischen Design gehaltene Shop ist der erste, in dem die hochwertigen Fashion- und Styleaccessoires für Smartphones und Tablets außerhalb des Heimatmarkts Korea verkauft werden. Handyhüllen und -cases, z. B. mit Swarovski-Kristallen, gibt es in vielen Designs. Auch Zusatzgeräte für IT und Telekommunikation wie Headsets, Bluetooth-Lautsprecher und Empfänger für mobiles Fernsehen sind erhältlich.

Gallus

Mo–Mi 10–20, Do–Sa 10–21 Uhr | Skyline-Plaza | Europa-Allee 6 | Tel. 069 57 80 20 31 | www.anymode.de | U 4 Festhalle/Messe, S 3–6 Messe (229 E5)

FRANKFURTER RÖHRENMANUFAKTUR

Seit über 35 Jahren hat sich Diplomingenieur Thomas Reußenzehn ganz der Röhre verschrieben. In der Frankfurter Röhrenmanufaktur fertigt er Modelle, die höchsten Ansprüchen Rechnung tragen – Verstärker, Lautsprecherboxen, Hi-Fi-Geräte. Im urigen Fachwerkhäuschen mit eigenem Showroom kann ausgiebig probegehört werden. Auf Anfrage fertigt Reußenzehn auch maßgeschneiderte Röhrengeräte ganz nach Kundenwunsch.

Oberrad

Mi–Fr 15–18, Sa 12–15 Uhr | Rebenstr. 2a | Tel. 0173 7 83 73 13 | www.reussenzehn.de | Tram 15, 16, 18, Bus 81 Bleiweißstraße

LEICA-GALERIE

Für alle Fans der kultigen Kamera ist dieser Laden ein absolutes Muss. Hier wird nicht nur die Technik in allen Facetten präsentiert, sondern auch das, was daraus entsteht: Regelmäßig finden Vernissagen mit Werken namhafter Fotokünstler aus aller Welt statt.

City

Mo–Fr 10–19, Sa 10–17 Uhr | Am Salzhaus 2 | Tel. 069 9 20 70 70 | www.leicastore-frankfurt.de | U 1–3, 6–8, S 1–6, 8, 9 Hauptwache (227 D3)

RAUM TON KUNST

Unter dem Dach der Hi-Fi-Profis haben auch die Spezialisten für High-End-Anlagen und Luxusgeräte ein neues Zuhause gefunden. Bereits seit 1967 gewährt man den Kunden Zeit für ausgiebiges Probehören von allem, was zu einem guten Soundsystem gehört. Nach wie vor glänzt das Fachgeschäft mit freundlicher, kompetenter Beratung und kostenlosem Vorortservice. Die hochwertigen Soundmaschinen gibt es natürlich auch in erschwinglichen Preisklassen. Im Sortiment sind namhafte Hersteller wie B & W, Burmester, Brinkmann-Audio, Marc Levinson oder Bang & Olufsen.

City

Mo–Fr 10–20, Sa 10–18, im Winter bis 20 Uhr | Große Friedberger Str. 23–27 | Tel. 069 28 79 28 | www.raum-ton-kunst.de | S 1–6, 8, 9, U 4–7, Tram 12, 18, Bus 30, 36 Konstablerwache (227 E2)

FLOHMÄRKTE

ANTIKMARKT

Ein Markt nur von Profis – aus ganz Deutschland: Auf dem Antikmarkt bieten sie mehrmals im Jahr ihre Ware an, und die Besucher können sicher sein, dass sie tatsächlich lediglich echt

Antikes entdecken. Ob Schmuck, historisches Spielzeug, Lampen, Möbel, Gemälde oder Porzellan, alle Angebote stammen aus der Zeit von der vorletzten Jahrhundertwende bis in die 1970er-Jahre hinein.

City

Termine siehe Homepage | Zeil/Konstablerwache | Tel. 0170 5 59 55 55 | www.melan.de | S 1–6, 8, 9, U 4–7, Tram 12, 18, Bus 30, 36 Konstablerwache (227 E–F2)

BORNHEIMER FLOHMARKT

Das Angebot an wahrem Trödel ist auf dem Bornheimer Flohmarkt zwar nicht so riesig wie auf den großen Märkten am Main, dafür ist es aber auch im Winter kuschelig warm. Einmal im Monat dürfen Sie zwischen Büchern, Tonträgern, Kleidung für Kinder und Erwachsene, Schmuck und Nippes stöbern. Tipp: Wenn Sie selbst einen Stand betreiben möchten, sollten Sie sich rechtzeitig anmelden, denn die Plätze sind sehr begehrt!

Bornheim

Termine auf der Homepage | jeweils 10–16 Uhr | Arnsburger Str. 24 | Tel. 069 15 30 83 20 | www.saalbau.com | U 4, Bus 32 Höhenstraße (231 E3)

FRANKFURTER FLOHMARKT

Samstagmorgens zieht es Tausende Frankfurter auf diesen Markt, der im wöchentlichen Wechsel am Sachsenhäuser Mainufer bzw. am Osthafen stattfindet. Hobbyhändler stehen hier neben Profiverkäufern, sie alle bieten Antikes und Zeitgenössisches, Wertvolles und Unbrauchbares, Guterhaltenes und Kaputtes an – und Handeln ist Teil des Geschäfts.

Sachsenhausen

Sa 9–14 Uhr | Schaumainkai | www.hfm-frankfurt.de | U 1–3, 8 Schweizer Platz, Tram 15, 16 Schweizer-/Gartenstraße, U 4, 5, Tram 11, 12 Römer (234 C2)

Ostend

Lindleystr. | U 6 Ostbahnhof | Tram 11 Osthafenplatz/Schwedlerstraße (231 E–F 4–5)

KLASSIKER

GEWÜRZ- UND TEEHAUS ALSBACH

Wie aus der Zeit gefallen wirkt dieses charmante Tee- und Gewürzhaus, das seit 1920 im Stile einer alten Apotheke feinste Teesorten und Gewürzmischungen aus aller Welt bereithält. Es liegt ein bisschen versteckt an einer Passage – die Suche lohnt sich definitiv.

City

Mo, Di, Do, Fr 9.30–18, Mi 9.30–14, Sa 9–16 Uhr | An der Staufenmauer 11 | Tel. 069 28 33 12 | www.alsbachgewuerze.de | U 4–7 und S 1–9, Tram 12,1 8, Bus 30, 36 Konstablerwache (227 F3)

CREAM MUSIC ★

Schon Elvis Presley hat in diesem Laden während seiner Zeit als Soldat in Friedberg eine Gitarre gekauft – und viele weitere bekannte Größen des Musikgeschäfts sollten ihm folgen. Nebenan liegt der Schlagzeugladen, der ähnlich legendär ist. Dort dürfen Sie im Keller probetrommeln. Die Inhaber des seit 1904 bestehenden Familienunternehmens sind selbst musikalisch tätig und können Sie bestens beraten. Instrumente werden hier auch repariert.

City

Mo–Fr 10–19, Sa 10–18 Uhr | Taunusstr. 43 | Tel. 069 23 45 36 | www.cream-music.com | S 1–9, U 4, 5, Tram 11, 12, 14–17, 19–21, Bus 33, 37, 46, 64, 600 Hauptbahnhof (226 B4)

HÖCHSTER PORZELLANMANUFAKTUR

Die zweitälteste Porzellanmanufaktur Deutschlands wurde 1746 gegründet, entsprechend wechselhaft ist ihre Vergangenheit, in der sie mehrmals geschlossen und wiederbelebt wurde. Heute setzt man mit Erfolg auf anspruchsvolle, traditionelle Porzellanmalereien und -accessoires. In Höchst erstehen Sie die aktuellen Meisterwerke beim Direktverkauf, außerdem gibt es einen zentral gelegenen Shop in der City.

City

Mo–Fr 10–19, Sa 10–16 Uhr | Berliner Str. 60 | Tel. 069 28 52 99 90 | www.hoechster-porzellan.de | U 1–3, 6–8, S 1–6, 8, 9 Hauptwache (227 D3)

Höchst

Direktverkauf: Mo–Fr 9.30–18, Sa 9.30–14 Uhr | Palleskestr. 32 | Tel. 069 30 09 02 40 | Bus 50, 55 Auerstraße (232 B4)

POHLMANN

Für Bohraufsätze, Montageband und Schraubenschlüssel muss man nicht in

Welche dieser Gitarren würde sich Elvis Presley wohl heute bei Cream Music aussuchen?

einen der großen Baumärkte fahren: Das Traditionsgeschäft direkt in Bornheim Mitte bietet all das plus kompetente Beratung. Manches kostet hier etwas mehr, dafür stimmt aber auch der Service. Selbst Laien bekommen nach wenigen Stichworten garantiert das richtige Rüstzeug fürs Handwerken.
Bornheim
Mo–Fr 8.30–18.30, Sa 8.30–14 Uhr | Wiesenstr. 12 | Tel. 069 45 10 55 | U 4, 5, Tram 12, 18, Bus 34, 38, 43, 103 Bornheim Mitte (231 E2)

GEWÜRZ- UND TEEHAUS SCHNORR

Seit über 50 Jahren ist Schnorr eine Institution in Frankfurt – und eine wahre Fundgrube nicht nur für Tee und Gewürze, sondern auch für Porzellan und Teezubehör, asiatische Spezialitäten, Feinkost aus aller Welt sowie internationales Kunsthandwerk. Allein das Teeangebot umfasst über 300 Sorten aus allen Anbaugebieten der Welt, fast täglich können Sie sie kostenlos probieren.
City
Mo–Sa 9.30–18 Uhr | Neue Kräme 28 | Tel. 069 28 47 17 | www.teeshop.de | U 1–3, 6–8, S 1–6, 8, 9 Hauptwache (227 E3)

WÄCHTERSHÄUSER

Selbstgemachtes ist in. Bei diesem Spezialisten für Kurzwaren und Schneidereibedarf finden Handarbeitsfans eine schier unerschöpfliche Auswahl an Knöpfen, Nähutensilien, Futterwaren, Verschlüssen, Einlagen und Scheren für ihr Hobby. Auch Dessous- und Miederzubehör gehören bei Wächtershäuser zum reichhaltigen Angebot.
City
Mo–Fr 9.30–18.30, Sa 10–16 Uhr | Töngesgasse 39 | Tel. 069 28 29 97 | www.naehzutaten.de | U 4–7, S 1–6, 8, 9, Tram 12, 18, Bus 30, 36 Konstablerwache (227 E3)

DIE WENDELTREPPE ★

Der Laden hat zwar erst rund 28 Jahre auf dem Buckel, aber er ist gewisser-

Hier dreht sich alles um die scharfen Körnchen: Frankfurter Senfgalerie

maßen legendär. Bei seiner Eröffnung war er die erste Kriminalbuchhandlung auf dem europäischen Kontinent. Neben einem Sortiment an skurrilen, ausgefallenen, interessanten oder vergessenen Büchern gibt es hier auch ein Antiquariat.

Sachsenhausen
Mo–Fr 10–13, 14–19, Sa 10–16 Uhr | Brückenstr. 34 | Tel. 069 61 13 41 | www.die-wendeltreppe.de | S 3–6, Tram 14–16, 18, Bus 45, 46 Lokalbahnhof, Bus 30, 36 Elisabethenstraße (227 F6)

KULINARISCHES

APFELWEINHANDLUNG

Was bei Jens Becker in den Regalen steht, ist nicht einfach nur Apfelwein. Limitierte Manufakturerzeugnisse, traditionelle Streuobstwiesenapfelweine, Stöffche mit Quitte, sortenreine Apfelweine und edler Apfelsherry gehen über die Theke. Die Weine stammen hauptsächlich aus hessischen Anbaugebieten. Beste Gelegenheit, einen guten Schoppen zu trinken.

Sachsenhausen
Di–Fr 12–20, Sa 11–16 Uhr | Brückenstr. 21 | Tel. 0176 35 42 42 35 | www.apfelweinhandlung.de | U 1–3, S 3–6 Südbahnhof (227 F6)

CASA DE PORTUGAL

Ein Pflichtbesuch für Freunde der portugiesischen Küche. Der inhabergeführte Laden bietet eine tolle Auswahl an Feinkost und Wein, dazu INSIDER TIPP köstliche hausgemachte Pasteis de Nata, die traditionelle Süßspeise, die hier ausgefallen z. B. mit Beeren oder Kakao und Kokos verfeinert wird.

Sachsenhausen
Mo–Fr 9–19, Sa 9–16 Uhr | Brückenstr. 60 | Tel. 069 61 84 00 | casadeportugal.de | Tram 14–16, Bus 45 Brücken-/Textorstraße, Bus 30, 36 Affentorplatz (227 F6)

FRANKFURTER SENFGALERIE

Mit diesen Senfspezialitäten wird selbst die klassische deutsche Bratwurst zu einem kulinarischen Hochgenuss. Mehr als 150 Sorten, die in alter Handwerkstradition in historischen Senfmühlen hergestellt werden, hat der Laden in seinen Regalen aufgereiht – probieren dürfen Sie direkt vor Ort. Wie wäre es mit dem fruchtig-pikanten Dattelsenf oder mit der milden Sorte »Old English Senf mit Gin«? Gewagter ist ein Biss in die Senfpralinen. Chutneys, Gewürzöle, Würzkonfitüren und ÖKO Biomarmeladen ergänzen das feine Angebot.

Sachsenhausen
Di–Fr 10–18.30, Sa 10–16 Uhr | Schweizer Str. 18 | Tel. 069 36 60 44 35 | www.frankfurter-senfgalerie.de | U 1–3, 8 Schweizer Platz, Tram 15, 16 Schweizer-/Gartenstraße (227 D6)

FRISCHEPARADIES

ÖKO Biolebensmittel von Fleisch bis zu Kräutern und Pasta, regionale und internationale Käsespezialitäten sowie exotisches Obst und Gemüse – insgesamt über 5000 Delikatessen aus über 70 Ländern in einem Laden, der zwar Supermarktgröße, aber die Klasse eines Feinkostgeschäfts hat. Auch Kochkurse und Workshops, etwa zu Käse oder zum Filetieren von Fisch, werden regelmäßig veranstaltet. Vormerken sollten Sie sich den Cash-&-Carry-Tag an jedem ersten Montag im Monat, denn dann erhalten Sie 15 Prozent Rabatt auf alles.

Griesheim
Mo–Mi 8–18, Do, Fr 8–19, Sa 8–16 Uhr | Lärchenstr. 101 | Tel. 069 3 80 32 30 | www.frischeparadies.de | Bus 52 Elektronstraße (224 B4)

CONFISERIE GRAFF ★

In der kleinen, feinen Manufaktur setzt Konditormeisterin Regina Graff die Familientradition in siebter Generation fort. Alle Köstlichkeiten werden in Handarbeit mit höchstem Qualitätsanspruch sowie viel Liebe und Sorgfalt hergestellt. Auch die Chocolaterie und die französische Patisseriekunst kommen nicht zu kurz. Für Graffs Brotspezialitäten gilt das Slow-Baking-Prinzip, der Teig darf also lange reifen.

Rödelheim

Di–Fr 8–18, Sa 8–14, So 9–13 Uhr | Reichsburgstr. 12 | Tel. 069 78 90 48 61 | www.confiserie-graff.de | Bus 34, 72 Alt-Rödelheim **(228 A2)**

MICHIS SCHOKOATELIER

Michi hat sein Schokoatelier außerordentlich liebevoll mit Barocksesseln und Kristalllüstern eingerichtet, was die süßen Verführer, die er anbietet, noch besser zur Geltung bringt. Mit der »Frankfurter Sandwegkugel« hat hier Hessens Antwort auf die Mozartkugel ihr Zuhause. Die Auswahl an Pralinen – von Absinthtrüffeln bis zu Basilikumherzen – wechselt ständig, außerdem gibt es ein großes Sortiment an handgeschöpfter Schokolade. Je nach Jahreszeit können Sie beim Genuss von heißer Schokolade mit Chili, rosa Pfeffer oder Zitronengras ihre Glückshormone in Wallung bringen.

Ostend

Di–Fr 11–19, Sa 10–16 Uhr | Sandweg 60 | Tel. 069 40 89 80 66 | www.michis-schokoatelier.de | U 4 Merianplatz **(231 D3)**

ÖLDORADO

Hier dreht sich tatsächlich alles um die aus Fruchtfleisch und Kern gepresste Flüssigkeit. Wenn Sie bisher glaubten, Olivenöl sei Olivenöl, dann lassen Sie sich in diesem Spezialgeschäft eines Besseren belehren. Neben einem aus-

Bei Whisky Spirits darf man auch schnuppern und probieren

gesuchten Angebot an Pflanzenöl ist auch Feinkost im Sortiment, etwa Saucen, edler Essig aus Apfel oder Birne, Olivenpaste, eingelegte Tomaten, Honig, Konfitüre und Espresso.

Sachsenhausen

Di–Fr 12–18, Sa 11–15 Uhr | Mörfelder Landstr. 109 a | Tel. 069 61 99 24 30 | www.oeldorado.de | U 1–3, 8, S 3–6, Tram 11, 14–16, 19, Bus 45, 47, 48, 61, 78, 80 Südbahnhof (234 C3)

RISSE-WEINHANDLUNG

Da ein guter Wein zu einem guten Essen getrunken werden sollte, offeriert Michael Risse mehr als nur flüssige Waren. Feinste Spezialitäten in einem breiten und ständig wechselnden Sortiment machen den Besuch zu einem lukullischen Abenteuer.

Nordend

Mo–Fr 16–20, Sa 11–15 Uhr | Humboldtstr. 59 | Tel. 069 59 10 65 | www.macrisse.de | U 5 Glauburgstraße (230 C2)

TEEDEUM

Haben Sie diesen Laden erst einmal betreten, möchten Sie ihn nie wieder verlassen. Auf der einen Seite riecht es nach Tee, auf der anderen nach frisch gemahlenem Kaffee. Dann fällt der Blick auf Dips, Fruchtaufstriche, Honige, Essige und edle Spirituosen wie Grappa oder Whisky, alles von ausgesuchten kleinen Handwerksbetrieben.

Sachsenhausen

Mo–Fr 10–18.30, Sa 10–16 Uhr | Schweizer Str. 54 a | Tel. 069 96 24 89 55 | www.teedeum.de | U 1–3, 8 Schweizer Platz, Tram 15, 16 Schweizer-/Gartenstraße (227 D6)

WALDLADEN STADTWALDHAUS

ÖKO Regionaler geht es kaum: Das Fleisch, das Sie hier kaufen können, stammt ausschließlich von freilebenden Tieren aus dem Stadtwald, Massentierhaltung oder Antibiotika sind tabu. Vor allem Wildschweine und Damwild fühlen sich im Frankfurter Wald so wohl, dass ihre Populationen im Zaum gehalten werden müssen. Neben den Wildspezialitäten gehören Wein, Honig, Gelee und hübsche Frühstücksbrettchen aus Stadtwaldholz zum Sortiment.

Sachsenhausen

Di, Do 15–18 Uhr | Kuhpfadschneise | Tel. 069 68 61 32 | www.stadtwaldhaus-frankfurt.de | Tram 14 Oberschweinstiege (235 D5)

WEINKELLEREI HÖCHST

Schon seit 1885 versorgt die Weinkellerei die Region mit erstklassigen Tropfen in allen Preisklassen. Derzeit können Sie in dem 500 m^2 großen Laden rund 1000 Weine und Schaumweine aus fünfzig verschiedenen Anbauregionen erstehen. Außerdem im Sortiment: Edelschokoladen, Pralinen, Gewürze, Öl, Bücher und Frankfurter Spezialitäten wie Salz mit Grüne-Sauce-Kräutern. Auch Weinproben werden veranstaltet.

Höchst

Mo–Fr 9–19, Sa 10–15 Uhr | Bolongarostr. 88 | Tel. 069 26 01 25 21 | www.weinkellerei-hoechst.de | Tram 11, Bus 50, 51, 53–55, 59 Zuckschwerdtstraße (232 B5)

WHISKY SPIRITS

Im urigen Holzambiente reiht sich eine hochprozentige Kostbarkeit an die nächste. Whisky Spirits hat sich auf schottische und irische Single Malts spezialisiert, kompetente Beratung und Tasting inklusive. Im Angebot sind viele auf Auktionen ersteigerte Raritäten. Die teuerste Flasche stammt aus dem Jahr 1938 und ist für 1250 Euro zu haben. Besonders interessant sind die mehrstündigen Whiskyverkostungen (ab ca.

30 Euro) am Abend zu Themen wie der Geschichte des hochprozentigen Schlucks oder »Whisky und Leysieffer-Schokolade«.

Sachsenhausen

Di–Fr 17–20, Sa 11–16 Uhr | Wallstr. 23 | Tel. 069 96 20 06 43 | www.whisky spirits.de | Tram 14–16, Bus 45 Brücken-/ Textorstraße, Bus 30, 36 Elisabethenstraße (227 F5)

MODE

ABACI

Der Designer Cem-Mustafa Abaci entwirft und verkauft nicht nur Mode, sondern Stil. In seinem ganz in Weiß und reduziert eingerichteten Shop finden Sie Hemden, Hosen, Schuhe und alles, was der Mann von heute so braucht. Bei den maßgefertigten Kleidungsstücken wie Anzügen und Krawatten können Sie Stoff und Schnitt selbst bestimmen, die edlen Teile werden dann in Italien gefertigt und handgenäht.

City

Mo–Fr 10–19, Sa 10–18 Uhr | Junghofstr. 14 | Tel. 069 21 93 55 88 | www.abaci.de | U 1–3, 6–8, S 1–6, 8, 9 Hauptwache (226 C3)

APFELGRÜN

ÖKO Die Mode im Laden von Sabine Schmitt verbreitet Lebensfreude und fällt durch pfiffige Details auf. Anders als der Name es vermuten lässt, nicht nur in Knallfarben. Im Programm sind viele regionale Labels und Designer, z. B. nachhaltige Businessmode von der »Kleidmanufaktur« aus Kronberg, Unikate aus witzigen Dekostoffen von Jeanette Gebauer oder blumig bedruckte T-Shirts von »Le poème de Shayesté«.

Nordend

Mo–Fr 10–19, Sa 10–15 Uhr | Glauburgstr. 95 | Tel 069 27 29 39 68 | www.apfelgruen.eu | U 5 Glauburgstraße (230 C2)

BEEINDRUCKT

Hessische Tradition meets Streetstyle: Bei Beeindruckt gibt's lässig beschriebene Bembel, Schoppedeckel mit der Frankfurter Skyline, aber auch T-Shirts oder Jogginghosen mit lokalpatriotischem Print.

Ostend

Mo–Fr 10–19, Sa 11–16 Uhr | Sandweg 105 | Tel. 069 24 14 10 01 | www.beein druckt.com | U 4, 5 Merianplatz (231 D3)

CLOPEN

Hier wird das Motto »Made in Frankfurt« ernst genommen: Das Siebdruckstudio im Sandweg bietet direkt vor Ort bedruckte Shirts für Sie & Ihn, Kindermode plus Schlüsselanhänger aus eigener Kollektion an. Und wer lieber selbst zum Textildesigner wird, der kann hier eigene Ideen zum fairen Preis verwirklichen lassen.

Ostend

Mo–Fr 10–19, Sa 11–16 Uhr | Sandweg 110 | Tel. 069 46 00 88 38 | www.clopen.de | U 4,5, Bus 32 Höhenstraße (231 D3)

FRANK HARLING

In seinem Laden zeigt der Frankfurter Designer Frank Harling Entwürfe, die sehr feminin sind und an die 20er- und 30er-Jahre des letzten Jahrhunderts erinnern. Seine Spezialität sind perfekt sitzende Röcke, aber auch legere Freizeitkleidung können Sie hier finden. Alle Stücke werden von ihm vor Ort selbst genäht – was auch den Änderungsservice besonders kundenfreundlich macht.

Sachsenhausen

Di–Fr 12–19, Sa 11–17 Uhr | Wallstr. 26 | Tel. 069 97 69 09 03 | www.frank-harling.com | Tram 11, 14–16, 18, Bus 45 Lokalbahnhof/Textorstraße, Bus 30, 36 Elisabethenstraße (227 F5)

HAYASHI

Nichts für graue Mäuse: Hayashi verkauft sexy avantgardistische Mode, die Trends setzt. Marken wie American Retro, Anya Hindmarch, Acne oder Kaviar Gauche hängen in der hellen, puristischen Boutique. So klar die Gestaltung des eleganten Ladens, so progressiv die Stücke: exzentrisch geschnittene Kleider oder hauchzart umrüschte Blusen. Inhaberin Kerstin Görling ist als Fashionbloggerin und Stilikone weit über Frankfurts Grenzen hinaus bekannt.

City

Mo–Fr 11–19, Sa 11–18 Uhr | Börsenplatz 13–15 | Tel. 069 21 99 72 55 | www.hayashi-shop.com | U 1–3, 6–8, S 1–6, 8, 9 Hauptwache (227 D2)

Individualisierte Designermode: Dafür steht der Name Abaci

GOYAGOYA

Die großen Frauen aus Kunst, Mode und Musik, die 1920er-Jahre, Alltag und Träume: Die Kollektionen der Frankfurter Designerin berufen sich auf vielfache Inspirationen. Die Stücke sind absolute Hingucker – sehr weiblich und mit einem Extraschuss Finesse, dann wieder ganz klar und reduziert. Neben Kleidern, Blusen, Hosen und Co. gibt es z. B. auch Strumpfhosen in außergewöhnlichem Look.

City

Di–Fr 11–20, Sa 11–17 Uhr | Stiftstr. 32 | Tel. 069 13 37 75 53 | www.goyagoya.com | U 1–3, 8, Bus 36 Eschenheimer Tor (227 E2)

LEONIDMATTHIAS

Das Designerduo vom Frankfurter Label Leonidmatthias hat ein Händchen fürs Besondere. Mal glamourös, mal lässig, aber immer kreativ und garantiert nicht unscheinbar sind seine Kollektionen, die mit vielen bunten Details und raffinierten Schnitten glänzen. Und weil das bei Mann und Frau so gut ankommt, haben die beiden Macher sogar eine Online-Sitcom »A Dressing Story«, mit der sie einen amüsanten Blick hinter die geheimnisvollen Fashionkulissen bieten!

Sachsenhausen

Mo–Fr 11–20, Sa 10–20 Uhr | Walter-Kolb-Str. 7, Eingang Schulstr. | Tel. 069 40 03 18 41 | www.leonidmatthias.de | Tram 14–16, Bus 45 Brücken-/Textorstraße, Bus 30, 36 Elisabethenstraße (227 F5)

City

Mi–Sa 10–20 Uhr | Zeilgalerie | Zeil 112–114 (Zeilgalerie) | U 1–3, 6–8, S 1–6, 8, 9 Hauptwache (227 D3)

INSIDER TIPP **LIKA MIMIKA**

ÖKO Die Ideen kommen aus Frankfurt, hergestellt werden die Designer-Espadrilles aus Leder oder stylish bedruckten Stoffen in Spanien. Dabei kommen ausschließlich umweltfreundliche Materialien zum Einsatz. Die Kollektionen werden stetig erweitert (zum Beispiel durch Fell-Modelle oder vegane Schuhe) und begeistern Mode- und Lifestylemagazine.

City

Mo–Fr 11–19, Sa 10–18 Uhr | Berliner Str. 20 | Tel. 069 34 70 09 80 | www.likamimika.com | U 4, 5 Dom/Römer, Tram 11, 12, Bus 30 Börneplatz (227 E3)

Glamourös, lässig kreativ: das Fashionduo Leonidmatthias

THE LONDON ASSEMBLY

Die Modedesignerin und ausgewiesene Fashionexpertin Amy Silberzahn präsentiert in ihrer coolen Boutique in der City den unverwechselbaren Chic ihrer Heimatstadt London: elegante und trendige Damen- und Kindermode von britischen Designerlabels, die Wert auf Authentizität, Nachhaltigkeit und Details legen.

City

Di 10.30–15.30, Mi–Fr 10.30–19.30, Sa 10.30–18.30 Uhr | Kirchnerstr. 6–8 | Tel. 01577 2 17 32 10 | www.thelondonassembly.com | U 1–5, 8, Tram 11, 12 Willy-Brandt-Platz (226 C4)

OOKOKO

Kunst, originelle handgefertigte Möbel vom spanischen Künstler Felix Lozal und kreative Mode: Die gebürtige Argentinierin Vanesa Galassi mag es bunt und besonders. Einige der vertretenen Modemarken bekommen Sie im Rhein-Main-Gebiet nur hier, dazu gehören z. B. Divina Providencia und Diksi aus Spanien oder King Louie, ein angesagtes Label aus Amsterdam mit verspieltem Retrostil.

Sachsenhausen

Mo–Sa 11–14.30, 15.30–19 Uhr | Brückenstr. 33 | Tel. 069 25 53 60 64 | www.ookoko.de | S 3–6, Tram 14–16, 18, Bus 45, 46 Lokalbahnhof, Bus 30, 36 Elisabethenstraße (227 F6)

ORGANICC

ÖKO Endlich ein Laden, der sich zu 100 Prozent der Mode aus fairer Herstellung und Biofasern verschrieben hat und gleichzeitig beweist, dass man dabei absolut keine Abstriche in Sachen Design machen muss. Im Gegenteil: Die trendigen, hübsch bedruckten T-Shirts von Misericordia oder die in Hollywood erprobten Strickkleider und -jacken von Stewart + Brown machen einfach richtig Spaß. Äußerst verlockend und außergewöhnlich sind auch die coolen Schuhe von Terra Plana aus recycelten Materialien und chromfrei gegerbtem Leder. Die Organicc-Philosophie stimmt: Verantwortung sah noch nie so gut aus!

City

Mo–Fr 12.30–18.30, Sa 11–18 Uhr | Berger Str. 19, | Tel. 069 84 84 39 82 | www.organicc.de | U 4 Merianplatz (230 C3)

& OTHER STORIES

Der Edel-Ableger von Hennes & Mauritz hat viele Fans. Seit geraumer Zeit müssen nun auch Frankfurter Freundinnen der trendigen, aber bezahlbaren Mode nicht mehr nur online shoppen. In der Innenstadt hat eine 650 m² große Filiale eröffnet und lockt mit einem umfangreichen Angebot an puristisch gehaltener Kleidung.

City

Mo–Sa 10–20 Uhr | Steinweg 5 | www.stories.com | U 1–3, 6–8, S 1–6, 8, 9 Hauptwache (227 E2)

PEGGY SUE

Man muss kein Rockabilly-Fan sein, um sich sofort in die blumigen und herrlich weiblichen Petticoats und nostalgisch getupften Handtäschchen zu verlieben. Angela Henn hat sich mit ihrem Laden für Damenmode internationaler Retrofashion-Labels einen Traum erfüllt. Ihr Faible für die Mode der 1950er-Jahre gibt sie nun an einen immer größer werdenden Kundenstamm weiter. Verkauft werden nur nachgeschneiderte Stücke, kein Secondhand. Die passenden Accessoires wie Schmuck, Taschen und Strümpfe sowie Outfits im Burlesquestil gehören ebenfalls zum Sortiment. Ein Hit sind die Shoppingpartys im privaten Freundinnenkreis.

Sachsenhausen

Di–Fr 11–19, Sa 11–17 Uhr | Wallstr. 20 | Tel. 069 90 43 72 23 | www.peggysue frankfurt.de | Tram 14–16, Bus 45 Brücken-/Textorstraße (235 D2)

MUSIK

ANALOGE TONTRÄGER

Ursprünglich als Fachgeschäft für Klassikschallplatten konzipiert, hält Analoge Tonträger heute eine feine Auswahl auch aus den Bereichen Jazz sowie in kleinerem Umfang Rock, Pop und Soul bereit. Hier kann man ganz entspannt im Sessel sitzen und bei einer Tasse Kaffee probehören. Außerdem im Angebot: Ausgewählte Hi-Fi-Geräte und Plätze an der Plattenwaschmaschine.

Bornheim

Mi, Do, Fr 14–19, Sa 10–16 Uhr und nach Vereinbarung | Gronauer Str. 2 | Tel. 069 78 08 12 16 | www.analogetontraeger.de | U 4, 5, Tram 12, 18, Bus 34, 38, 43, 103 Bornheim Mitte (231 E2)

CDS AM GOETHEHAUS

Große Musik verlangt einen angemessenen Rahmen. Deshalb darf sich die Riesenauswahl an Tonträgern in den Sparten Klassik und Jazz hier auf zwei Etagen ausbreiten. Sie können ganz in Ruhe stöbern, Booklets lesen und Lieder hören – ohne dass Sie schräg angeschaut werden.

City

Mo–Fr 10–19, Sa 10–18 Uhr | Am Salzhaus 1 | Tel. 069 28 76 06 | www.cdsamgoethehaus.de | U 1–5, 8, Tram 11, 12 Willy-Brandt-Platz (227 D3)

FREEBASE RECORDS & SNEAKERS

Wer sich für elektronische Musik interessiert, kommt an dem Laden mit Reinhörgarantie nicht vorbei. Die Schwerpunkte liegen auf House und Techno, diese Bereiche sind immer gut sortiert. Vinylscheiben bestimmen das Angebot, aber CDs gibt es natürlich auch. Kein Wunder, dass sich Freebase-DJs, Label-Betreiber und Musikproduzenten die Klinke in die Hand geben. Die fachkundige Beratung zieht Old-School-Pilger magisch an. Für den Auftritt im Club können Sie auch INSIDER TIPP trendige T-Shirts und Sneakers erstehen.

Sachsenhausen

Mo–Fr 11–20, Sa 11–18 Uhr | Brückenstr. 36 | Tel. 069 13 37 62 55 | www.freebaseshop.com | S 3–6, Tram 14–16, 18, Bus 45, 46 Lokalbahnhof, Bus 30, 36 Elisabethenstraße (227 F5)

LUCKY STAR RECORDS

Fans von Garage-, Surf- & Soulmusik sind bei Lucky Star Records goldrichtig: Der gut sortierte Plattenladen bietet aber nicht nur zahlreiche Secondhand-Exemplare, sondern auch ausgewählte Neuerscheinungen aus den Bereichen Rock, Pop und Punk mit Schwerpunkt auf besonderen Genres und aktuelle Subkultur.

Bornheim

Di–Fr 14–19, Sa 11–16 Uhr und nach Vereinbarung | Heidestr. 152 | Tel. 069 94 59 81 33 | www.lucky-star-records.com | U 4, 5, Tram 12, 18, Bus 34, 38, 43, 103 Bornheim Mitte (231 E2)

MYTHOS RECORDS

Leidenschaft für Musik muss man haben, um heute noch einen Plattenladen zu betreiben. Die hat das Team von Mythos Records auf jeden Fall. Was 1988 mit Flohmarktständen begann, ist seit 1999 eine Institution in der Szene. Beat und Blues, Klassik und Rock von den 1960er- bis zu den 80er-Jahren stehen auf Vinyl und CD in den Regalen.

Nordend

Mo–Fr 14–20, Sa 11–17 Uhr | Höhenstr. 20 | Tel. 0163 2 34 39 65 | www.mythos-records.net | U 4, 5, Bus 32 Höhenstraße (231 D3)

NO. 2 RECORDS

Frankfurts ältester Plattenladen – er feiert dieses Jahr seinen 33. Geburtstag – gehört zu den allerbesten Adressen für Raritäten und Secondhand-Tonträger. Ob Rock oder Klassik, Indie oder Hip-Hop: Wer unter den rund 50 000 Tonträgern geduldig sucht, der findet bestimmt das Richtige.

Sachsenhausen

Di–Fr 11–20, Sa 10–16 Uhr | Wallstr. 15 | Tel. 069 62 41 21 | www.no2-records.de | Bus 30, 36 Elisabethenstraße (227 F5)

OUTLET

GLOBETROTTER

Von der Regenjacke bis zum Wanderschuh: Alles, was man für ein Abenteuer an der frischen Luft so braucht, findet man bei Globetrotter. Neben der Erlebnisfiliale unterhält der bekannte Ausstatter in Frankfurt außerdem ein Outlet, wo man auf rund 1000 m² zahlreiche Produkte zum besonders günstigen Preis findet. Vor allem Schuhe und Bekleidung sind hier in großer Auswahl zu haben. Ideal für alle, die kurzfristig noch ein Schnäppchen suchen!

Ostend

Di–Sa 10–19 Uhr | Hanauer Landstr. 11–13 | Tel. 069 23 80 79 78 11 | www.globe

In Sachen Jazz und Klassik werden Sie hier bestens beraten: CDs am Goethehaus *trotter.de/filialen/frankfurt/outlet-frankfurt | S 1–6, 8, 9, Tram 11 Ostbahnhof/ Honsellstraße* (231 E4)

ZALANDO-OUTLETSTORE

Neben Restposten aus der Vorsaison umfasst das Angebot leicht beschädigte Retouren, die nicht erneut online verkauft werden können. Insgesamt gibt es etwa 20 000 Artikel von rund 500 Marken, reduziert um 30 bis 70 Prozent. Zudem fällt das Kindermodesortiment recht groß aus, immerhin kann sich das Team auf rund 1000 m^2 ausbreiten. Wer eine Pause braucht, kann sich in der kleinen INSIDER TIPP Cafélounge mit Sternkaffee der traditionsreichen Rösterei Wissmüller sowie Kuchen stärken. Und das Schönste: Sie müssen kein registrierter Zalando-Nutzer sein, um im Outlet-Store auf Schnäppchenjagd zu gehen.

Bockenheim

Mo–Sa 10–20 Uhr | Leipziger Str. 41–42 | Tel. 0800 9 90 03 33 | www.zalando-outlet.de/frankfurt | U 6, 7 Leipziger Straße (229 D3)

SCHMUCK & UHREN

PERLENMARKT

Seit über 30 Jahren ist das kleine Geschäft ein Paradies für alle Schmuckbastler: Unzählige Einzelteile wie Glasperlen, Schnüre und Verschlüsse sind hier nach Größen und Farben sortiert – und immer wieder kommt Neues hinzu. Wer selbst nicht kreativ werden möchte, greift einfach zu den fertigen Stücken. Und natürlich bekommen Sie auch fachmännische Hilfe, wenn mal etwas kaputt gegangen ist.

City

Mo–Fr 11–20, Sa 11–18 Uhr | Alte Gasse 14–16 | Tel. 069 29 33 91 | U 4–7, S 1–6, 8, 9, Tram 12, Bus 30, 36 Konstablerwache (230 C4)

RIA LESLAU

Wer das Ladenlokal betritt, muss blinzeln, so sehr funkelt es aus jeder Ecke. Ohrringe, Armbänder, Ketten, Anhänger, Ria Leslau hat für jeden Anlass Designermodeschmuck. Es gibt nur ein Problem: dass frau sich nie entscheiden kann zwischen den glitzernden Ohrringen und der langen Halskette.

City

Mo–Sa 11–19 Uhr | Hochstr. 53 | Tel. 069 28 71 87 | U 6, 7 Alte Oper, S 1–6, 8, 9 Taunusanlage (226 C2)

SINN-SPEZIALUHREN

Kennern ist die Marke Sinn schon seit über 50 Jahren ein Begriff, denn die Traditionsmanufaktur aus Frankfurt räumt regelmäßig internationale Auszeichnungen in puncto Design und Funktionalität ab. Die hochwertigen Chronografen, Damenuhren, Taucher- und Herrenuhren sind nicht ganz billig, halten aber dafür auch ein Leben lang. Ein moderner Klassiker ist die Frankfurter Finanzplatzuhr, die hier in vielen verschiedenen Ausführungen erhältlich ist.

City

Mo–Fr 10–19, Sa 10–16 Uhr | Römerberg 34 | Tel. 069 978 414 650 | www.sinn.de | U 4, 5 Dom/Römer, Tram 11, 12 Römer/Paulskirche (227 E4)

Sossenheim

Mo–Fr 8–18, jeden 1. Sa im Monat 9–16 Uhr | Wilhelm-Fay-Str. 21 | Tel. 069 9 78 41 42 00 | S 3, 4 Eschborn Süd (224 B3)

SCHUHE

ESCAPE FUTURA

Dieser Schuhladen ist seiner Zeit immer ein Stück voraus. Das minimalistische Shopdesign bietet den Modellen viel Raum, um zur Geltung zu kommen. Neben Sneakers sind ausgefal-

franzen &
boomchica leni
frankfurts
lustigste
morningshow
planet
radio

lene Damen- und Herrenschuhe im Sortiment.

City

Mo, Mi, Do 10.30–19.30, Di 11–19.30, Fr 10–19.30, Sa 10–18.30 Uhr | Sandgasse 4 | Tel. 069 13 37 71 07 | www.escapefutura.de | U 1–3, 6–8, S 1–6, 8, 9 Hauptwache **(227 D3)**

HEY HEY SHOP

Sneaker-Fans kommen im Hey Hey Shop voll auf ihre Kosten. Hier stehen ausgewählte Schuhe angesagter Labels, darunter auch zahlreiche limitierte Editionen und Sondermodelle, mit ein wenig Glück auch im Schlussverkauf (Tipp: Auf der Facebook-Seite schauen!). Wer den Look komplettieren möchte, sollte auch dem Fashionladen auf der Berger Straße 54 einen Besuch abstatten.

City

Mo–Fr 11–19.30, Sa 11–19 Uhr | Sandgasse 9 | Tel. 069 92 03 95 70 | www.facebook.com/heyheyshopffm | U 4–7, S 1–9, Tram 12, 18, Bus 30, 36 Konstablerwache **(227 E3)**

JIMMY CHOO

Sex and the City lässt grüßen! Mit dem Glamour New Yorks kann Frankfurt zwar nicht ganz mithalten, aber das Luxuslabel ist hier trotzdem gut aufgehoben. Die Preise haben es in sich – Ballerinas sind unter 300 Euro kaum zu haben. Doch dafür sind die sexy und eleganten, bisweilen auch glitzernd-verspielten Modelle eine wahre Zierde.

City

Mo–Fr 10–19, Sa 10–18 Uhr | Goethestr. 27 | Tel. 069 25 78 82 80 0 | www.jimmychoo.com | S 1–6, 8, 9, Bus 64, Taunusanlage **(226 C3)**)

SACHA

Dass uns die Niederländer in Sachen (bezahlbare) Trendmode ein paar Schritte voraus sind, weiß jeder, der schon einmal Shoppingtrips in die Metropolen unseres Nachbarlandes gemacht hat. Aber glücklicherweise sind sie auch bereit zu teilen. Im Erdgeschoss des MyZeil bringt die holländische Kette Sacha noch mehr Farbe in die Frankfurter Schuhwelt: Die auffälligen Pumps, Stiefeletten sowie Retroturnschuhe sind nicht nur schnöde Fußbekleidung, sondern auch echte Statements!

City

Mo–Mi 10–20, Do–Sa 10–21 Uhr | MyZeil, Zeil 106 | Tel. 069 21 08 61 61 | www.sacha.nl | U 1–3, 6–8, S 1–6, 8, 9 Hauptwache **(227 E2)**

UEBERVART

Ausgefallene Sneakers für Männer, ebenso Klamotten und eine große Anzahl an Accessoires für den Hipster von morgen finden sich bei Uebervart. Die Sneakers sind meist in geringer Stückzahl produzierte Modelle großer Labels. Um die zu erstehen, übernachten echte Fashionvictims auch mal vor dem Shop.

City

Mo–Fr 10.30–19, Sa 11–19 Uhr | Kleiner Hirschgraben 14 | Tel. 069 84 84 80 07 | www.uebervart-shop.de | U 1–3, 6–8, S 1–6, 8, 9 Hauptwache **(227 D3)**

VENEZ-Y-VOIR

Die überzeugten Sachsenhäuserinnen Vesna Urankar und Elke Werner bereichern die andere Seite des Mains um einen kleinen, aber für Trendsetter äußerst anziehenden Schuhladen. Sie möchten Schuhe anbieten, in denen man sich wohlfühlen kann und die gleichzeitig topmodisch und bezahlbar sind. Die Modelle stammen von internationalen Labels wie Liebeskind, Airstep, Fly London oder Koncept by Koah.

Sachsenhausen

Di–Fr 11–19, Sa 11–17 Uhr | Brückenstr. 52 | Tel. 069 66 16 58 16 | www.venez-y-voir.de | Tram 14, 16 Brücken-/Textorstraße, Bus 30, 36 Elisabethenstraße (227 F6)

SECONDHAND

ASCHENPUTTEL SECOND HAND

Erste Adresse für Designer-Secondhand-Mode in Frankfurt. Vor mehr als 20 Jahren gegründet, als Schnäppchenjagd noch eine Randsportart war, blieb sich Aschenputtel treu: Modische Damenbekleidung, aber auch dekorative Accessoires, die nicht älter als zwei Jahre sind, werden für die Dauer von vier Wochen in Kommission genommen. So wechselt das Sortiment ständig. Seit einigen Jahren gibt es eine Filiale, die neben exklusiver Damengarderobe und Designertaschen auch Mode für Männer führt.

City

Mo–Fr 10–18, Sa 10–17 Uhr | An der Kleinmarkthalle 11 | Tel. 069 28 52 09 | www.secondhand-aschenputtel.de | U 4, 5 Dom/Römer, Tram 11, 12 Römer/Paulskirche (227 E3)

City

Mo–Fr 10–18, Sa 10–17 Uhr | Neue Kräme 32 | U 4, 5 Dom/Römer, Tram 11, 12 Römer/Paulskirche (227 E3)

BONNE CHANCE

Die Secondhand-Boutique verkauft – ganz dem schicken Umfeld in der Schillerstraße gemäß – nur hochwertige Designerstücke. Mit etwas Glück sind die Kleider oder Kostüme von Gucci, Prada und Co. sogar nur eine Saison alt. Außerdem gehören auch Übergrößen sowie Baby-Couture zum Sortiment.

City

Mo–Fr 10–19, Sa 11–17 Uhr | Schillerstr. 28 | Tel. 069 29 53 84 | www.bonnechance-frankfurt.de | U 1–3, 6–8, S 1–6, 8, 9 Hauptwache (255 D2)

Edel und modern: die Schuhe von Escape Futura

Fast wie neu: Escatira verkauft trendige, aktuelle Secondhand-Mode

COCO

Die kleine Boutique bietet ausgewählte Secondhand-Mode und Accessoires von Chanel, Versace und anderen Designerlabels, aber auch Kleidung von Miss Sixty oder Custo für Jüngere. Wer Glück hat, kann hier sogar traumhafte Hochzeitskleider finden. Auf der Facebook-Seite können Sie sich INSIDER TIPP online über die aktuelle Ware informieren, denn die wechselt ständig!

City

Di, Do, Fr 11–18, Mi 11.30–18, Sa 11–16 Uhr | Schäfergasse 20 | Tel. 069 21 99 86 07 | www.coco-frankfurt.com | U 4–7, S 1–6, 8, 9, Tram 12, 18, Bus 30, 36 Konstablerwache (227 E2)

DOB+

Mode aus zweiter Hand für Damen und Herren in Topqualität: sowohl Designerware von Boss oder Versace als auch Legeres von Marken wie Esprit bekommen Sie hier. Schuhe, Taschen und Gürtel machen den Auftritt perfekt. Die Kleidung ist nicht älter als zwei Jahre, das Angebot wechselt alle vier bis sechs Wochen. Sie können auch Ihre eigenen Designerstücke – der Jahreszeit entsprechend – im Laden versetzen.

Sachsenhausen

Mo–Fr 10–19, Sa 10–17 Uhr, Sa keine Annahme von Kommissionsware | Brückenstr. 31 | Tel. 069 96 24 45 54 | www.dob-plus.de | Tram 14–16 Brücken-/Textorstraße (227 F6)

DREIZEHN SHOP

In ihrem Vintageshop 13 präsentiert Allegra Aslim ausgewählte Secondhand-Mode und Labels, die sie gern thematisch und farblich sortiert, in jedem Fall aber ausgesprochen stilsicher präsentiert. Und mit ihrer Begeisterung für

Vintagemode steckt sie auch überzeugte Neuwaren-Käufer schnell an.
City
Di–Fr 11.30–19, Sa 11.30–18 Uhr | Münzgasse 10 | Tel. 069 47 86 46 97 | www.13-vintage.com | U 1–5 und U 8, Tram 11, 12, 14, 16 Willy-Brandt-Platz (226 D4)

EPIPHANY
Hier finden Lieblingsstücke aus den 1970er- und 80er-Jahren, aber auch Kleidung aktuelleren Datums ihren Weg zu ihren neuen Besitzern. Inhaberin My Truong hat ein Auge für schöne und außergewöhnliche Vintage-Stücke. Egal ob H-&-M-Kleid oder Boots von Marc Jacobs: Hauptsache, der Look stimmt. Auf ihrer Homepage betreibt My Truong einen INSIDER TIPP Fashion-Blog, in dem sie die schönsten Neuzugänge aus ihrem Laden detailliert mit Fotos vorstellt.
City
Mo–Fr 11.30–19, Sa 11.30–18 Uhr | Zeil 10 | Tel. 069 97 76 96 60 | www.womansdressingroom.de | U 4–7, S 1–6, 8, 9, Tram 12, 18, Bus 30, 36 Konstablerwache (231 D4)

ESCATIRA
Ob Esprit oder Chanel: Bei Escatira geht es in erster Linie um Look und Aktualität der Kleidungsstücke. Außerdem muss die Garderobe gut erhalten sein. So können Sie sicher sein, dass Sie in der alteingesessenen Boutique immer ein tolles Schnäppchen machen und danach top gekleidet sind.
Nordend
Mo–Fr 10–19.30, Sa 10–18 Uhr | Berger Str. 47 | Tel. 069 44 02 91 | www.escatira.de | U 4 Merianplatz (231 D3)

NEUFUNDLAND
Wer ein Fan von Omas 1950er-Jahre-Sofa ist oder einfach nur günstig gut erhaltene Einrichtungsgegenstände (auch neueren Datums!) kaufen will, ist im Secondhand-Kaufhaus der gemeinnützigen Werkstatt Frankfurt genau richtig.
Mo–Fr 10–18, Sa 10–16 Uhr | www.neufundland-frankfurt.de
Griesheim
Lärchenstr. 135 | Tel. 069 9 39 99 60 | S 1, 2 Griesheim, Tram 11 Jägerallee, Bus 52 In der Schildwacht (224 B4)
Gallus
Mainzer Landstr. 405 | Tel. 069 26 49 89 74 | S 1, 2 Galluswarte, Tram 11 Galluswarte, Bus 52 Kleyerstraße (228 C6)

OXFAM
Inzwischen hat die internationale Organisation vier Geschäfte in Frankfurt: zwei Fashionshops mit Secondhandmode, einen Buchladen sowie einen Mixshop mit Gebrauchtwaren wie Textilien, Büchern, Porzellan, Spielen und CDs. Ehrenamtliche verkaufen hier, was andere gespendet haben. Der Gewinn kommt der entwicklungspolitischen Arbeit des Vereins zugute.
Sachsenhausen
Fashionshop: Mo–Fr 10–19 Uhr | Schweizer Str. 57 | Tel. 069 60 50 41 48 | www.oxfam.de | U 1–3, 8, Tram 14–16, 19, Bus 46 Schweizer Platz (230 B6)
Bockenheim
Fashionshop: Mo–Fr 10–19, Sa 10–15 Uhr | Leipziger Str. 54 | Tel. 069 24 77 96 07 | U 4, 6, 7, Tram 16, Bus 32, 36, 50 Bockenheimer Warte (229 D3)
City
Bücher: Mo–Fr 10–18.30, Sa 10.30–16 Uhr | Töngesgasse 35 | Tel. 069 21 99 71 36 | U 4–7, S 1–6, 8, 9, Tram 12, 18, Bus 30, 36 Konstablerwache (227 E3)
Bornheim
Mixshop: Mo–Fr 10–18.30, Sa 11–15 Uhr | Merianplatz 5 | Tel. 069 44 69 62 | U 4 Merianplatz (231 D3)

SPORT

FRANKFURTER LAUFSHOP

Läufer sind irgendwie immer anders. Das zeigt die kostenlose Videolaufbandanalyse, die im Frankfurter Laufshop von geschulten Mitarbeitern vorgenommen wird, bevor sie ins Schuhregal nach dem passenden Schuh greifen. Außer Schuhwerk gibt es Funktionsbekleidung – von Unterwäsche über Shirts bis zu Jacken – und alles für den Triathlon. Damit noch nicht genug: Auch Pulsuhren und schnittige Kinderwagen für Jogger sind zu haben. Beim INSIDER TIPP Montagslauftreff können Anfänger und Laufprofis in unterschiedlichen Geschwindigkeitsgruppen trainieren.

City

Mo–Fr 10–19, Sa 10–17 Uhr | Große Friedberger Str. 37–39 | Tel. 069 48 98 28 33 | www.frankfurter-laufshop.de | U 4–7, S 1–6, 8, 9, Tram 12, 18, Bus 30, 36 Konstablerwache (227 E2)

GOLF HOUSE

Golf wird langsam, aber sicher zum Breitensport. Wer selbst einsteigen möchte oder schon länger den Schläger schwingt, bekommt in Deutschlands größtem Golf-Shop der Golf-House-Kette das nötige Zubehör. Das Einsteigerset inklusive Schläger und Tasche kostet keine 300 Euro. Die hauseigene Simulationsanlage lädt zu Testschwüngen mit Putter und Co. ein.

City

Mo–Fr 10–19, Sa 10–18 Uhr | Schillerstr. 20 | Tel. 069 28 54 04 | www.golfhouse.de | U 1–3, 6–8, S 1–6, 8, 9 Hauptwache (227 D2)

SEGEL-CENTER FRANKFURT

Im Segel-Center Frankfurt gibt es die Komplettausrüstung für Segelfreunde und Motorbootfahrer – von der Anfängerjolle für Kinder für 3690 Euro bis zu stabilen Spezialseilen. Auch Landratten finden hier allerhand Nützliches für den Alltag, etwa schicke Kleidung und wirklich wasserdichte Regenjacken, leichte Schuhe, praktische Taschen oder stabile Sonnensegel für den Garten, die aus dem gleichen Stoff sind wie die Segel der Boote.

Gutleutviertel

Mo–Mi 10–19, Do, Fr 15–19, Sa 10–13 Uhr | Gutleutstr. 175 | Tel. 069 45 53 72 | www.segel-center-frankfurt.de | Bus 33 Zanderstraße (233 F1)

STILRAD

Mit den Fahrrädern von Stilrad kommen Sie nicht einfach nur technisch einwandfrei von A nach B – der Laden hat es sich zur Aufgabe gemacht, unsere grauen Straßen mit besonderen Zweirädern zu verschönern. Zu haben sind hier ausschließlich Designer-Bikes, oft im Retrostil ohne überflüssigen Schnickschnack, aber dafür in allen erdenklichen Farben, z. B. von Retrovelo. Schick sind auch die eleganten Sporträder von Schindelhauer oder E-Bikes von Vanmoof.

City

Di–Fr 11–19, Sa 11–16 Uhr | An der Welle 2 | Tel. 069 13 82 34 38 | www.stilrad.com | U 6, 7, Bus 64 Alte Oper (226 C1)

WINDSURFING RHEIN-MAIN

In Frankfurt befindet sich seit mittlerweile gut vier Jahrzehnten Hessens größter Shop für Wind- und Kitesurfer, Snowboarder, Wellenreiter und Wakeboarder. Neben neuem Zubehör wie Neoprenanzügen und -schuhen, Segeln und Kites, Büchern und DVDs ist ebenso Secondhand-Equipment erhältlich. Auch Kurse für Einsteiger können Sie buchen.

Praunheim

Mo–Fr 10–13, 14–18, Do 10–13, 14–20, Sa 10–15 Uhr | Heerstr. 76 | Tel. 069

76 10 10 | www.windsurf.de | U 6 Heerstraße, Bus 60 Hofgut (224 C3)

ZWEIRAD-STADLER

Auf gigantischen 10 000 m² präsentiert der Fahrradspezialist alles rund ums Zweirad. E-Bikes, Kinderräder, Heimtrainer, Fahrräder für die Stadt oder

ein, donnerstags und samstags können Sie sich hier auch mit frischer Ware vom Land eindecken. An den etwa 50 Marktständen werden überwiegend heimische Produkte angeboten. Allen voran natürlich die echten Frankfurter Spezialitäten wie Grüne Sauce, Apfelwein und Würstchen.

Stilrad: Retro oder sportlich – hier können Sie Ihr Wunschrad zusammenstellen

Rennräder, Zubehör und Fahrradbekleidung für Wind und Wetter: Jeder Ihrer Wünsche rund ums Bike wird erfüllt. Auf der 500 m² großen Indoor-Teststrecke lassen sich die Gefährte gleich probefahren.

Seckbach

Mo–Sa 10–20 Uhr | Borsigallee 23 | Tel. 069 67 72 84 40 | www.zweirad-stadler.de | U 4, 7 Kruppstraße (225 E3)

WOCHENMÄRKTE

BAUERNMARKT KONSTABLERWACHE

ÖKO Die beliebte Zeil lädt nicht nur zu Shoppingtouren in den Einkaufszentren

City

Do 10–20, Sa 8–17 Uhr | Konstablerwache | U 4–7, S 1–6, 8, 9, Tram 12, 18, Bus 30, 36 Konstablerwache (227 F2)

BORNHEIMER MARKT

ÖKO Seit über 25 Jahren findet mittwochs und samstags auf dem Platz am Bornheimer Uhrtürmchen der Markt statt. Aufgrund seiner Lage im Herzen des Stadtteils und seiner Vielfalt wegen ist er einer der meistbesuchten in Frankfurt.

Bornheim

Mi 8–18.30, Sa 8–16 Uhr | U 4, Bus 34, 38, 43 Bornheim Mitte (231 E2)

FRIEDBERGER MARKT

ÖKO Der Wochenmarkt am Friedberger Platz ist Kult, weniger wegen seiner Größe, sondern vielmehr weil spätestens um 17 Uhr die After-Markt-Party startet. Besonders im Sommer ist kaum noch ein Durchkommen, wenn sich Frankfurter zum Essen, Weintrinken und Plaudern treffen. Hier sieht man sich und wird gesehen. Damit es mit den Nachbarn keinen Ärger gibt, gilt die Regel: »Wir geh'n um zehn.«

Nordend

Fr 10–20, Party bis 22 Uhr | Friedberger Platz | Tram 12, 18, Bus 30 Friedberger Platz (230 C3)

KAISERMARKT

ÖKO Auf dem großen Markt nahe dem Hauptbahnhof werden regionale Spezialitäten vom Bauern und internationale Lebensmittel wie Pferdewurst, Lammfleisch, Fisch und Wein verkauft. So bunt gemischt wie die Auswahl an Produkten ist auch das Publikum.

City

Di, Do 9–19 Uhr | Kaiserstr. | S 1–9, U 4, 5, Tram 11, 12, 14–17, 19–21, Bus 33, 37, 46, 64, 600 Hauptbahnhof (226 B4–5)

WOCHENMARKT HEDDERNHEIM

ÖKO Bereits seit einigen Jahren hat Heddernheim einen eigenen Wochenmarkt. Damit der stattfinden kann, wurde der Karl-Perott-Platz von einer Wiese zu einem »Dorfplatz« umgestaltet. Die elf Marktstände versorgen den Stadtteil mit frischem Obst und Gemüse – einiges davon auch in Bioqualität – sowie Käse, Antipasti, Fleisch, Wurst, Kuchen und Brot.

Heddernheim

Fr 9–18 Uhr | Karl-Perott-Platz | U 1–3, 8, Bus 60 Heddernheim (224 C3)

WOCHENMARKT PREUNGESHEIM

ÖKO Auch das Neubaugebiet am Frankfurter Bogen hat einen eigenen Markt mit immerhin 19 Ständen. Vieles aus dem Angebot stammt von Biobauernhöfen oder von regionalen Direktvermarktern, zu erstehen sind neben Obst, Gemüse, Eiern und Honig auch Grüne Sauce aus Oberrad und würziges, selbst gebrautes Frankfurter Bier.

Preungesheim

Fr 11–19 Uhr | Gravensteiner Platz | www.markthandel.org | Tram 18, Bus 63 Gravensteiner Platz (225 D3)

Auf dem Kaisermarkt werden heimische Produkte frisch vom Erzeuger angeboten

Spaß für Kinder

Nur zugucken ist öde! Kleine Entdecker wollen mitmischen: In der Minischirn gibt's Kunst zum Ausprobieren und im Galli Theater geht's wie beim Zirkus Zarakali selbst auf die Bühne.

ACTION

COLORADO-PARK

Wie im wilden Westen: Kleine Cowboys und Indianer fühlen sich pudelwohl, denn hier darf nach Herzenslust getobt werden, und ein Dampfer schippert über einen Mississippi aus Gras. Auf dem Abenteuerspielplatz findet sich auch eine Wasserlandschaft mit Kanus sowie ein Pfeil-und-Bogen-Schießstand. Gruppen über sieben Personen sollten den Besuch möglichst weit im Voraus anmelden.

Ginnheim

Mai–Okt. Mo–Fr 11–18, Sa 14–18, Nov.–April Mo–Fr 11–17 Uhr | Tel. 069 56 16 42 | Raimundstr. | www.abenteuer spielplatz.de | U 1–3 Dornbusch, Bus 64 Paquetstraße (225 D3)

HALLI-GALLI-KINDERWELT

In der 1500 m² großen Spielewelt im Shoppingcenter MyZeil können Kids auf zwei Etagen allerhand erleben. In Bällebädern geht es auf Tauchstation, und in der riesigen Kletterburg wartet auf jeder Ebene eine Überraschung. Dazu gibt es eine Kletterwand, Rutschen, Tischfußball und Profitrampoline. Die Jüngsten haben ihren eigenen Bereich.

City

Tgl. 11–20 Uhr | MyZeil, Zeil 106 | Kinder ab 4 Euro, Erw. 5 Euro | Tel. 069 13 38 47 73 | www.halligalli-myzeil.de | U 1–3, 6–8, S 1–6, 8, 9 Hauptwache (227 E2)

JUMICAR

Auf dem Kinderverkehrsübungsplatz können Nachwuchsautofahrer ab sechs Jahren ihre Fahrkünste unter Beweis stellen. In motorbetriebenen Minisportwagen, Oldtimern oder Jeeps kurven sie – selbstverständlich angeschnallt und mit Helm – durch die Straßen und lernen spielerisch die Verkehrsregeln.

Der Wilde Westen liegt in Ginnheim: Im Colorado-Park werden aus Kids Cowboys und Indianer

Ab acht Jahren gibt's nach einem Theorie- und Praxistest sogar den Kinderführerschein. Auch Kindergeburtstage können Sie hier mit Ihren Kleinen feiern.

Berkersheim

Mit Anmeldung, tgl. 10–18 Uhr | Fahrten ab 10 Euro | August-Schanz-Str. 24–26 | Tel. 069 56 99 51 40 | www.jumicar-frankfurt.de | U 5, Bus 39 Preungesheim, Bus 27, 63 August-Schanz-Str. (225 D2)

KINDERZIRKUS ZARAKALI

Jonglieren, Trampolinspringen, Einradfahren oder Stelzenlaufen – all das können Kinder ab sechs Jahren beim offenen Training selbst ausprobieren. Für rund zehn unterschiedliche Disziplinen gibt es montags bis donnerstags feste Gruppen. Dabei ist auch das Miteinander in der Gruppe beim Erarbeiten eines gemeinsamen Ziels wichtig. Höhepunkt ist ein Auftritt in einer der jährlichen Shows im Sternenzelt.

Ginnheim

Platenstr. 79 | Tel. 069 56 80 79 11 | www.zarakali.de | U 1–3 Dornbusch, Bus 34, 64 Platenstraße (225 D3)

KLETTERWALD TAUNUS ★

Schwindelfrei muss man sein, wenn man sich im Kletterwald Taunus in Friedrichsdorf in wilde Höhen wagt. Dennoch ist der Besuch ein Spaß für die ganze Familie und noch dazu eine sportliche Herausforderung für jedermann. Je nach sportlichem Ehrgeiz und Höhentauglichkeit kann man zwischen elf Parcours wählen, darunter u. a. der höchste Parcours Deutschlands. Die Tour Sella Ronda führt über INSIDER TIPP acht Rutschen (zwei davon sind die längsten Hessens) einmal quer durch den Wald.

Friedrichsdorf-Seulberg

Anf. März–Ende Okt., Öffnungszeiten s. Website | Landwehrstr. 7 | Tel. 06198 5 19 01 90 | www.kletterwald-taunus.de | S 5 Seulberg (237 E2)

SPIELMOBIL

Zwischen Beginn der Osterferien und Ende Oktober sind die Spielmobile des Abenteuerspielplatzes Riederwald im ganzen Stadtgebiet unterwegs. Auf Schulhöfen und öffentlichen Plätzen packen die Mitarbeiter verschiedenste Spielgeräten aus und stellen die Kids auch gern vor kreative Aufgaben wie Schnitzen oder das Aufbauen einer Hütte. Das Spielmobil kann man auch für eigene Veranstaltungen mieten.
Informationen und Termine: www.abenteuerspielplatz.de/spielmobil

WALDSPIELPARK AM GOETHETURM

Familien, die einen Ausflug zum Goetheturm machen, um den sagenhaften Ausblick zu genießen, sollten gerade an schönen Tagen noch einige Stunden mehr am Sachsenhäuser Berg einplanen. Der Waldspielpark in direkter Nachbarschaft ist mit seinem kleinkindgerechten Planschbecken, etlichen Spielgeräten und dem Irrgarten mit den GrünGürtel-Tieren (vom Dichter und Zeichner Robert Gernhardt erfundene Phantasiewesen) einer der vielseitigsten der Stadt und dazu einfach ideal gelegen.

Sachsenhausen
Sachsenhäuser Landwehrweg | Bus 48 Goetheturm, Bus 81 Hansenweg
(235 F4)

AUSFLÜGE

WILDPARK ALTE FASANERIE

Tiere fast wie in freier Wildbahn erleben kann man in diesem Wildpark in Hanau/Klein-Auheim das ganze Jahr über. Auf 107 ha leben hier 40 Tierarten, die eigentlich in Nord- und Mittelamerika zu Hause sind. Wald-Safari: Bei schönem Wetter gibt es an den Wochenendnachmittagen günstige INSIDER TIPP Kutschfahrten durch den Park.

Hanau/Klein-Auheim
Nov.–Feb. Mo–Fr 9–16, Sa/So 9–17, März–Okt. tgl. 9–18 Uhr | Kinder 3–14 Jahre 3,50 Euro, Erw. 7 Euro | Fasaneriestr. 106 | Tel. 06181 61 83 80 10 | www.erlebnis-wildpark.de | Mit dem Auto: A3 bis Abfahrt Hanau, B45 Richtung Hanau, dann Hinweisschildern folgen **(O)**

ALTER FLUGPLATZ BONAMES ★

Wo früher Hubschrauber landeten, können Kids heute skaten und radeln. Das Gelände bietet viel Platz für das Miteinander von Mensch und Natur. Die Grüngürtel-Lernstation regt mit Führungen und Workshops zum Entdecken an, und am Wochenende öffnet das Feuerwehrmuseum seine Tore. In den Sommerferien gibt es die kostenlose Grüngürtel-Sommerwerkstatt, bei der Familien unter Anleitung gemeinsam bauen und

MARCO POLO HIGHLIGHTS

★ Kletterwald Taunus
Familiengeeignete Abenteuer in luftiger Höhe und zwei Riesenseilrutschen warten von März bis Oktober auf mutige Besucher → S. 147

★ Alter Flugplatz Bonames
Die ehemalige Startbahn im Frankfurter Grüngürtel ist eine perfekte Übungsstrecke für kleine und größere Skater → S. 148.

★ Freilichtmuseum Hessenpark
Ob bei der Gebrüder-Grimm-Märchenführung oder in den historischen Gebäuden: Hier wird Geschichte lebendig → S. 149

★ Experiminta
Unverletzt auf 60 Nägeln auf einem Fakirbett liegen, das menschliche Auge begehen oder im Flugsimulator einen Weltraumflug erleben → S. 151

★ Kindermuseum Frankfurt
Im frisch renovierten Kindermuseum im Gebäude des Historischen Museums am Römerberg gibt es viele Gelegenheiten zum Lernen und Forschen → S. 151

★ Zoo Frankfurt
Löwen, Schlangen, wilde Tiere – und eine grüne Oase in der Stadt. Nachts gehen Kids auf spannende Rätselexpeditionen → S. 153

experimentieren. Im familienfreundlichen ☀ Tower-Café können Sie auf der großen Außenterrasse relaxen und eines der vielen ÖKO Biogerichte genießen, während Ihre Sprösslinge das Gelände unsicher machen.

Bonames

Feuerwehrmuseum: So 9.30–12.30 Uhr | Kinder 2 Euro, Erw. 4 Euro | Tel. 069 50 30 01 | www.feuerwehrmuseum-frankfurt.de; Tower-Café: €–€€ Mo–Sa 11.30–18, So 10–18 Uhr, bei gutem Wetter bis Sonnenuntergang | Tel. 069 95 04 85 32 | www.tower-cafe.de; Informationen zur Sommerwerkstatt unter www.frankfurt.de; Am Burghof 55 | www.naturschule-hessen.de | U 2, 9 Kalbach, Bus 27 Nordpark (225 D2)

GRUBE MESSEL

Wo sonst kann man in die Erdgeschichte vor 47 Mio. Jahren eintauchen? Die hier geborgenen Fossilien aus dem Eozän haben dem stillgelegten Ölschiefertagebau den Status eines Unesco-Weltnaturerbes eingetragen. Die Kids erfahren Spannendes zur Entstehung der Gesteine und wie Geologen die Funde nutzen, um den Geheimnissen längst verschwundener Landschaften auf die Spur zu kommen.

Messel

Tgl. 10–17 Uhr | Roßdörfer Str. 108 | Besucherzentrum: Kinder ab 7 Jahre 8 Euro (inkl. 1-std. Grubenführung 11 Euro), Erw. 10 Euro (14 Euro), Familien pro Person 7 Euro (11 Euro) | Tel. 06159 717590 | www.grube-messel.de | mit dem Auto: A 661, ab Ausfahrt Langen B 486 Richtung Dieburg/Dreieich-Offenthal, dann L 3317 nach Messel (237 F5)

FREILICHTMUSEUM HESSENPARK ★

Wenn Kinder sich auf Spurensuche im Hessenpark begeben, dreht sich je nach Schwerpunkt alles um die Gebrüder Grimm, Bienen oder Bauernhoftiere.

Die Erdgeschichte als offenes Buch: Grube Messel

Es gibt einen Walderlebnispfad, viele Informationen zum Leben unserer Vorfahren und für Kinder ab zwölf Jahren eine INSIDER TIPP GPS-Rallye, bei der Steindenkmälern auf den Grund gegangen wird. Hier werden auch Kindergeburtstage zu verschiedenen Themen angeboten.

Neu-Anspach

März–Okt. tgl. 9–18, Nov.–Feb. Sa, So und Feiertage 10–17 Uhr | Kinder ab 6 Jahre ab 2,50 Euro, Erw. ab 8 Euro, Familien ab 14 Euro, ab 16 Uhr (im Winter ab 15 Uhr) günstiger Feierabendtarif | Laubweg 5 | Tel. 06081 58 80 | www.hessenpark.de | Taunusbahn R 15 Wehrheim oder Neu-Anspach, Bus 63, 64 Anspach Hessenpark

KINDER-AKADEMIE FULDA

Deutschlands ältestes Kindermuseum kann mit dem in Europa einzigartigen INSIDER TIPP begehbaren Herz aufwar-

Das Mitmach-Museum Experiminta lädt Jung und Alt zum Ausprobieren ein

ten. Im Rahmen einer Führung lernen Besucher das Organ anschaulich von innen kennen – indem sie selbst durch die verschiedenen Herzkammern wandern. In der Akademie finden darüber hinaus Workshops für kleine Künstler, Erfinder und Entdecker statt.

Fulda

Mo–Fr 10–17.30, So 13–17.30 Uhr | Besucher ab 3 Jahre ab 3 Euro, Familien ab 9 Euro | Mehlerstr. 4 | Tel. 0661 90 27 30 | www.kaf.de | ICE, IC, RE Fulda

LERNBAUERNHOF RHEIN-MAIN

Auf dem Hof von Familie Maurer erfahren Kinder, wo ihr Frühstücksei herkommt, wie man eine Kuh melkt und was man als Landwirt heute sonst noch alles zu tun hat. Dabei wird richtig angepackt: etwa bei der Kartoffelernte, beim Apfelsaftkeltern oder beim Füttern der Hühner, Kaninchen, Schweine und Schafe. Außerdem erläutert ein Lern- und Erlebnispfad die Arbeit auf einem Bauernhof, ein Seminarraum steht für Projektarbeiten zur Verfügung.

Bad Homburg

Einzelbesucher 9–12, 14–18 Uhr, Gruppen nach Anmeldung | 3 Euro, ab 40 Euro pro Gruppe | Bienäcker 4 | Tel. 06172 4 22 08 | www.lernbauernhof-rhein-main.de | U 2 Ober-Eschbach **(224 C1)**

NIDDASTRAND

Sand und Wiesen satt: Der Niddastrand ist das perfekte Ziel für den Sonntagsausflug. Auf die Kleinen warten ein Planschbecken mit etwas Spielzeug und der vielleicht größte aller Sandkästen Frankfurts, auf die Großen Liegestühle und ein Beachvolleyballfeld. Nebenan können Kids auf dem Reiterhof Diehl Tiere anschauen. An der Bar gibt es Erfrischungen, außerdem einen Grillpavillon und Eis.

Nied

April–Okt. ab 10 Uhr | Oeserstr. 80 | Tel. 0151 23 56 02 02 | www.niddastrand.de | S 1, 2 Nied Bahnhof, Bus 59 Nidda-Kampfbahn **(237 E3)**

TAUNUS WUNDERLAND

An Kinderattraktionen hat das Taunus Wunderland alles, was das Herz begehrt. Ein Riesenballpool, Miniscooter, etliche Karussells, ein Streichelzoo und die Dinosaurierwelt gehören zu den Highlights. Auch Nervenkitzel (für Kinder ab 1 m) ist auf der Wildwasserbahn, dem 17 m hohen Freifall-Turm oder der Achterbahn Taunusblitz garantiert.

Schlangenbad

25. März–Okt. 9.30–18 Uhr | Besucher unter 100 cm Größe frei, 100–130 cm 17,50 Euro, sonst 19,50 Euro | Haus zur Schanze 1 | Tel. 06124 40 81 | www.taunuswunderland.de | S 1, 8, 9 Wiesbaden Hbf, Bus 274 Hahn Busbhf, Bus 241 Seitzenhahn Taunus Wunderland (236 B4)

BEI REGEN

EXPERIMINTA ★

So spannend kann Naturwissenschaft sein! Das Science Center führt mit Experimenten und Lernstationen verständlich und spielerisch an Technik, Biologie, Mathematik und Informatik heran. Da fahren Solarautos um die Wette, und gigantische Seifenblasen hüllen die Besucher ein. 120 Experimentierstationen aus zehn Themenbereichen laden Klein und Groß zum Forschen und Be-»Greifen« ein.

Bockenheim

Mo 9–14, Di–Fr 9–18, Sa/So 10–18 Uhr | Hamburger Allee 22–24 | Kinder ab 4 Jahre 6 Euro, Erw. 9 Euro, Familien 21 Euro | Tel. 069 71 37 96 90 | www.experiminta.de | Tram 16, 17 Varrentrappstraße (229 D4)

KINDERMUSEUM FRANKFURT ★

Das Kindermuseum ist nach dem Umbau wieder in sein ursprüngliches Zuhause im Historischen Museum gezogen. Interaktive Ausstellungen beschäftigen sich z. B. mit »Sammelfieber« und allem, was dazu gehört. Zum Mitmachen laden Werkstätten ein, bei denen Kinder durch eigenes Experimentieren und Forschen die Welt verstehen lernen. Für Kids ab zwei gibt es ein Minimuseum.

City

Di–So 10–18 Uhr | Fahrtor 2 | Kinder ab 6 Jahre 2 Euro, Erw. 4 Euro | Tel. 069 21 23 51 54 | www.kindermuseum.frankfurt.de | U 4, 5 Dom/Römer (227 E4)

REBSTOCKBAD

Was gibt es Schöneres an einem kühlen Regentag, als mit der ganzen Familie im angenehm temperierten Wasser eines Schwimmbeckens herumzutoben? Das Rebstockbad bietet dabei alles, was Familien brauchen: zwei Planschbecken für die Kleinsten im Innen- und Außenbereich, ein Nichtschwimmerbecken, ein Wellenbecken, ein Sprungbecken mit Sprungtürmen bis zu 5 m, zwei Rutschen mit über 120 m Länge und einen Kinderspielplatz.

Bockenheim

Winter Mo 14–22 (in den Ferien ab 10), Di–Fr 6.30–22, Sa 9–22, So 9–20, Sommer Mo 14–22 (in den Ferien ab 10), Di–Sa 9–22, So 9–20 (in den Ferien bis 22) Uhr | Preis für 3 Stunden: Kinder ab 100 cm 4,40 Euro (Sa, So 4,90 Euro), Kinder unter 100 cm 2 Euro, Erw. 6,50 Euro (7 Euro), Familien 16 Euro (17 Euro) | Rebstockbad 7 | Tel. 069 27 10 89 11 00 | www.bff-frankfurt.de/rebstockbad | Tram 17, Bus 34, 50 Rebstockbad (228 B4)

STRUWWELPETER-MUSEUM

Hier dreht sich alles um das weltbekannte Buch und seinen Verfasser Dr. Heinrich Hoffmann. Es gibt viele Mitmachangebote: Im Struwwelatelier basteln die Kids, im Theaterzimmer dürfen sie sich verkleiden und die Struwwelpeter-Geschichten nachspielen.

Westend

Di–So 10–17, Ferien zusätzl. Mo 10–17 Uhr | Schubertstr. 20 | Kinder

7–13 Jahre 1 Euro, Erw. 4 Euro | Tel. 069 74 79 69 | www.struwwelpeter-museum.de | U 6, 7 Westend, Bus 32, 36 Senckenbergmuseum **(229 E3)**

BESONDERE ERLEBNISSE

INSIDER TIPP KOBELT-ZOO

Im Sommer öffnet der kleine Zoo am Rand des Schwanheimer Walds seine Pforten – der Eintritt ist frei! Dafür hofft der Trägerverein auf Spenden, um den Betrieb mit 200 Tieren aufrechterhalten zu können. Neben heimischen alten Bekannten wie Esel, Ziege, Hase und Waschbär tummeln sich hier Affen, Kängurus, Nasenbären, Leguane und Schlangen.

Schwanheim

Mai–Sept. Sa 14–19, So 10–19 Uhr | Schwanheimer Bahnstr. | Tel. 069 35 35 30 47 | www.kobelt-zoo.de | Tram 12, Bus 51, 62, 68, 78 Rheinlandstraße **(224 B5)**

KOCHKURSE FÜR KINDER

Isst Ihr Kind Fisch bisher nur in Stäbchenform und Tomaten am liebsten als Ketchup? Dann ist das Zubereiten einer eigenen Mahlzeit ein Abenteuer! In der Gruppe macht es noch mehr Spaß.

Höchst

Kochen ist Kultur: Adelonstr. 27 | Tel. 06173 32 23 53 | www.kochenistkultur.de | S 1, 2 Höchst **(232 A5)**

Nied

Little Cook: Stichgärtenstr. 2 | Tel. 069 78 99 59 16 | www.little-cook.de | S 1, 2 Nied Bahnhof, Bus 51, 54, 59 Nied Brücke **(224 B4)**

PALMEN-EXPRESS

Eine angenehme und gleichzeitig unterhaltsame Art, Flora und Fauna im Palmengarten zu erkunden: Die kleine Eisenbahn kutschiert Fahrgäste jeden Alters über das Gelände. Zu seinem 40. Jubiläum vor vier Jahren wurde der Palmenexpress neu gebaut, am Papageno-Musiktheater entstand ein neuer Kopfbahnhof. Als Vorbild für den Zug diente die alte Straßenbahn der Frankfurt-Offenbach-Trambahn-Gesellschaft, die Ende des 19. Jhs. im Einsatz war.

Westend

Anf. April–Anf. Okt. tgl. 10–18 Uhr, bei Regen Betrieb eingeschränkt | Kinder 1 Euro, Erw. 1,50 Euro, Familientarif 1 Euro/Person | Siesmayerstr. 61 | Tel. 069 21 23 39 39 | www.palmen-express.de | U 6, 7 Westend, Bus 36, 75 Palmengarten **(229 E3)**

STADTWALDHAUS

Das Stadtwaldhaus ist an sich schon eine Attraktion: Es wurde um eine mächtige Eiche gebaut, in deren Krone sich eine Aussichtsplattform befindet. In der Waldausstellung kommt man der Natur nah, etwa beim Mikroskopieren oder am Bullaugenfenster, das den Blick unter die Teichoberfläche ermöglicht. Draußen warten Erlebnispfad und Wildgehege.

Sachsenhausen

März–Okt. Mo–Do 9–16, Sa 12–18, So 10–18, Nov.–Feb. Mo–Do 9–16, Sa 12–16, So 10–16 Uhr | Eintritt frei | Kuhpfadschneise | Tel. 069 68 32 39 | www.stadtwaldhaus-frankfurt.de | Tram 14 Oberschweinstiege **(225 D5)**

TIERISCHES FRANKFURT

Kleine Entdecker begeben sich bei einer Führung (max. 25 Personen pro Gruppe) durch die Mainmetropole vom Römerberg aus auf Spurensuche im Großstadtdschungel. Dabei treffen sie auf Adler, Ochs, Hirsch und Bär, überall finden sich Bezüge zur Tierwelt in Form von Straßennamen, Figuren oder Sagen. Die Kinder erfahren z. B., dass ei-

ner Legende zufolge die Stadt ihre Gründung einem Tier verdankt: Im 8. Jh. wies eine Hirschkuh König Karl den Weg über den Main, und er taufte daraufhin den Ort Frankenfurt.
Touristinfo Römer: 120 Euro pro Gästeführer | Tel. 069 21 23 89 53 | www.frankfurt-tourismus.de (227 E4)

YOGA FÜR KINDER

Der Trendsport ist mittlerweile auch bei den Jüngsten angekommen. In einer Yogastunde für Kinder geht es vor allem um Spaß, Entspannung und ein gesundes Körpergefühl. Bei Bewegungsspielen wird getobt, bei den Übungen werden alle zum Hund, Fisch oder Baum. Zum Schluss reisen die Kids in einer Phantasiegeschichte um die Welt.

Bornheim
Sonnenkindyoga: ab 35 Euro pro Monat | Heidestr. 51 | Tel. 069 95 63 32 00 | www.sonnenkindyoga.de | U 4 Höhenstraße (231 D2)

Bergen-Enkheim
Kinderyoga: Fritz-Schubert Ring 36a | Tel. 06109 317 89 | www.kinderyoga-frankfurt.de | Bus 42 Heinrich-Bingemer-Weg, Bus 43 Haingasse (225 E3)

ZOO FRANKFURT ★

Diese grüne Oase mitten in der Stadt ist auch nach mehr als 150 Jahren noch einen Ausflug wert. Spannend ist der Borgori-Wald mit Menschenaffen: Man fühlt sich fast wie in einem echten Urwald, es gibt sogar einen kleinen Wasserfall. Kinder lieben auch den Streichelzoo und die Ponys zum Reiten. Von März bis Oktober finden an jedem dritten Freitag im Monat nächtliche Rätselexpeditionen mit Lagerfeuer statt für Kinder von sieben bis zehn Jahren (19.30–22 Uhr, 10 Euro, Anmeldung erforderlich: Tel. 069 13 82 51 28, www.naturschutz-botschafter.de/lagerfeuer). Auch Kindergeburtstage kann man im Zoo feiern.

Ostend
Sommerzeit tgl. 9–19, Winterzeit tgl. 9–17 Uhr | Bernhard-Grzimek-Allee 1 | Kinder 6–17 Jahre ab 4 Euro, Erw. ab 8 Euro | Tel. 069 21 23 37 35 | www.zoo-frankfurt.de | U 6, 7, Tram 14, Bus 31 Zoo (231 D–E4)

Faszinierende Begegnung mit nahen Verwandten: Orang-Utan im Frankfurter Zoo

Egal, was sich die Erwachsenen an Programm ausdenken: Für eine Eispause ist immer Zeit!

ESSEN & TRINKEN

SCHUCH'S RESTAURANT

Von wegen Tradition ist nichts für den Nachwuchs: Im Praunheimer Apfelweinlokal Schuch's gibt es für die Kleinen leckeren Bioapfelsaft und Kindersekt, während die Eltern aus 30 Arten des hessischen Nationalgetränks – dem Ebbelwei – auswählen können. Das Lokal, das sich besonders gut für einen Radausflug für die ganze Familie eignet, bietet am Ziel angekommen etliche Spiel- und Schmökermöglichkeiten für Kinder.

Praunheim

Mo, Mi, Fr 17–23, Di, Do, Sa, So 12–23 Uhr | Alt-Praunheim 11 | Tel. 069 76 10 05 | www.schuchs-restaurant.de | Bus 60, 72, 73 Alt-Praunheim/Krankenhaus Nordwest (224 C3)

INSIDER TIPP ZEBULON

Im Kindercafé wird es nicht langweilig, denn Spielsachen sind – im eigenen Spielzimmer – in Hülle und Fülle vorhanden. Auch die Gerichte sind auf die Wünsche der Kleinen zugeschnitten. Bei gutem Wetter geht es auf den Hof zum Spielen. Einmal im Monat gibt es Kindertheater.

Bockenheim

Mo–Sa 15–18, So 9–18 Uhr | Grempstr. 23 | Tel. 069 77 35 54 | www.kindererlebnis.de/zebulon | U 6, 7, Bus 34 Kirchplatz (229 D2)

KULTUR FÜR KINDER

GALLI-THEATER

Beim Ferienkurs im Kindertheater lernen Nachwuchsmimen die Grundlagen des Bühnenschauspiels kennen. Sie üben lautes, deutliches Sprechen, Tanz und Bühnenpräsenz – mit viel Spaß und in lockerer Atmosphäre. Das Theaterstück für die Abschlussaufführung vor Eltern, Verwandten und Freunden entsteht aus der Vorlage eines Märchens oder einer Geschichte und wird inszeniert aus spontanen Impulsen der Kinder.

Bockenheim

Ab 120 Euro pro Kind | Hamburger Allee 45 | Tel. 069 97 09 71 52 | www.galli-

frankfurt.de | Tram 16, 17 Varrentrapp-straße (229 D4)

KINDER- UND JUGENDTHEATER FRANKFURT

Ob aktuelle Stücke oder Klassiker wie »Peter Pan« oder »Die kleine Raupe Nimmersatt «, das Programm lässt keine Wünsche offen. Witzig und lehrreich ist der Theaterworkshop für Kinder ab sechs Jahren.

Nordweststadt

Walter-Möller-Platz 2 | Tel. 06101 55 74 24 | www.kiju-theater.de | U 1, 9, Bus 29, 60, 71–73 Nordwestzentrum (224 C3)

MINISCHIRN

Wie ein INSIDER TIPP riesiges Baumhaus ist die Minischirn aufgebaut, ein einzigartiger Spiel- und Lernparcours, in dem Kinder von drei bis acht Jahren nach Herzenslust mit Farben, Licht und Schatten experimentieren können.

City

Di–Do 10–18 Uhr | Eintritt frei für Kinder von Besuchern mit gültigem Ausstellungsticket | Römerberg | Tel. 069 2 99 88 20 | www.schirn.de | U 4, 5 Dom/Römer, Tram 11, 12 Römer/Paulskirche (227 E4)

PAPAGENO MUSIKTHEATER

Für das Opernpublikum von morgen will das Musiktheater sorgen. Mit Inszenierungen wie »Die kleine Zauberflöte«, »Tom Sawyer und Huckleberry Finn« oder »Pippi in Taka-Tuka-Land« lockt das spezielle Kinderprogramm am Nachmittag den Nachwuchs in den Palmengarten.

Westend

Fr–So 16 Uhr | Palmengarten | Zeppelinallee | ab 10 Euro | Tel. 069 5 15 0 38 | www.papageno-theater.de | U 6, 7 Westend, Bus 36, 75 Palmengarten (229 E3)

ZENTRALE KINDER- UND JUGENDBIBLIOTHEK

Hier warten allein rund 38 000 Medien auf kleine Leseratten, Spiele- und Filmfans, dazu kommen noch die Angebote der Stadtteilbibliotheken. In der Bornheimer Zentrale können Kinder mehrmals in der Woche bei Lesungen spannenden Geschichten lauschen. Passend zum Buch malen oder zaubern sie dann gemeinsam oder veranstalten ein Essen nach Piratenart. In der Lernwerkstatt für das erste bis zehnte Schuljahr stehen Lexika und Lernhilfen, Software, Easy-Reader und Arbeitsplätze für die Hausaufgaben zur Verfügung.

Bornheim

Di–Fr 13–19, Sa 11–14 Uhr | Arnsburger Str. 24 | Tel. 069 21 23 16 31 | www.frankfurt.de | U 4 Höhenstraße (231 D3)

SPIEL & ZEUG

AMANEL

ÖKO Familie Schiefer verkauft schöne und praktische Baby- und Kinderkleidung in ökologischer Qualität und das zu fairen Preisen. Im ausgewählten Sortiment sind auch Kinderwagen und Autositze, Schuhe, Stoffwindeln und Kleidung für Frühchen.

Eckenheim

Mo–Mi, Fr 10–18, Do 10–20, Sa 10–16 Uhr | Siegmund-Freud-Str. 56–58 | Tel. 069 36 60 40 08 | www.amanel.de | U 5 Sigmund-Freud-Straße (225 D3)

DIE KLEINE FABRIK

»Alles außer gewöhnlich« ist das Motto des kleinen Geschäfts für Kinderzubehör, das Monika und Daniel Antonakopoulos ins Leben riefen, nachdem sie als frischgebackene Eltern feststellen mussten, wie schwierig es ist, an gute Produkte für Kinder zu kommen. Hier gibt es nicht nur Kleidung, Schuhe und

Tragesysteme, sondern auch ausgewählte Musik und Bücher für Kinder.

Nordend

Mo–Fr 10–13.30 u. 15–18.30, Sa 10–18 Uhr | Bornheimer Landstr. 60 | Tel. 069 49 41 00 | www.diekleinefabrik.com | Tram 12, 18 Friedberger Platz **(230–231 C–D3)**

KONFETTIWOLKE

NEU Kreativ und hochwertig sind die Produkte, die sich Katharina Kottisch aus der ganzen Welt für ihren kleinen Laden zusammensucht. Neben Kleidungsstücken aus dem eigenen Label der gelernten Grafikerin, gibt es Mode, Spielzeug, Bücher und hilfreiches Zubehör fürs Kinderzimmer.

Nordend

Di–Do 10–15, Fr 10–18, Sa 11–15 Uhr | Weberstr. 82 | Tel. 069 90 75 33 88 | www.konfettiwolke.de | U 5 Glauburgstraße **(230 C2)**

MAMA & CO.

Ein Laden, wo Mama und Kind gemeinsam fündig werden können? Gibt es! Neben Schwangerschaftsmode für die Mamas gibt es bei Mama & Co. auch schicke Klamotten für Kinder, etwa aus den Ateliers von Stella McCartney und Eddie Pen.

Nordend

Mo–Fr 10–18, Sa 11–17 Uhr | Oeder Weg 28 | Tel. 069 91 50 63 65 | www.mama-und-co.com | U 1–3, 8, Bus 36 Eschenheimer Tor **(227 D1)**

MINIMI

Die Devise: »immer neu, modern & anders« – somit gibt es hier ausgefallene Baby-und Kinderkleidung, Spielzeug, Einrichtungsgegenstände sowie eine große Auswahl an Buggys in allen Farben und Formen.

Nordend

Mo–Fr 10–18, Sa 10–16 Uhr | Finkenhofstr. 9 | Tel. 069 66 96 10 01 | www.minimi.de | U 1–3 Grüneburgweg **(230 B3)**

MONSTERS

Gebrauchtes Playmobil-Spielzeug, Kindermöbel, hübsche Kleinigkeiten: Hier finden Sie immer etwas Schönes für die Kleinen. Der First- und Secondhand-Laden hat sogar eine INSIDER TIPP Retroecke mit bunten Hosen und Kleidchen aus den 1960ern und 70ern.

Bornheim

Di–Fr 10–13, 14–17.30, Sa 11–15 Uhr | Wiesenstr. 46 | Tel. 069 15 34 52 69 | www.monsters-bornheim.de | U 4, Bus 34, 38, 43, 103 Bornheim Mitte **(231 D2)**

NOA BOA

Päivi Budarhams Laden glänzt durch schicke Schwangerschaftsmode und ausgefallene Kindermode, zauberhafte Möbel und Kinderwagen. Außerdem finden Eltern-Kind-Kurse wie Pekip oder Babymassage statt.

Sachsenhausen

Mo–Fr 10–19, Sa 10–18 Uhr | Hedderichstr. 47 | Tel. 069 66 96 49 23 | www.noaboa.de | U 1–3, 8, S 3–6, Tram 14–16 Südbahnhof **(230 C6)**

TATZELWURM

Dass der seit fast 40 Jahren bestehende Kinderbuchladen schon mal als beste Kinderbuchhandlung Hessens ausgezeichnet wurde, dürfte an der persönlichen Beratung liegen, aber auch an der riesigen Auswahl. Mehrmals im Jahr werden INSIDER TIPP Autorenlesungen, Kindertheater und Hörbuchnächte veranstaltet.

Nordend

Mo–Fr 10–18.30, Sa 10–14 Uhr | Glauburgstr. 32 | Tel. 069 55 37 87 | www.buchhandlung-tatzelwurm.de | U 5 Glauburgstraße **(230 C2)**

Wellness & Sport

Ob Klettern in luftigen Höhen oder lieber Entspannen im Wasserwirbel: Welche Leidenschaft auch immer, die Stadt ist ein echter Tummelplatz. Und zwar drinnen wie draußen!

Die Verschönerung der urbanen Oasen hat in positiver Hinsicht Spuren hinterlassen. Bei gutem Wetter strömen die Frankfurter nach draußen und bewegen sich in der Natur. Das geht auf Rollen wie beim Tuesday Night Skating → **S. 173** oder auch im Wasser in den zahlreichen Freibädern. Im Trend liegen aber auch Kletterhallen, wie die des Deutschen Alpenvereins → **S. 170**, wo die steilen Wände rund 14 m in die Höhe ragen.

BÄDER & SAUNEN

FREIBAD ESCHERSHEIM

Das Freibad glänzt mit einem großen Schwimmbecken, modernen Funktionsgebäuden und einem eigenen Planschareal für die Kleinen. Das freut nicht nur die Eschersheimer – das Bad an der Nidda ist mit seinem Wasserspielbereich, der riesigen, breiten Rutsche und den ausgedehnten Wiesen im Sommer der liebste Aufenthaltsort für viele Frankfurter.

Eschersheim

Mai–Sept. Mo–Fr 10–20, Sa, So 9–20, in den Sommerferien tgl. 9–20 Uhr | Tageskarte Erw. 4,50 Euro, ab 18 Uhr 3 Euro | Alexander-Riese-Weg 2 | Tel. 069 2710892300 | www.bbf-frankfurt.de | S 6 Eschersheim, U 1–3, 8, Bus 60, 63 Im Uhrig/Weißer Stein (224 C2)

FREIBAD HAUSEN

Die moderne Anlage verfügt über schicke Edelstahlbecken sowie großzügige Umkleide- und Sanitärbereiche. Die Öffnungszeiten sind frühschwimmerfreundlich, auf den Grünflächen fühlen sich Familien besonders wohl, Kids toben auf dem Spielplatz und der Spielwiese.

Hausen

April–Okt. tgl. 6.30–20 Uhr | Tageskarte Erw. 4 Euro | Ludwig-Landmann-Str. 341 | Tel. 069 2710892000 | www.bbf-frankfurt.de | U 6 Bus 34 Fischstein (228 B1)

Hinter den schönen Kulissen des Rebstockbads warten jede Menge (Wellness-)Angebote

FREIBAD NIEDER-ESCHBACH

Familiengerecht und noch dazu sehr umweltbewusst – ÖKO das Bad wird mit Solaranlagen beheizt – präsentiert sich das nördlichste der Frankfurter Freibäder. Schwimmer und Nichtschwimmer teilen sich das 50 m lange Becken. Kleine Planscher können sich in den zwei Wasserbereichen mit Sprudlern und Rutsche vergnügen, größere Kinder haben auf der Schlangenrutschbahn ihren Spaß. Abseits der Liegewiese stehen Tischtennisplatten, Boccia-Bahn und Beachvolleyballfeld zur Verfügung.

Nieder-Eschbach

Mai–Sept. tgl. 10–20 Uhr | Tageskarte Erw. 4,50 Euro, ab 18 Uhr 3 Euro | Heinrich-Becker-Str. 22 | Tel. 069 27 10 89 21 00 | www.bbf-frankfurt.de | U 2, 9 Nieder-Eschbach, Bus 27, 29 Heinrich-Becker-Straße (225 D1)

HALLENBAD HÖCHST

Mit Sportbecken, Sprungbecken, Nichtschwimmer- und Planschbecken sowie

Saunalandschaft und Massageangebot sind auch Schwimmfans im Westen der Stadt bestens versorgt. Hier gibt es auch ein umfangreiches Kursprogramm mit Aqua-Fitness.

Höchst

Mo 7–9, Di, Do 7–18, Mi, Sa 7–22, Fr 7–20, So 9–20 Uhr | Tageskarte Erw. 4,50 Euro | Melchiorstr. 21 | Tel. 069 27 10 89 14 00 | www.bbf-frankfurt.de | S 1, 2 Höchst, Tram 11 Zuckschwerdtstraße, Bus 51, 54 Höchst Bahnhof (232 A5)

REBSTOCKBAD ★

Die Saunalandschaft im asiatischen Stil mit Schneekammer, 35 Grad warmem Vulkan-Whirlpool und Außenpool ist eine Wohlfühloase. Im Schwimmbad geht auf der Riesenrutsche genauso die Post ab wie auf der Black-Hole-Rutschbahn, die mit Lichteffekten Science-Fiction-Feeling verbreitet. Und im Wellenbecken mit echter Brandung fühlen Sie sich alle halbe Stunde in karibische Gefilde versetzt. Bei Aqua-Fitness- und Aqua-Cycling-Kursen können Sie mehrmals pro Woche im Wasser sporteln.

Bockenheim

Öffnungszeiten Erlebnisbad und Sauna s. Webseite | Erw. Bad 1,5 Std. ab 5 Euro, Sauna inkl. Bad 2 Std. ab 11 Euro | Zum Rebstockbad 7 | Tel. 069 27 10 89 11 00 | www.rebstockbad-frankfurt.de | Tram 17, Bus 34, 50 Rebstockbad (228 B4)

RIEDBAD BERGEN-ENKHEIM

Das Riedbad im Osten der Stadt ist Hallen- und Freibad in einem. Neben einem 25 m langen Mehrzweckbecken mit Sprungturm im Innenbereich gibt es draußen beheizte Becken (in denen dank Traglufthalle auch im Winter geschwommen werden kann) und Beachvolleyballfelder. Zusätzlich bietet das Bad einen Fitnessbereich und eine Saunalandschaft.

Bergen-Enkheim
Di 6.30–22, Mi, Fr 6.30–20, Do 6.30–15, Sa/So 8–20 Uhr | Tageskarte Erw. 4,50 Euro, ab 18 Uhr 3 Euro | Fritz-Schubert-Ring 2 | Tel. 069 2710 89 16 00 | www.bbf-frankfurt.de | U 7 Enkheim, Bus 42 Schwimmbad **(225 F3)**

SILOBAD

Wer im Sommer einen vielseitigen Tag im Freibad verbringen will, für den bleiben im Silobad im Stadtteil Höchst kaum Wünsche offen. Neben der großen Liegewiese, einem 50-m-Sportbecken, Sprungturm, Nichtschwimmer- und Planschbecken, gibt es hier auch Möglichkeiten, um in der Badepause Tischtennis und Beachvolleyball zu spielen. Nach Saisonschluss ist das Silobad noch an einigen Tagen als INSIDER TIPP Schwimmbad für Hunde geöffnet.
Höchst
April–Okt. tgl. 7–20 Uhr | Tageskarte Erw. 4 Euro | Hunsrückstr. 100 | Tel. 069 2710 89 19 00 | www.bbf-frankfurt.de | Bus 54 Silobad/Ballsporthalle **(224 A4)**

STADIONBAD

Ein Freibad mit Jugendstil: Bei der Renovierung in den 1980er-Jahren wurde Wert auf den Erhalt der historischen Bauten gelegt. Dennoch kommen auch die Spaßbadqualitäten nicht zu kurz: Eine 118 m lange Riesenrutsche, ein Strömungskanal, Sprungbretter und -türme sowie ein Wasserfall sorgen für Abwechslung. Außerdem gibt es einen Spielplatz und Tischtennisplatten.
Niederrad
Mai–Sept. tgl. 7–20 Uhr | Tageskarte Erw. 4,50 Euro, ab 18 Uhr 3 Euro | Mörfelder Landstr. 362 | Tel. 069 2710 89 18 00 | www.bbf-frankfurt.de | Tram 21, Bus 61 Stadion **(233 F6)**

TITUS-THERMEN

Ein Erlebnisbad für die ganze Familie: Es gibt Wasserwirbel, Whirlpools mit Mas-

MARCO POLO HIGHLIGHTS

★ Rebstockbad
Asiafeeling im Wellnessbereich und karibisches Flair in der Badelandschaft: Im größten städtischen Hallenbad können Sie sich einfach entspannen – oder auch etwas erleben. Und wer besondere Action mag, rauscht in der Black-Hole-Rutsche in die Tiefe → **S. 159**

★ The Spa im Frankfurter Hof
Luxuriös abtauchen: The Spa im Frankfurter Hof bietet auf rund 1000 m² alles, was man für dieses Vorhaben benötigt. Im märchenhaften Hamam funkelt es wie an einem Sternenhimmel aus 1001 Nacht → **S. 164**

★ TG Bornheim
Schwimmen, Wellness, Fitness sowie Kurse für fast jede Disziplin in topmodernen Anlagen und das alles auch noch für wenig Geld: Was will man mehr? Deshalb zieht es die Bornheimer in Scharen zum Sporteln in die Turngemeinde → **S. 168**

★ Mi Manchi Hair
Kein Wunder, dass sich die Prominenz beim Edelfriseur die Klinke in die Hand gibt. Das Ambiente im schicken Penthouse und die innovativen Haarkünstler, die bei Mi Manchi Hair die Schere schwingen, sind ihr Geld wert → **S. 169**

Hotel Westin Grand: Im Emotion Spa können Sie auch Massagen buchen

sagedüsen, Felsengrotten mit Wasserfall und Fontäne, eine 50 m lange Rutsche, einen Strömungskanal sowie einen großen Saunabereich mit Dampfbad, Sanarium, Nero-Sauna und Schneekammer. Für Kinder wird reichlich Action geboten, z. B. im Panoramaschiff oder in der Felsenlandschaft. Erwachsene wissen die vielen Ruhezonen zu schätzen. Das eigene Fitnessstudio der Anlage bietet großzügige Trainingsflächen und Gymnastikkurse.

Nordweststadt

Mo–Sa 9–22, So 9–20 Uhr | Eintritt ab 4,50 Euro/90 Min. | Sauna ab 8 Euro | Walter-Möller-Platz 2 | Tel. 069 27 10 89 12 00 | www.titusthermen-frankfurt.de | U 1, 9, Bus 26, 29, 60, 71, 72, 872 Nordwestzentrum (224 C2)

BEAUTY & ENTSPANNUNG

EMOTION SPA

In der sechsten Etage des zentral gelegenen Hotels Westin Grand steht der Spa mit Fitnessbereich auch Erholungssuchenden offen, die keine Hotelgäste sind. Ein Plus ist der große und edel gestaltete Pool mit Blick über die Dächer Frankfurts: Hier können Sie nicht nur planschen, sondern richtig schwimmen. Zum Regenerieren geht es in die Bio- oder in die Finnische Sauna. Massagen sowie Gesichts- und Körperbehandlungen können Sie dazubuchen.

City

Mo–Fr 7–22, Sa, So 8–20 Uhr | Tageskarte 29 Euro | Hotel Westin Grand, Konrad-Adenauer-Str. 7 | Tel. 069 29 81 97 92 | www.emotionspa.de | U 4–7, S 1–6, 8, 9, Tram 12, 18, Bus 30, 36 Konstablerwache (227 F2)

EXELANSSE

Im modernen Studio im 25. Stock des Messeturms wird lästigen Fettpölsterchen mit moderner Technologie der Kampf angesagt. Ultraschall, Elektrostimulation und Vibrations-Training versprechen ein schnelles Ergebnis ohne große Anstrengung, eine sichtbar schlankere Silhouette und reduzierte Falten. Damit der Erfolg bleibt, gibt es dazu eine ausführliche Ernährungsberatung. Haar- und Tattooentfernung sowie Gesichtsbehandlungen komplettieren das Angebot.

Westend

Terminvereinbarung für Mo–Fr 10–18.30 Uhr | Friedrich-Ebert-Anlage 49 | Gesichtsbehandlung ab 90 Euro, Bodyforming ab 180 Euro | Tel. 01578 4547837 | www.exelansse.de | U 4, Tram 16, 17, Bus 32, 50 Festhalle/Messe **(229 E4)**

GREEN MAMA BIO SPA

ÖKO Hohe, von Licht durchflutete Räume, viel Holz, und an die Haut kommen nur beste Naturprodukte: In Frankfurts erstem Bio-Spa werden Körper und Seele gepflegt: mit Gesichts- und Körperbehandlungen, Massagen, Kosmetik und Maniküre. Auch Ayurveda-Anwendungen bietet Kirsten Becker an.

Bornheim

Terminvereinbarung für Mo–Fr 10–22, Sa 10–18 Uhr | Gesichtsbehandlungen ab 65 Euro, Massagen ab 69 Euro | Berger Str. 275 | Tel. 069 547232 | www.greenmama.de | U 4, Tram 12, Bus 34, 38, 43 Bornheim Mitte **(231 E2)**

HEAVEN-SPA

Ein Spa mit raumhohen Fenstern im 18. Stock des Hotels Radisson Blu. Der Wellness-Himmel bietet auf 500 m^2 alles, was Sie brauchen, um richtig schön entspannen zu können: einen kleinen Pool mit Gegenstromanlage und Massagedüsen, ein Dampfbad und ein umfangreiches Angebot an Massagen und Beauty-Behandlungen. Das Highlight ist die einzigartige Panoramasauna, durch deren große Glasfront Sie selbst beim Schwitzen den Blick in die Ferne schweifen lassen oder auf die Lichter der Stadt richten können.

Bockenheim

Mo–Fr 10–22, Sa 10–20 Uhr | Day-Spa-Tageskarte 22 Euro | Franklinstr. 65 | Tel.

Im MeridianSpa Skyline-Plaza entspannen Sie auf Luxusniveau

069 77 01 55 25 00 | www.heavenspa.de | Tram 17 An der Dammheide, Bus 50 Katharinenkreisel (228 C3)

INSTITUT ALBRECHT

Bei Albrecht ist Tradition Trumpf. Seit 1732 sorgt die Parfümerie in der Fressgass für die Verbreitung angenehmer Düfte. Im hauseigenen Kosmetikinstitut können Sie sich aber auch mit wohltuenden Gesichtsbehandlungen und Massagen verwöhnen lassen.

City

Parfümerie & Kosmetikinstitut: Mo–Fr 10–19, Sa 9–17.30 Uhr | Massage ab 45 Euro | Goethestr. 27 | Tel. 069 28 16 53 | U 6, 7 Alte Oper (226 C2)
Kosmetikinstitut: Mo–Mi 10–20, Do–Sa 10–21 Uhr | Gesichtsbehandlung ab 73 Euro, Massage ab 45 Euro | MyZeil, Zeil 106 | Tel. 069 9 20 37 57 57 | U 1–3, 6–8, S 1–6, 8, 9 Hauptwache (227 E2–3)

LA MALILA – THAIMASSAGE UND SPA

Frankfurt verfügt über eine erstaunliche Auswahl guter bis sehr guter Adressen, die sich der traditionellen Thaimassage widmen – La Malila ist eine davon. Das kleine Spa an der Höhenstraße punktet durch sein aufmerksames Personal und die freundliche Atmosphäre in blau-weißem Shabby Chic. Neben Massagen werden auch Body Peelings geboten. Tipp: Regelmäßig gibt's Aktionen und Sonderangebote, die z. B. auf der Website angekündigt werden.

Bornheim

Mo–Sa 12–20 Uhr | Massage ab 21 Euro/30 Min. | Höhenstr. 22 | Tel. 069 90 43 75 85 | www.la-malila.de | U 4, 5, Bus 32 Höhenstraße (231 D3)

MAIN PLAZA & SPA

Entspannen mit Aussicht: Der Innenpool im Lindner Hotel & Residence ist rundum verglast und bietet ein phantastisches Panorama. Zum Entspannungsbereich des Hauses gehört außerdem eine kleine, aber feine Auswahl an Saunen plus Dampfbad, die man ebenso wie den gut ausgestatteten Fitness-Parcours als Day-Spa-Gast je nach Tarif für wenige Stunden oder für einen ganzen Tag nutzen darf. Das Spa-Menü umfasst Massagen, Gesichtsbehandlungen mit Produkten von Babor und viele weitere wohltuende Treatments.

Sachsenhausen

Mo–So 10–22 Uhr | Spa-Nutzung ab 14 Euro | Walther-von-Cronberg-Platz 1 | Tel. 069 6 64 01 32 03 | S 3–6, 8, 9 Lokalbahnof, Tram 14, 18 Frankensteiner Platz (231 D5)

MERIDIANSPA SKYLINE-PLAZA

Das MeridianSpa im Einkaufszentrum Skyline-Plaza lädt mit seinem umfangreichen Fitness-, Wellness- und Bodycare-Angebot auf rund 10 000 m² zur luxuriösen Auszeit vom Alltag ein. Als Mitglied oder als Gast können Sie die »Wohlfühloase zum Aktivsein und Entspannen« nutzen, und zwar im 20-m-Durchmesser-Pool, diversen Saunen, Dampfbädern und Whirlpools, an 140 Fitnessgeräten, in über 100 Kursen oder im Amayãna-Day-Spa. Auf der Dachterrasse relaxen Sie im Zen-Garten oder im Pool und genießen dabei den Blick auf die Skyline.

Gallus

Mo–Fr 7–23, Sa, So 9–22 Uhr | Tageskarte ab 20 Euro, Gesichtsbehandlungen ab 49 Euro, Massage ab 35 Euro | Europa-Allee 4 | Tel. 069 74 30 76 50 | www.meridianspa.de | U 4 Festhalle/Messe, S 3, 4, 5, 6 Messe (229 E5)

SALZHEILGROTTE

Ob aus gesundheitlichen Gründen oder einfach nur für eine Auszeit zwischendurch: Bei einem Besuch in der Salzheilgrotte können Sie bald wieder tief durchatmen. Die Luft in der magisch ausgeleuchteten Grotte und in der Vernebelungskammer ist reich an Mineralien. Jeder Atemzug ist eine Wohltat für den Körper. Auch Sauerstofftherapie, Thermomassagen und Infrarotkabinen sind im Angebot, außerdem INSIDER TIPP Private-Floating-Suiten und eine Salzsauna. Im Shop bekommen Sie naturbelassene Salze aus aller Welt – für die feine Küche und für die Schönheit.

City

Mo–Mi, Fr 10–19, Do 12–20, Sa 10–18, So 12–18 Uhr | Salzgrotte 12,50 Euro, Massage ab 14,50 Euro, Floating ab 49 Euro | Eschenheimer Anlage 23a | Tel. 069 90 55 93 53 | www.salzheilgrotte.de | U 5 Musterschule **(227 E1)**

SERDAR VURAL

In seinem Make-up-Atelier waren schon einige Promis zu Gast, aber der weltweit agierende Visagist will all seinen Kunden dazu verhelfen, die persönliche Schönheit hervorzuheben. In den Workshops von Serdar Vural lernen Sie, wie Sie sich für einen besonderen Anlass schminken oder das Beste aus Ihrem Typ machen.

Sachsenhausen

Termine nach Vereinbarung | Grethenweg 53 | Tel. 069 68 50 01 | www.serdar-vural.de | S 2–6, U 1–3, 8, Bus 50, 55, 64, 90 Südbahnhof **(235 D3)**

TAGESSCHÖNHEITSFARM HAMAM & SPA

Aus allen Ländern und Philosophien hat sich das Team rund um Norbert Engler in der asiatisch-orientalisch inspirierten Wohlfühloase die Perlen herausgepickt. Kosmetik, Massagen aus Thailand, eine Ayurveda-Abteilung, Blüten- und Schokoladenbäder sowie eine große Außenterrasse erwarten Sie. Außerdem gibt es ein Hamam – Montag bis Mittwoch sind hier Damentage – und zahlreiche Wellnessprodukte zum Mitnehmen.

City

Tgl. 10–21 Uhr, Mo–Mi Damentag im Hamam | Massage ab 35 Euro, Hamam ab 35 Euro | Zeil 51 | Tel. 069 29 92 46 69 | www.hamam-frankfurt.de | U 4–7, S 1–6, 8, 9, Tram 12, 18, Bus 30, 36 Konstablerwache **(227 F2)**

TALISE SPA

Seitdem das Luxushotel Jumeirah auch in Frankfurt eine Filiale eröffnet hat, können sich Hausgäste ebenso wie Einwohner im zugehörigen Talise Spa verwöhnen lassen. Dunkle Hölzer und Orchideen bestimmen das elegante Ambiente des rund 400 m² großen Spas, in dem man zum Beispiel eine typgerechte Gesichtsbehandlung, eine vitalisierende Massage oder ein Körperpeeling genießt. Ein ganz besonderes Highlight: INSIDER TIPP Wellness-Packages für werdende Mütter, die mit speziell abgestimmten Massagen und Wohlfühldüften die Schwangerschaft versüßen.

Bornheim

Tgl. 12–21 Uhr | Gesichtsbehandlung ab 50 Euro, Massage ab 100 Euro | Thurn-und-Taxis-Platz 2 | Tel. 069 2 97 23 74 50 | www.jumeirah.com | S 1–6, 8, 9, U 1–3, 6–8 Hauptwache **(227 D2)**

THE SPA IM FRANKFURTER HOF ★

Das Spa im altehrwürdigen Frankfurter Hof ist ein Wohlfühltempel der besonderen Art. Sie können sich auf 1000 m² mit einer Vielfalt exklusiver Spa-Anwendungen und Massagen verwöhnen lassen. Dabei stehen Thermalbereich, Saunen, Hamam und Suiten für individuelle Behandlungen zur Wahl. Frauen buchen z. B. eine Gesichtsbehandlung mit organischer Kosmetik oder einen

Tagesschönheitsfarm Hamam & Spa: eine Wellness-Oase im Herzen von Frankfurt

Besuch an der Nail Bar, während die Herren der Schöpfung sich beim Gentlemen Barber nach allen Regeln der Kunst auf Vordermann bringen lassen. Und neu: INSIDER TIPP ein Hair Spa und Speed-Beauty-Programm. Innerhalb von einer Stunde kann man sich perfekt stylen lassen vom Haar übers Make-up bis zum Nagelack (ab 130 Euro).

City

Tgl. 10–22 Uhr | Am Kaiserplatz | Hamam-Ritual 99 Euro, Massage ab 109 Euro | Tel. 069 215908 | www.thespa.steigenberger.com | U 1–3, 6–8, S 1–6, 8, 9 Hauptwache **(226 C4)**

VILLA-SPA

Die Villa Kennedy ist eines der luxuriösesten Fünf-Sterne-Hotels der Stadt. Da versteht es sich von selbst, dass Sie auch im 850 m² großen Spa nach Strich und Faden verwöhnt werden. Neben Pool und Whirlpool gibt es eine Finnische Sauna, ein Dampfbad und einen Spa-Garten. Die über 120 verschiedenen Behandlungen reichen von Anti-Aging-Treatments bis hin zu Massagen. »Romantische Momente für Zwei« erleben Sie in einem besonders dekorierten Zimmer: Als i-Tüpfelchen werden dabei zur Massage Champagner, Erdbeeren in Schokolade und Pralinen aus der hauseigenen Patisserie serviert.

Sachsenhausen

Mo–So 6.30–22 Uhr | Gesichtsbehandlung ab 130 Euro, Massage ab 60 Euro | Kennedyallee 70 | Tel. 069 717121160 | www.villakennedyhotel.de | Tram 12, 16, 21 Stresemannallee/Gartenstraße **(234 B3)**

FITNESS

AMIGA HEALTH & FITNESS

»Amiga heißt Freundin« lautet das Motto der kleinen Fitnesskette für Frauen. In allen Studios gibt es neben einem großen Fitnessbereich und einem vielseitigen Kursangebot zusätzlich auch Sauna, Dampfbad und Massage für die Ladies. Das Kursangebot wird immer auf dem neuesten Stand gehalten und um Specials wie Surf Yoga auf dem Main ergänzt. An unterschiedlichen Vormittagen bieten die Clubs nach Voranmeldung zudem Kinderbetreuung an.

Rödelheim
Mo, Mi 9–22, Di, Do 7–22, Fr 9–21.30, Sa 10–17, So 10–18 Uhr | Wochenbeitrag ab 12,95 Euro, Aufnahmegebühr 99 Euro | Rödelheimer Bahnweg 19 | Tel. 069 78 07 46 65 | www.amiga-frauenfitness.de | S 3–5 Rödelheim (228 A2)

Bockenheim
Mo, Di, Do 9.45–22, Mi 8–22, Fr 9.45–21, Sa 10–17, So 10–18 Uhr | Schlossstr. 125 | Tel. 069 77 10 53 | Tram 16, 17 Varrentrappstraße (229 D3–4)

Bornheim
Mo, Mi 8.30–22, Di, Do 9.45–22, Fr 8.30–21, Sa 10–17, So 10–18 Uhr | Burgstraße 106 | Tel. 069 44 20 02 | U4 Hornheim Mitte, Tram 12 Burgstraße (231 D2)

BODY LIFE

Beim Training soll der Spaß nicht zu kurz kommen. Der große Barbereich ist ein Hinweis darauf, dass es hier auch gesellig zugehen darf. Gleichzeitig bringen der gut ausgestattete Gerätepark, das reichhaltige Kursangebot unter fachkundiger Anleitung und Specials wie Pole-Dance Ihren Körper auf Touren. Der Wellnessbereich sorgt für eine wohlverdiente Entspannungsphase nach dem Workout. Beim täglichen INSIDER TIPP Sportfrühstück von 9 bis 15 Uhr können Sie für nur 12 Euro (am Wochenende 14 Euro) bis zu sechs Stunden Squash oder Badminton spielen, in die Sauna gehen und sich am All-you-can-eat-Buffet bedienen.

Seckbach
Mo, Fr 9–23 Uhr, Di–Do 9–24, Sa 9–20 (Juni–Aug. 9–18), So 9–22 Uhr | Wochenbeitrag ab 9 Euro | Friesstr. 3 | Tel. 069 42 63 63 | www.body-life.de | U 4, 7, Bus 44 Gwinnerstraße (225 E3)

FIT 7 ELEVEN

Trotz der günstigen Beiträge müssen Sie auf nichts verzichten: Es gibt ansprechende Räume, einen großen Gerätepark, einen Kardiobereich und ein Kursprogramm, das von Pilates über Bauch- und-Rückentraining bis zu Hot Iron reicht. »All you can drink« ist in der Servicepauschale enthalten. Mittlerweile gibt es fünf Frankfurter Filialen – zum Teil mit Sauna und Dampfbad: Abgesehen von den unten aufgeführten findet man Studios auf dem Riedberg, in der Innenstadt *(Zeil 105)* und neben der EZB in der Hanauer Landstraße.

Sachsenhausen
Mo–Fr 7–23, Sa, So 10–20 Uhr | ab 15,90 Euro/14 Tage, 49 Euro Aufnahmegebühr, Servicepauschale 29 Euro/Jahr | Dreieichstr. 59 | Tel. 069 60 62 89 71 | www.fit7eleven.de | S 3–6, Tram 14, 16 Lokalbahnhof (230 C6)

Kalbach
Mo–Fr 7–23, Sa, So 10–20 Uhr | Xaver-Fendt-Str. 2–8 | ab 10,95 Euro/14 Tage, 39 Euro Aufnahmegebühr, Servicepauschale 29 Euro/Jahr | Tel. 50 98 48 11 | Bus 29 Heinrich-Lanz-Allee (237 E3)

FIT ONE FRANKFURT

NEU Seit 2016 gibt es mit Fit One auch im Preungesheimer Gewerbegebiet ein großes Fitnessstudio mit vielen Geräten, Wellnessbereich und Kursen. Der

Schwerpunkt bei Studio und Kursen liegt klar im Bereich Krafttraining. Für die bessere Trainingsplanung hat das Studio auch eine eigene App.

Frankfurter Berg

Mo–Fr 6–24, Sa/So 10–22 Uhr | ab 18 Euro/Monat | August-Schanz-Str. 33–35 | Tel. 069 90548358 | www.fit-one.de | U5, Bus 39 Preungesheim, Bus 27, 63 (225 D2)

HAPPY FITNESS

In dem Studio geht es auf drei Etagen sportlich zur Sache, zudem gibt es einen großen Wellnessbereich mit verschiedenen Saunen und Außenterrasse. Unter fachmännischer Betreuung werden individuelle Trainingspläne für jeden Gast erstellt, Kurse von Latino-Step bis zu Pilates sind im Angebot. Neu sind die Hypoxi-Geräte: Sie trainieren in einem Vakuumanzug – das soll besonders gezielt und schnell das Fett an den Problemzonen zum Schmelzen bringen.

Bornheim

Mo–Fr 7.30–22.30, Sa 9–19, So 10.30–18 Uhr | Musikantenweg 44–46 | Aufnahmegebühr 80 Euro, Monatsbeitrag ab 43 Euro | Tel. 069 4980799 | www.happy-fitness.de | U 4 Merianplatz (231 D3)

Muskeln kräftigen und dehnen, das »Powerhouse« stützen: Pilates-Friends tut gut

PILATES-FRIENDS

Das Übungsprogramm, das Joseph Hubertus Pilates zu Beginn des 20. Jhs. entwickelt hat, vereint die besten Methoden aus Ost und West. Meditation, Yoga und Gymnastik am Boden werden mit dem Training an Geräten kombiniert. Ziel ist es, das Körperzentrum (»Powerhouse«) auf schonende Weise zu stabilisieren, Gelenken und Rücken wird dabei besondere Aufmerksamkeit geschenkt, auch die Muskeln werden gekräftigt und gedehnt. Bei Pilates-Friends können Sie einzeln oder in der Gruppe trainieren. Außerdem bietet das Studio Rückbildungskurse und Shiatsu an.

Sachsenhausen
Zeiten je nach Gruppe oder Termin | Waidmannstr. 12 | Tel. 069 60 60 77 53 | www.pilatesfriends.de | Tram 14–16, Bus 45 Brücken-/Textorstraße (230 C6)

TG BORNHEIM ★

Beim größten Sportverein Frankfurts trifft sich der halbe Stadtteil. Kein Wunder, denn die Auswahl ist riesig. Wer an schnöde Gruppengymnastik in veralteten Sporthallen denkt, liegt hier völlig daneben. Für Bewegungsfreudige jeden Alters gibt es Kurse von Aerostep und Zumba über Inlineskating, Yoga und Pilates bis zum Klettern an der hauseigenen Wand. Viele exotische Sportarten – wie Arnis und Capoeira – aber auch Wandertouren sind für Mitglieder im Angebot. Dazu können Sie zu günstigen Preisen Golf oder Tennis spielen, an bestimmten Tagen in der Eissporthalle kostenlos Schlittschuh laufen und im vereinseigenen Gartenhallenbad Fechenheim schwimmen, saunieren und am Sonntagabend sogar nackt baden. Zwei topmoderne Fitnessstudios mit Sauna gehören außerdem zum Sportverein.

Bornheim
Mitgliedsbeitrag 9 Euro/Monat zzgl. Zusatzgebühren für bestimmte Kurse | Geschäftsstelle: Berger Str. 294 | Tel. 069 4 60 00 40 | www.tgbornheim.de | U 4, 5, Tram 12, 18, Bus 34, 38, 43, 103 Bornheim Mitte (231 E2)

Welcher Sport darf's denn sein? Die TG Bornheim bietet eine riesige Auswahl

FRISEURE

ANAXU-HAAR-SPA

Mit Waschen, Schneiden, Föhnen ist es hier nicht getan. Ihre Haare sollen nicht nur einen zum Typ passenden Schnitt haben, sondern auch gesund aussehen und glänzen. Deshalb hat Antonio Giustino, Figaro bei Anaxu, gleich eine eigene patentierte Naturpflege- und Reparaturserie entwickelt, die Haare und Kopfhaut wieder ins Gleichgewicht bringt. Und weil sich die Kunden in dem modernen Salon wirklich rundum wohlfühlen sollen, ist eine Kopf- und Nackenmassage zu den Klängen italienischer Musiker Teil des Konzepts.

City

Di–Fr 10–19, Sa 10–15 Uhr | Waschen und Schneiden ab 40 Euro | Hochstr. 31 | Tel. 069 20 97 36 66 | www.anaxu.com | U 1–3, 8, Bus 36 Eschenheimer Tor (226 C2)

HAIR-BASE

Im Barbershop treffen Sie immer internationales Publikum – und zumeist Männer, denn Inhaber Bob Kebede trimmt Bärte und verpasst speziell sehr kurzen Haaren den letzten Schliff. Viele schätzen auch, neben den günstigen Preisen, die Geselligkeit und gemütliche Atmosphäre in dem winzigen Raum.

Gallus

Di–Fr 10–20, Sa 10–16 Uhr | Mainzer Landstr. 114 | Tel. 069 74 74 58 05 | Tram 11, 21, Bus 32 Güterplatz (229 E5)

MI MANCHI HAIR ★

ÖKO Hoch oben zwischen den Dächern der Innenstadt liegt das schicke Penthouse des Edelfriseurs. Für die Haarverschönerung werden nachhaltige Naturprodukte von Aveda und Less Is More verwendet. Das erfahrene Stylistenteam, das auch Friseure in Schneide- und Färbetechniken schult, hatte schon viele Promis unter der Schere – von Stargeiger David Garrett bis zu Popsänger Justin Bieber.

City

Di–Fr 10–19, Sa 10–15 Uhr | Damenhaarschnitt inkl. Waschen u. Föhnen ab 75 Euro | Schärfengäßchen 4–6 | Tel. 069 21 08 76 76 | www.mi-manchi.de | U 1–3, 6–8, S 1–6, 8, 9 Hauptwache (227 E3)

GOLF

FRANKFURTER GOLFCLUB

Der schicke Frankfurter Golfclub kann auf eine mehr als hundertjährige Geschichte zurückblicken – seit 1913 wird hier schon geputtet. Zudem war der Club viele Male Gastgeber der German Open. Der anspruchsvolle 18-Loch-Platz ist von hohen Bäumen umgeben und lässt einen an eine großzügige englische Parkanlage denken. Mitbringen müssen Sie mindestens ein Handicap von 32. Gäste dürfen am Wochenende nur in Begleitung von Mitgliedern aufs Grün.

Niederrad

April–Okt. tgl. 8–18, Nov.–März 9–16 Uhr (nach Anmeldung) | Greenfee ab 80 Euro, Rangefee ab 10 Euro | Golfstr. 41 | Tel. 069 66 62 31 80 | www.frankfurtergolfclub.de | S 7–9, Tram 12, Bus 78 Niederrad Bahnhof (233 D5)

GOLF-CLUB GOLF RANGE FRANKFURT

Auf der modernen 9-Loch-Anlage im Norden der Stadt sind Fortgeschrittene und Anfänger willkommen. Die Driving-Range besitzt 30 freie und 22 überdachte Mattenabschlagplätze sowie eine Flutlichtanlage. Im Kurzspielbereich finden sich ein Putting-Green und eine Pitching-Area. Die Mitgliedschaft ist schon ab 90 Euro im Monat zu haben.

Kalbach

Anmeldung u. Reservierung im Sekretariat tgl. 9–19 Uhr | Am Martinszehnten 6 | Tel. 069 95 09 27 44 | www.golfrange-ffm.de | U 2, 9, Bus 28, 29 Kalbach, Bus 29 Sportzentrum Kalbach (224 C2)

INDOOR

BOWLING-WORLD

Bei standesgemäßen Burgern und Fritten aus der Sportsbar Eleven Friends und an Billardtischen im King-Size-Format kommt echtes US-Bowling-Feeling auf. Aber in erster Linie geht es hier auf 32 Brunswick-Bahnen zur Sache. Wenn Sie mit dem Gedanken spielen, in eine der Profiligen einzusteigen, können Sie sich in der Schule »Learn to Bowl« alle Tricks aneignen, die Sie brauchen, um Strikes in Serie zu werfen. Für Feiern mit bis zu 100 Personen steht ein Partyraum zur Verfügung.

Eschersheim

So–Do 10–24, Fr, Sa 10–1 Uhr | ab 3,50 Euro/Spiel bzw. ab 21,50 Euro/Stunde | Berkersheimer Weg 104 | Tel. 069 52 22 07 | www.bowlingworld.de | S 6 Eschersheim, U 1–3, 8 Weißer Stein, Bus 60, 63, 66, 69, N3 Eschersheim (237 F3)

EISSPORTHALLE

Jedes Jahr im September ist es so weit: Die Saison für kleine und große Kufenstars beginnt. Wo sonst die Frankfurter Lions dem Puck übers Eis hinterherflitzen, haben geübtere Schlittschuhläufer in der großen und kleinen Halle sowie auf der überdachten Außenfläche ihren Spaß. In der Hauptsaison von November bis Mitte März ist zusätzlich der 400-m-Außenring geöffnet. Schlittschuhe können Sie ausleihen, für Anfänger gibt es nach Anmeldung auch Kurse.

Bornheim

Sept.–Anfang Herbstferien u. Ende März–Mitte April 9–12, 15–17.30, 20–22.30, Anfang Herbstferien–Ende März tgl. 9–22.30 Uhr | Karten 4–7 Euro | Am Bornheimer Hang 4 | Tel. 069 21 23 93 08 | www.eissporthalle-ffm.de | U 7, Tram 12, Bus 38 Eissporthalle/Festplatz (231 F2)

KLETTERHALLE DES DEUTSCHEN ALPENVEREINS

Wer hoch hinaus will, ist hier genau richtig. Fast 14 m hoch sind die Wände, die man als Anfänger und Fortgeschrittener an bunten Plastikgriffen bezwingen kann. Sicherungskurse und verschiedene Klettergruppen, z. B. für

Frauen, werden regelmäßig angeboten. Außerdem gibt es einen Boulderbereich mit bis zu 4 m hohen Wänden und Weichbodenmatten.

Preungesheim

Mo–Fr 10–23, Sa/So 9–22 Uhr | Eintritt ab 8 Euro | Homburger Landstr. 283 | Tel. 069 95 41 51 70 | www.kletterzentrum-frankfurtmain.de | U 5, Bus 39, 63 Preungesheim (225 D2)

SQUASH-INSEL

Wer sich für das schnelle Spiel mit dem kleinen Gummiball begeistert, ist hier gut aufgehoben. Die Anlage hat sechs Courts, daneben können Sie sich im Fitnessbereich verausgaben, in der Sauna entspannen oder im gemütlichen Biergarten sitzen. Trainerstunden gehören ebenfalls zum Angebot. Im Shop finden Sie die komplette Ausrüstung, auch Schläger werden hier neu bespannt.

Bockenheim

Mo–Fr 14–24, Sa 12–18, So 10–18 Uhr | Rossittener Str. 17a | Tel. 069 77 22 22 | www.squash-insel.com | U 6 Fischstein, U 7 Industriehof (228 C2)

KAMPFSPORT

EXECUTIVE BOXING CLUB

Boxen jenseits vom Schmuddelimage: Hier streifen sogar Banker und Anwälte ihre Anzüge ab, um sich einmal so richtig auszupowern. Das klassische Boxen fordert ebenso wie das Thai- und das Kickboxen Körper und Geist. Kurse werden sogar schon für Kinder ab fünf Jahren angeboten. Ein Probetraining ist kostenlos.

City

Im Frankfurter Golfclub fühlt man sich wie in einem englischen Park

Monatsbeitrag 89 Euro zzgl. 50 Euro Anmeldegebühr, Personaltraining startet bei 85 Euro | Kaiserstr. 5a | Tel. 069 84 84 42 24 | www.executiveboxingclub.de | U 1–5, Tram 11, 12 Willy-Brandt-Platz **(227 D3)**

SPORTSCHULE DOME

Die Kampfsportschule für Kinder und Erwachsene hat sämtliche Disziplinen im Programm, etwa Judo, Aikido, Karate und Kung-Fu sowie Capoeira. In einem dreimonatigen Schnupperkurs können Sie sich entscheiden, welche davon Sie lernen möchten. Auch einen Fitnessbereich und eine Sauna gibt es.

Bockenheim

Mo–Fr 16–22, Sa 14–17 Uhr | Monatsbeitrag ab 59 Euro zzgl. Aufnahmegebühr 45 Euro | Schlossstr. 13–15 | Tel. 069 70 37 03 | www. sportschule-dome.de | S 3–6, Bus 36, 73 Westbahnhof, U 6, 7, Bus 34 Kirchplatz **(228 C3)**

WING-TSUN-AKADEMIE

Wer bei Wing Tsun in erster Linie an Selbstverteidigung denkt, liegt nicht falsch. Doch bei dieser Sportart können Sie auch Stress abbauen sowie Körper und Geist schulen. Erfunden wurde die Kampfkunst vor 300 Jahren in China, sie wird mit und ohne Waffen ausgeübt. In den beiden modernen, nach Feng-Shui-Kriterien eingerichteten Schulen der Akademie können schon Kinder ab fünf Jahren trainieren. Außerdem werden Kurse zur Gewaltprävention angeboten.

Bornheim

Tgl. 9–17.30 Uhr | Monatsbeitrag ab 74 Euro | Mainkurstr. 13 | Tel. 069 78 93 2 64 | www.wingtsun-frankfurt.de | U 4, 5, Tram 12, 18, Bus 34, 38, 43, 103 Bornheim Mitte **(231 E2)**

Rödelheim

Am Hopfengarten 8 | S 3–5 Rödelheim Bahnhof, Bus 34 Radilostraße **(228 A3)**

Wer Parkour ausübt, der macht sich die ganze Stadt zum Trainings- und Spielplatz

OUTDOOR

BIKEPARK FRANKFURT

Das Projekt Bikepark Frankfurt bietet BMX- und MTB-Fans ein kostenloses Trainingsgelände. Darüber hinaus finden wöchentlich Workshops zu Fahr- und Fahrradtechnik sowie zu Sportfotografie statt.

Dornbusch

März–Okt. Di–Fr 14.30–21.30, Sa 15–21, So ab 15 | Platenstr. 79b | Tel. 0179 8 34 77 16 | www.bikeparkfrankfurt.de | U 1, 9, Tram 16 Ginnheim (237 F3)

INSIDER TIPP FITNESSPARCOUR IM NIDDAPARK

Die zahlreichen Grünanlagen in und um Frankfurt laden nicht nur zum Spazierengehen oder Radfahren ein, sondern eignen sich auch als Outdoor-Fitnessstudio. Mancherorts wurden Geräte aufgestellt, damit Sie Ihre Muskeln an der frischen Luft gezielt trainieren können. Einen dieser Fitnessparcours, die Sie kostenlos nutzen können, finden Sie in Frankfurts größtem Park: Im Volkspark Niddatal können Sie Gleichgewichtsübungen absolvieren oder Ihre Bein-, Bauch- und Rückenmuskulatur stärken. Infotafeln erklären die Benutzung mit verschiedenen Belastungsstufen und geben Tipps für Aufwärmübungen. Weitere Outdoor-Fitnessanlagen gibt es z. B. im Huthpark in Seckbach. Die Geräte im Elli-Lucht-Park in Niederrad, im Hafenpark, in der Rose-Schlösinger-Anlage am Bornheimer Hang sowie in Harheim sind speziell für Senioren geeignet.

Ginnheim

Südbastion | U 1, 9 Niddapark (237 F3)

LAUFTREFF MIT SPIRIDON FRANKFURT

Zum Joggen oder Walken finden sich in Frankfurt viele geeignete Strecken – ob im Stadtwald, in einem der vielen Parks oder entlang des Mainufers, ob Urban Trail oder ganz gemütlich auf Asphalt. Und wenn Sie nicht alleine trainieren möchten, schließen Sie sich doch einem Lauftreff an! Der Lauf- und Triathlonverein Spiridon Frankfurt hat sowohl für Anfänger als auch für die Marathonvorbereitung die jeweils passende Gruppe, damit jeder im eigenen Wohlfühltempo unterwegs sein kann. Täglich gibt es entsprechende, kostenlose Angebote für mindestens eine Stunde Bewegung, und das ganzjährig, bei jeder Witterung.

Sachsenhausen

Treffpunkt: Sportanlage an der Babenhäuser Landstr. | www.spiridon-frankfurt.de | Bus 30, 36 Hainer Weg (235 D5)

PARKOUR

Um sich als »Traceur« im städtischen Raum möglichst elegant und effizient fortzubewegen, brauchen Sie jahrelanges Training oder turnerische Vorbildung, denn Beweglichkeit und Kraft stehen im Vordergrund. Wie Sie Objekte, die eigentlich im Wege stehen, artistisch überwinden, können Sie von den professionellen Trainern der Parkour- und-Freerunning-Agentur Ashigaru lernen. In Kooperation mit Jochen Schweizer Events bieten sie mehrmals im Jahr einen Kurs an.

Bockenheim

Marburger Str. 28 | Tel. 0152 33 51 54 89 | www.ashigaru.de, www.jochen-schweizer.de | U 6, 7 Leipziger Straße, Tram 16 Juliusstraße (229 D2)

TUESDAY NIGHT SKATING

Von Frühjahr bis Herbst können Sie dienstagabends zusammen mit bis zu 3000 anderen Inlineskatern durch Frankfurt sausen. Die Strecken sind zwischen 28 und 35 km lang und verlaufen jede Woche über eine andere Route – mal geht es am Mainufer entlang, mal nach Offenbach oder Neu-Isenburg und auch schon mal mitten durch die City. Für Inline-Anfänger ist die Veranstaltung allerdings nicht geeignet, und eine komplette Schutzausrüstung ist Pflicht. Polizei und Ordner sorgen für einen geregelten Ablauf, außerdem sind die Frankfurter Autofahrer die rollenden Kolonnen inzwischen gewöhnt. In der Hochsaison werden zwei Runden gefahren, eine langsamere für – geübte – Hobbyskater und eine schnellere.

Ostend

April–Okt. Di 20.30–23 Uhr | Treffpunkt Hafenpark, Mayfarthstr. | www.t-n-s.de | U 6, Tram 11 Ostbahnhof **(231 E5)**

MEINE STADT

▶ Fast ein Drittel des Stadtgebiets sind Grünflächen, und 160 000 Bäume werden auf Frankfurts Boden gepflegt, darunter sogar Palmen – im mediterranen Mikroklima des »Nizza« am Mainufer. Der Grüngürtel zieht sich wie ein Band rund um die City. U. a. bieten Niddatal, Stadtwald und Schwanheimer Dünen viel Raum für Naturerlebnisse. Auch Frankfurts letzter städtischer Weinberg, der zum Anbaugebiet Rheingau gehört, ist Teil der grünen Lunge. 10 000 Flaschen des Rieslings »Lohrberger Hang« werden hier jährlich produziert und nicht nur an wichtige Gäste der Stadt ausgeschenkt.

▶ Ca. 725 000 Menschen dürfen sich derzeit Frankfurter nennen, und viele machen es sich mindestens zu zweit zu Hause gemütlich, denn es gibt rund 400 000 Wohnungen. Pro Kopf stehen im Schnitt 38 m^2 Wohnfläche zur Verfügung. Touristen haben die Wahl zwischen über 265 Beherbergungsbetrieben und rund 45 000 Betten. Und so finden jährlich rund 5,1 Mio. Gäste den Weg nach Frankfurt.

TANZKURSE

FLAMENCOSCHULE MARÍA GARCÍA

Leidenschaft pur, mit allen Höhen und Tiefen – das ist Flamenco. Die Schule wird von einer waschechten Andalusierin geleitet. María García ist eine renommierte Profitänzerin, die Sie auch auf der Bühne bewundern können. Selbst mit Tanz- und Musikstars wie den Gipsy Kings ist sie bereits aufgetreten. Eine Probestunde ist kostenlos. Auch Kurse für Kinder ab vier Jahren sind im Angebot, und in verschiedenen Tanz-Workshops mit spanischen Künstlern wird ein breites Flamencospektrum vermittelt.

Bornheim

Saalburgstr. 17 | ab 66 Euro/Monat | Tel. 069 59 67 40 22 | www.maria-garcia.de | U 4, Tram 12, Bus 34, 38, 43 Bornheim Mitte **(231 E2)**

DAS STUDIO

Egal, ob für Erwachsene oder Kinder, ob Ballett oder Jazz: Im Studio in Sachsenhausen hat jeder die Möglichkeit, die ersten Schritte im Tanzen zu unternehmen. Ein besonderer Kurs, der hier angeboten wird, ist montagvormittags das INSIDER TIPP **Ballett für Mamis mit Babys**. Dabei ist eine Kinderbetreuerin vor Ort, die sich um die Kleinen, die nicht mit Mama tanzen wollen, kümmert.

Sachsenhausen

Ab 48 Euro/Monat | Offenbacher Land-

Flamenco ist lernbar: unter anderem in der Flamencoschule Maria Garcia

str. 7–13 | Tel. 069 48 98 64 67 | www.das-studio.eu | Tram 14–16, 18, Bus 30, 36, 45–48 Lokalbahnhof (235 D2–3)

DIE TANZSCHULE CARSTEN WEBER

Hier zeigen Ihnen ausgebildete Tanzlehrer, wie einfach die richtigen Schritte sind. Gute Laune herrscht dabei nicht nur auf der Tanzfläche, sondern auch an der Bar. Das Programm reicht von Standardtänzen und Swing über Stepptanz und Hip-Hop bis zu Modern Dance. Auch kreativer Tanz für Kinder ab drei Jahren und Seniorenkurse sind dabei. Wenn Sie Ihren Tanzstil im Exklusivunterricht aufpolieren oder für einen besonderen Anlass üben möchten, können Sie z. B. einen Hochzeits-Crashkurs buchen (2 x 90 Minuten kosten 45 Euro pro Paar). Jeden ersten Samstag im Monat können Sie das Gelernte vertiefen, dann ist ab 20 Uhr Tanzparty für Erwachsene (Gäste 6 Euro, Mitglieder frei).

Höchst

Tgl. 15–22.30 Uhr | Bolongarostr. 113 | Tel. 069 30 29 76 | www.die-tanzschule.de | Bus 50, 54, 55 Mainberg, Tram 11, Bus 51, 53–55, 59 Bolongaropalast (232 B5)

YOGA

BALANCE YOGA

Auf vier Etagen und 700 m^2 findet jeder das Richtige: Hatha-, Ashtanga- oder Power-Yoga, Pilates sowie Schwangeren- und Kinder-Yoga sind im Angebot, außerdem lockt ein umfangreiches Massageprogramm. Die Atmosphäre im renovierten Altbauloft ist puristisch-modern, es gibt drei lichtdurchflutete Kursräume, eine Sauna und einen Innenhof – nicht nur zum Teetrinken. Praktisch sind die arbeitsfreundlichen Öffnungszeiten: Die Kurse beginnen teilweise schon um 6.30 Uhr, der letzte endet gegen 23 Uhr. In Sachsenhausen finden Sie das Gleiche eine Nummer kleiner.

City

Tgl. Kurse | Eschersheimer Landstr. 5–7 HH | Tel. 069 95 90 88 00 | www.balanceyoga.de | U 1–3, 8, Bus 36 Eschenheimer Tor (227 D1)

Sachsenhausen

Kaulbachstr. 47-49 | Tel. 069 96 23 72 25 | U 1–3, 8, Tram 14–16, 19, Bus 46 Schweizer Platz (230 B6)

HOT YOGA FRANKFURT

Die Sauna danach können Sie sich hier sparen. Bei dieser Form des Yoga herrschen in den Übungsräumen 40 Grad und rund 40 Prozent Luftfeuchtigkeit. Der Grund: Der Körper erreicht so seine ideale Temperatur für Dehnübungen, die Durchblutung wird optimal angeregt. Hier geben erfahrene Trainer Kurse, die für Anfänger und Fortgeschrittene geeignet sind. Matten und Handtücher können geliehen werden. Eine Starterkarte für eine 10-tägige Yoga-Flatrate gibt es schon für 25 Euro.

City

Tgl. Kurse | Steinweg 7 | Tel. 069 90 02 85 76 | www.hotyogafrankfurt.com | U 1–3, 6–8, S 1–6, 8, 9 Hauptwache (227 D3)

PRIVATE YOGA INSTITUTE

Ob Privatkurse mit Freunden, Einzelunterricht, Yoga für Kinder, für Schwangere oder für Menschen ab 50: Der Kursplan lässt keine Wünsche offen. Gelehrt werden verschiedene Stile, von Hatha- über Ashtanga- und Faszien-Yoga bis zu Vinyasa Flow, bei dem die Übergänge zwischen den Positionen fließend sind. Beliebt ist auch Yin-Yoga, das durch langes, passives Verweilen in den Haltungen Entspannung garantiert. Beim Jivamukti-Yoga, einem modernen Stil, der sich in New York etabliert hat, üben Sie zu anspornender Musik. Auch an Yogaworkshops können Sie teilnehmen.

Sachsenhausen

Mörfelder Landstr. 44 | Tel. 069 66 42 68 50 | www.private-yoga-frankfurt.de | U 1–3, 8, S 3–6, Tram 14–16 Südbahnhof (235 D3)

Bei Balance Yoga findet jede(r) den richtigen Kurs

Ausgehen

Im Club aufdrehen oder den Abend stilvoll in einer Cocktailbar genießen. Das Frankfurter Nachtleben besticht durch seine riesige Vielfalt und innovative Konzepte.

Wer Kunst, Kultur und Individualität auch im Nachtleben sucht, ist in Frankfurt goldrichtig. Ob für die After-Work-Party, eine Nacht weit über den Dächern der City oder ein einfaches Feierabendbier: Frankfurts Hotspots sind breit aufgestellt. So sind nicht nur Frankfurts höchstgelegene Bar, die 22nd Lounge → **S. 178**, Ausflüge in die Partymeile von Alt-Sachsenhausen, z. B. in den Ponyhof → **S. 193**, und der legendäre Musikclub Batschkapp → **S. 187** immer wieder ein Erlebnis. Selbst vermeintlich wenig lebhafte Viertel wie das Gallus bieten mit Schätzen wie der Guten Stute → **S. 195** die beste Voraussetzung für einen unvergesslichen Abend. Natürlich feiert die Stadt am Main vielerorten auch mit Livemusik die Freude am Leben.

BARS

22ND LOUNGE & BAR

Die Aussicht durch die Panoramafenster auf die Skyline ist atemberaubend. In der 22. Etage des Eurotheums untergebracht, ist die Lounge wohl die höchstgelegene in Frankfurt. Ein Pianospieler untermalt die exklusive Atmosphäre mit Livemusik. Nicht weniger beeindruckend sind die Cocktails.

City

So–Do 18–1, Fr, Sa 18–3 Uhr | Neue Mainzer Str. 66–68 | Tel. 069 2108 80 | www.innside.de | U 6, 7, Bus 64 Alte Oper (226 C3)

BAR CENTRAL

Ein beliebter Treff der Schwulenszene, aber nicht nur die begeistert sich für die

Belluga Saloon: Cocktails und mehr für Großstadtcowboys am edlen Holztresen

lässige Coolness, die perfekten Drinks und die stets angesagten Beats im Laden. Sonntags findet der Jazzy Sunday statt, und Donnerstag ist Mädelsabend.

City

Mo–Do, So 20–2, Fr, Sa 20–3 Uhr | Elefantengasse 13 | Tel. 069 29 29 26 | U 4–7, S 1–6, 8, 9 Tram 12, 18, Bus 30, 36 Konstablerwache **(227 F1)**

BELLUGA SALOON

Die Bar erinnert an einen amerikanischen Saloon – allerdings an eine schicke und moderne Variante mit langem, edlem Holztresen. Von Donnerstag- bis Sonntagabend heizen DJs die Stimmung an. Die Getränkekarte ist abwechslungsreich: Wer hier keinen Cocktail findet ...

City

Mo–Do 11–1, Fr 11–2, Sa 12–2 Uhr | Neue Rothofstr. 13–19 | Tel. 069 36 60 19 24 | www.belluga.de | U 6, 7, Bus 64 Alte Oper **(226 C3)**

BRAUSTIL

Die ehemalige Tankstelle ist etwas für Bierkenner. Hier werden diverse Spezialitäten gebraut, die Sie im Shop erwerben und im Sommergarten auch gleich vor Ort genießen können. Wenn Sie dazu Hunger verspüren, bestellen Sie einfach etwas vom Grill, denn das benachbarte Geschäft Wild-Schmidt versorgt die Manufaktur mit Feinkost. In unregelmäßigen Abständen veranstaltet das Braustil Tastings, Infos auf der Website.

Nordend

Mo–Fr 12–22, Sa 11–22, So 14–22, Bar bis 24 Uhr | Oeder Weg 57 | Tel. 069 98 66 95 57 | www.braustil.de | U 1–3, 8 Grüneburgweg **(230 B3)**

INSIDER TIPP CHAPLIN

Mit über 60 Whisky- und mehr als 100 Ginsorten fällt die Auswahl im Chaplin oft schwer. Doch das gemütliche Ambiente mit Lounge, Kamin und Außenbereich direkt an der belebten Berger Straße lädt zum Durchprobieren ein. Um die Entscheidung etwas leichter zu machen, gibt es jeden Monat einen »Gin des Monats« und exzellente Beratung durch die Whisky- und Ginspezialisten an der Bar.

Bornheim

Mo–Do 17–2, Fr/Sa 17–3, So 17–1 Uhr | Berger Str. 247 | Tel. 069 48 44 37 68 | U 4, Tram 12, Bus 34, 43, 69 Bornheim Mitte **(231 E2)**

GATSBY

F. Scott Fitzgeralds »Der große Gatsby« dient dieser Location als Leitfigur. Die Smokingbar trägt aber nicht nur den Namen des Romanhelden, sondern ist

auch im Stil der Zeit eingerichtet, in der die Geschichte um den amerikanischen Multimillionär spielt. Sie möchten wie in den *Roaring Twenties* feiern? Das Gatsby lässt sich für private Events mieten.
City
Mo–Do, So 17–1, Fr, Sa 17–4 Uhr | Töngesgasse 7 | Tel. 0162 8 88 66 55 | S 1–6, 8, 9, U 4–7, Tram 12, 18, Bus 30, 36 Konstablerwache **(227 E3)**

GEKKOS
Die Mitarbeiter der Bar im Hilton-Hotel konnten bereits einige Preise einheimsen – beispielsweise als »bestes Barteam des Jahres«. Für die Betreiber Micky Rosen und Alex Urseanu ist das aber nicht nichts Neues: Sie haben diesen Preis schon für die Roomers-Bar bekommen. Neben exzellent gemixten Drinks gibt es in der Gekkos-Bar das mit 80 Sorten größte Whiskyangebot der Region und von Montag bis Samstag ab 21 Uhr ein kleines DJ-Programm.
City
Tgl. 18–3 Uhr | Hochstr. 4 | Tel. 069 133 80 24 80 | www.gekkos-bar.com | U 1–3, 8, Bus 36 Eschenheimer Tor **(227 D2)**

HARRY'S NEW-YORK-BAR
Diese Bar ist wie eine sichere Bank: klassisches Ambiente, exzellente Cocktails und Livemusik mit Piano und Saxophon (Di–Sa 22–2 Uhr). Was will man mehr? Eine Barkeeperin, die sämtliche Konkurrentinnen bei den *Barmaid Olympics* auf die Plätze verwies! Wer selbst lernen will, wie der perfekte Cocktail entsteht, kann hier auch regelmäßig Mix-Kurse belegen. Die Bar ist übrigens ein Raucherlokal.
Sachsenhausen
Tgl. 18–3 Uhr | Walther-von-Cronberg-Platz 1 | Tel. 069 6 64 01 42 01 | www.harrysbar-ffm.blogspot.de | Tram 14, 18, Bus 45, 46 Frankensteiner Platz **(231 D5)**

DAS HINTERZIMMER
Inhaber Holger Charak ließ sich bei der Gestaltung seiner Location von den Backdoor-Bars der amerikanischen Prohibition inspirieren. Sie sitzen also stilecht auf Möbeln der 1920er-Jahre und genießen Cocktailklassiker (nicht nur aus dieser Zeit). Wer rauchempfindlich ist, wird im Hinterzimmer allerdings nicht lange verweilen.
Nordend

MARCO POLO HIGHLIGHTS

★ **Trinkhalle**
Mit ihrem Wohnzimmer-Ambiente und selbstgemachten Limonaden mit und ohne Gin gehört die Bar seit Jahren zu den In-Adressen im Ostend → S. 185

★ **Batschkapp**
Eine Legende, die auch am neuen Standort kein bisschen ihrer Beliebtheit eingebüßt hat. Die Livemusik, Partys und Newcomer-Contests sind in Frankfurt Kult → S. 187

★ **Die Fabrik**
Hier geben sich Jazzbands, Comedy-Acts, Singer-Songwriter und DJs die Klinke in die Hand → S. 192

★ **Gute Stute**
Die ausgefallene Kneipe ist seit über 30 Jahren auf Erfolgskurs → S. 195

★ **The Legends**
Café, Bar, Tattoo- und Piercing-Studio sowie Barbershop vereint → S. 200

Lust auf einen Whisky? Bei Gekkos hat man die Qual der Wahl zwischen sage und schreibe 80 Sorten

Di–Do 19–2, Fr, Sa 19–5 Uhr | Gaußstr. 4 | Tel. 0176 61952 92 72 | Tram 12, 18, Bus 30 Friedberger Platz (231 D3)

JIMMY'S

Holzvertäfelte Wände, gemütliche Clubsessel und dicke weiche Teppiche so-wie – nicht zu vergessen – Live-Pianomusik machen die Bar im Souterrain des Hessischen Hofs zu einem Hotspot im Frankfurter Nachtleben. Ebenso legendär wie der hohe Alkoholgehalt mancher Cocktails ist die Klingel an der Eingangstür – denn HIER muss jeder Gast erst einmal höflich um Einlass bitten. Das stört aber niemanden, denn Jimmy's ist eben ein preisgekrönter Klassiker. Tipp für hungrige Nachtschwärmer: Sie können bis 3 Uhr morgens Kleinigkeiten aus der Küche bestellen.

Westend

Tgl. 20–4 Uhr | Hotel Hessischer Hof | Friedrich-Ebert-Anlage 40 | Tel. 069 754 00 | www.hessischer-hof.de | U 4, Tram 16, 17, Bus 50 Festhalle/Messe (229 E4)

LOGENHAUS IM FINKENHOF

Wer den schönen Nachtsalon von Stefano Rondoni und Jan Petry mit seinem warm-plüschigen Ambiente und der grandiosen Auswahl an Gin-Sorten eher als Adresse für die kühle Jahreszeit oder für spät nachts im Kopf hat, wird überrascht sein: Mit seinem romantischen Garten ist das Logenhaus auch im Sommer eine schöne Adresse.

Nordend

Mi/Do 19–1, Fr/Sa 20–2 Uhr | Finkenhofstr. 17 | Tel. 069 84775743 | www.logenhaus-bar.de | U 1–3, 8 Grüneburgweg, Bus 36 Bornwiesenweg (230 B3)

LUNA-BAR

Sie ist eine der klassischen und nach inzwischen 20 Jahren alteingesessenen Bars in Frankfurt. Im Angebot sind viele

Signature-Cocktails. Der »Lynch Cream Fog« und der »Pisco Apple Twister« sind zwei davon. Die Karte verführt Sie zudem mit einer riesigen Auswahl an Klassikern, die Barkeeper mixen aber auch jeden Wunschdrink.

City

Mo–Do 19–2, Fr, Sa 19–3 Uhr | Stiftstr. 6 | Tel. 069 84776572 | www.luna-bar.de | U 1–3, 6–8, S 1–6, 8, 9 Hauptwache **(227 E2)**

INSIDER TIPP MAINCAFÉ

Das Maincafé ist der Treffpunkt schlechthin. Sobald die ersten warmen Tage nach draußen locken, bilden sich an den Theken drinnen wie draußen lange Schlangen, und die Liegestühle sind im Handumdrehen vergriffen. Ein hervorragender Ort, um den Joggern, Flaneuren sowie andockenden Booten zuzuschauen und Leute kennenzulernen. Die Skyline ist beeindruckend. An lauen Sommerabenden kann man auch viele Motorboote und das ein oder andere Partyboot erblicken. Frankfurt liegt dann irgendwie am Meer.

Sachsenhausen

Frühjahr–Herbst tgl. ab 10 Uhr | Schaumainkai 50 | Tel. 069 66169713 | www.maincafe.net | U 1–3, 8 Schweizer Platz **(226 C5)**

MAINSTRAND

Andrej Munivrana und Bastian Bernhagen, zwei Profis in Sachen Top-Entertainment, betreiben die Location am Fuß des Eisernen Stegs auf der Sachsenhäuser Seite. An diesem traumhaften Ort haben Sie einen guten Blick auf Frankfurts Skyline. Im Sommer lädt der riesige Außenbereich am Wasser zum Chillen ein, im Winter verwandelt sich die ehemalige Strandperle dann in eine klassische Bar.

Sachsenhausen

Mo–Fr ab 15, Sa, So ab 12 Uhr | Schaumainkai, am Eisernen Steg | Tel. 0173 3182223 | www.main-strand.de | Bus 46 Eiserner Steg **(227 E5)**

OLD FASHIONED BAR

Nostalgische Stehlampen, Stummfilm-Screenings und Swing, der aus den Boxen schallt: Die Bar im Sachsenhäuser Kneipenviertel steht ganz im Zeichen der 1920er-Jahre. Neben den alkoholischen Klassikern gibt es eine kurze, knackige Cocktailkarte und – dem Namen angemessen – verschiedene Absinthsorten. Damit sich nicht nur Retrofans wohlfühlen, schallt ab und zu auch mal Elektro-Swing und Funk aus den Boxen.

Sachsenhausen

Mo–Do 21–2, Fr/Sa 21–4 Uhr | Klappergasse 35–39 | Tel. 069 66161379 |

www.oldfashioned-bar.de | Tram 14, 18, Bus 45, 46 Frankensteiner Platz (235 D2)

THE PARLOUR

Wie eine Speak-easy-Bar zur Zeit der amerikanischen Prohibition kommt The Parlour ohne Schild und Klingel aus. Wer rein will, muss anklopfen. Sind die 30 Sitzplätze besetzt, gibt es keinen Einlass mehr. Die Bartender beraten jeden Gast ausführlich, so ist eine Karte überflüssig. Alle Zutaten sind von hoher Qualität und die Drinks perfekt zubereitet.

City

Tgl. 20–2 Uhr | Zwingergasse 6 | Tel. 069 26 01 82 90 | U 1–3, 6–8, S 1–6, 8,9 Hauptwache (226 C2)

PEARLY GATES

Die »Himmelspforte«, so heißt das Pearly Gates übersetzt, mischt das Main-Firmament gewaltig auf. Gibson-Chef Majid Djamegari hat diese edle Cocktailbar im klassisch-gemütlichen Ambiente gestaltet, und edel ist auch der Anspruch bei den erlesenen Cocktails sowie Longdrinks. Die leckeren Kreationen von Barchef Stefano Motta tragen Namen wie»Genius & Madness« oder »The Frankfurt Spice Trade« und passen damit zur New-York-Atmosphäre der 1920er-Jahre, die das Pearly Gates so herrlich verströmt.

City

Di–Do 17–1, Fr 17–2, Sa 19–2 Uhr | Kleine Hochstr. 20 | Tel. 069 96 86 96 83 | www.pg-bar.de | S 1–6, 8, 9, U 1–3, 6–8 Hauptwache (226 C2)

THE PLACE TO BE

Wenn es um die Wahl eines prägnanten Namens geht, tragen manche Betreiber

Sommer, Sonne, Mainstrand – und im Hintergrund strebt Frankfurts Skyline in den blauen Himmel

Für Romantiker: die Schwedlersee-Bar, lauschig am Wasser gelegen

dick auf. Die Stimmung, die im Place to Be herrscht, gibt Daniela Gottschalk aber recht: Das lässige Ambiente und die gut gemixten Cocktails locken ein angenehmes Publikum an. Und wenn Sie der Hunger überkommt, können Sie aus dem kulinarischen Angebot der benachbarten Suppenküche – ein weiterer Laden von Gottschalk – wählen.

City

Mo–Do 12–1, Fr, Sa 12–2 Uhr | Weißadlergasse 3 | Tel. 069 29 72 45 45 | www.theplacetobe.at | U 1–3, 6–8, S 1–6, 8, 9 Hauptwache (227 D3)

ROTE BAR

Eine der apartesten Bars der Stadt und aus Passion retro, vielleicht mehr noch als andere. Die Rote Bar entführt ihre Gäste mit dem Porträt der in Frankfurt geborenen Tänzerin La Jana in die 1940er-Jahre. Cocktails und Longdrinks werden nicht mit großer Geste, sondern ganz behutsam gemixt. Die Barkeeper sind ebenso versiert wie kreativ.

City

So–Do 21–1, Fr/Sa 21–2 Uhr | Mainkai 7 | Tel. 069 29 35 33 | www.rotebar.com | S 1–6, 8, 9, U 4, 5, Tram 11, 12, 14, 18 Dom/Römer (227 F4)

INSIDER TIPP SCHWEDLERSEE-BAR

Nur während der Sommersaison geöffnet! Mitten im Frankfurter Osthafen liegt der baumumstandene Badesee, in den zwar nur Mitglieder des Schwimmclubs springen dürfen, an dessen Ufer sich aber die nette Kneipe versteckt. Es gibt auch Kleinigkeiten aus der Küche wie Vogelsberger Kartoffelwurst. Ein absolutes Muss für Romantiker!

Ostend

Di–Fr 12–24, Sa ab 20, So 12–24 Uhr | zwischen Lindley- und Schmickstr. | Tel. 069 37 30 49 07 | www.schwedlersee.de | Tram 11 Schwedlerstraße, dann dem Schild »Wasserschutzpolizei« folgen (231 F4)

TRINKHALLE ★

Die Frankfurter Institution ist ein Schmuckstück mit Retrocharme. Neben den gemütlichen Sesseln und Sofas unterstreicht der Kamin die chillige Atmosphäre. Das flüssige Angebot umfasst neben selbst gemachten Limonaden auch unter anderem die Bereiche »Buben-Kram«, »Auf Eis und Ex« sowie »Mädchen-Krimskrams«.

Ostend

Mo–Do 18–1, Fr, Sa 18–2 Uhr | Obermainanlage 24 | Tel. 0177 5 53 33 23 | www.trinkhalle-frankfurt.de | S 3–6, Tram 11, 14, 18, Bus 31 Ostendstraße (231 D4)

CLUBS

ADLIB

Der Club von Rusbeh Toussi (Velvet und Skylounge) hat einiges zu bieten: Wer richtig Party machen will, findet drei geräumige Etagen mit zwei Tanzflächen und vier Bars sowie hochwertiges Interieur, das irgendwo zwischen spacig und elegant einzuordnen ist. Auf der Dachterrasse des Adlib genießt man darüber hinau die sensationelle Aussicht auf die Stadt. All das zieht die Jeunesse dorée von Frankfurt geradezu magisch an.

Ostend

Fr, Sa 22–5 Uhr | Schwedlerstr. 8 | Eintritt 5–10 Euro |www.adlib-ffm.de | Tel. 069 2 57 80 95 27 | U 6 Ostbahnhof, Tram 11 Schwedlerstraße (231 F4)

CLUB 101

Hier treffen sich alle, die hoch oben und trotzdem nicht abgehoben feiern wollen. 101 m über der Erde steht regelmäßig eine der angesagtesten Partys von Frankfurt auf dem Programm (ab 21 Uhr und 21 Jahren). Eine spektakuläre Aussicht auf die Stadt, Kuschelecken direkt am Fenster, eine kleine Tanzfläche, Chill-in-Tunes, Dance-Music, Videoanimationen und Visuals zaubern im Club 101 eine exklusive, aber trotzdem lockere Atmosphäre.

City

Ein- bis zweimal im Monat ab 21 Uhr | Japan-Center, Taunustor 2–4 | Eintritt bis 23 Uhr 6 Euro, danach 10 Euro | Tel. 069 97 46 05 55 | www.club101.de | U 1–5, 8, Tram 11, 12, 14, 18 Willy-Brandt-Platz (226 C4)

DOUGH HOUSE

In Sachsenhausen ist mit dem Dough House ein INSIDER TIPP Hotspot für aufstrebende Künstler beheimatet. Ihnen wird hier eine Plattform für ihre Darbietungen geboten – eine tolle Ergänzung zum bestehenden kulturellen Angebot. Derzeit unterhält das Haus mit drei Events im Monat (von House bis Urban) seine Gäste und zeigt sich flexibel – die Etagen werden nebenbei für kleine Konzerte, Foto- und »Urban Art«-Ausstellungen, Shootings und andere Veranstaltungen im Kreativbereich genutzt. Im ersten Stock lädt eine orientalische Sandwichbar zum kulinarischen Experimentieren ein.

Sachsenhausen

Fr/Sa ab 22 Uhr | Eintritt je nach Veranstaltung| Kleine Rittergasse 21 | Tel. 0151 64 30 29 96 | www.doughhouse.de | Tram 18 Dreieichstraße (235 D2)

KARLSON CLUB

NEU An den Ort, wo in den 1980er-Jahren unter dem Namen K17 und in den 1990ern im Maxim gefeiert wurde, ist wieder Leben eingekehrt. Initiator des 280 m² großen Clubs ist Velvet- und Adlib-Chef Rusbeh Toussi. Aus den Laut-

sprechern kommen hier vor allem Techno und House. Für Studenten gibt es regelmäßig Rabattaktionen.
City
Di–Do 18–24, Fr/Sa 18–6 Uhr | Eintritt ab 8 Euro | Karlstr. 17 | Tel. 069 25 78 09 5 12 | www.karlson-club.de | S 1–9, U 4, 5, Tram 11, 12, 14–17, 19–21, Bus 33, 37, 46, 64, 600 Hauptbahnhof (226 A4)

MOON 13
In fünf verschiedenen Bereichen können Sie zu Elektro, Ibiza-House, Mixed-Music oder Urban-Beats abtanzen. In den Bars gibt es Burger und Sandwiches für den Hunger zwischendurch. Die Musik ist massenkompatibel, auch internationale Acts und erfolgreiche Eventreihen lassen die Partygemeinde in die spektakulären Clubräume nach Fechenheim strömen.
Fechenheim
Do–Sa 22–6 Uhr | Eintritt ab 5 Euro | Carl-Benz-Str. 21 | Tel. 069 87 20 00 13 | www.moon13.de | Tram 11, 12 Dieselstraße (225 E4)

THE ODEON
Ein Anziehungspunkt seit rund 200 Jahren: Der Bethmannsche Pavillon wurde 1808 erbaut und diente als Ausstellungshalle für »Ariadne auf dem Panther« von Johann Heinrich von Dannecker, heute im Liebighaus zu bewundern. In den letzten Jahrzehnten avancierte die stilvolle weiße Villa mit Garten zur beliebten Clublocation mit mehreren Bars auf zwei Ebenen. Die erste offizielle Studentenparty Frankfurts findet immer noch donnerstags statt. Weniger traditionell ist die »Odeon-Flirt-Night« für die Generation Facebook mit eigens entwickelter »Flirt-App«.
City
Do–Sa 22–5 Uhr | Eintritt ab 3 Euro | Seilerstr. 34 | Tel. 069 28 50 55 | www.the

Tanzhaus West: Am Wochenende gibt es hier tolle Musikevents

odeon.de | S 1–6, 8, 9, U 4–7, Tram 12, 18, Bus 30, 36 Konstablerwache (230 C4)

TANZHAUS WEST/DORA BRILLIANT

Das Tanzhaus West (mit seinem Ableger Dora Brilliant) residiert in einer Industriehalle von 1923 auf dem Gelände der ehemaligen Druckfarbenfabrik Dr. Carl Milchsack. Am Wochenende bringen Elektro- und Livekonzerte den alten Bau zum Kochen. Ansonsten wird das historische Geviert von Bildhauern und Theatermachern genutzt, es gibt auch ein Café und verschiedene Ateliers. Techno, House sowie Minimal werden freitags und samstags gespielt und ab und zu auch unter der Woche.

Gutleutviertel

Meist Fr, Sa ab ca. 23 Uhr | Eintritt je nach Veranstaltung | Gutleutstr. 294 | www.tanzhaus-west.de | S 3–6, Tram 11, 21 , Bus 52 Galluswarte (233 E2)

TRAVOLTA

Der Name ist Programm: In bester Citylage feiert das unbeschwerte Lebensgefühl der 1970er-Jahre ein Revival, meist zu Hip-Hop, House und Soul. Dabei wollen sich die Betreiber an der musikalischen Entwicklung in großen europäischen Metropolen orientieren. Ab und an gibt es auch Livekonzerte.

City

Do–Sa ab 23 Uhr | Eintritt 10 Euro inkl. Getränkegutschein | Brönnerstr. 17 | Tel. 069 21 65 79 00 | www.club-travolta.de | S 1–6, 8, 9, U 1–3, 6–8 Hauptwache (227 E2)

VELVET CLUB

Frankfurts größte Diskokugel und Spiegelwand, eine Tanzfläche mit beleuchtetem Boden, verschiedene Sitzebenen, abgetrennte Bar- und Loungebereiche, und alles in eleganten Braun- und Grüntönen gehalten: Fast nicht zu glauben, dass die Partycrowd hier im ehemaligen Olympia-Kino feiert. Zu House-Musik am Freitag tanzt eher junges Publikum – natürlich, passend zum Ambiente, absolut durchgestylt.

City

Mi, Fr, Sa ab 22 Uhr | Weißfrauenstr. 12–16 | Eintritt ab 10 Euro | Tel. 069 2 57 80 95 10 | www.velvet-ffm.de | U 1–5, 8, Tram 11, 12 Willy-Brandt-Platz (226 C4)

ZOOM

Das Betreiberteam aus Nightlifeprofis (zu ihnen gehört Ex-Batschkapp-Chef Klaus Schaeffer) stellt mit vielseitigen Ideen den Erfolg des Clubs sicher – darunter Comedyevents, Lesungen und Konzerte. Zu den beliebtesten festen Terminen gehört die Party-Reihe »Hit Happens« mit einem Best-Of aus Rock, Classic Hip-Hop und Indiedance. Übrigens gab es an dieser Stelle in den 1970er-Jahren schonmal einen Club gleichen Namens – damals eine legendäre Location, in der alles auftrat, was in der Musikbranche Rang und Namen hatte.

City

Öffnungszeiten je nach Veranstaltung, Sa Hit Happens ab 23 Uhr | Brönnerstr. 5–9 | Tel. 069 69 71 30 05 | www.zoomfrankfurt.de | U 4–7, S 1–6, 8, 9, Tram 12, 18, Bus 30, 36 Konstablerwache (227 E2)

CLUBS – ALTERNATIV

BATSCHKAPP ★

Es gibt Clubs, die jeder kennt und die jeder aus einem anderen Grund liebt – die Batschkapp ist einer davon. Hier gastieren sowohl Bands von Weltruf als auch schräge Vögel. Die »American-Pie-Party« bietet jeden zweiten Samstag im

PARTY-MEILEN

ALT-SACHSENHAUSEN

Fragt man einen Frankfurter nach der klassischen Partymeile, so erhält man fast immer die Antwort »Alt-Sachsenhausen«. Während das Viertel mit seinen süßen alten Fachwerkhäuschen und dem Kopfsteinpflaster tagsüber noch fast malerisch anmutet, herrscht hier in den Abendstunden – vor allem am Wochenende – Hochbetrieb, der an Ballermann-Stimmung erinnern kann. Bars wie das **Old Fashioned → S. 182** servieren Cocktails und Longdrinks, während in den Clubs zu den verschiedensten Musikrichtungen getanzt wird. Beliebt bei Fans von Hard Rock und Metal ist etwa das **Speak Easy → S. 197**, im **Clubkeller → S. 191** stehen eher Rock, Indie und Wave auf dem Programm. Livemusik gibt es regelmäßig im **Ponyhof → S. 193**.

BAHNHOFSVIERTEL

Kaum ein Ort hat sich in den letzten Jahrzehnten so gewandelt wie das Bahnhofsviertel. Nach und nach schütteln die Straßen und Bars rund um den Bahnhof ihr schmuddeliges Image ab und werden zu Hotspots für kreative Partys und In-Locations in zentraler Lage. Beliebt sind vor allem die Pop-up-Clubs, die sich hier immer wieder für einige Wochen niederlassen. Etabliert haben sich auch Clubs wie der **Karlson Club → S. 185**, wo vor allem House gespielt wird, oder der **Latin Palace Changó → S. 192**, wo zu lateinamerikanischen Rhythmen getanzt wird. Mottopartys mit Bahnhofsviertel-Flair gibt es in der **Pik-Dame → S. 200.** Jedes Jahr im Sommer zieht die INSIDER TIPP **Bahnhofsviertelnacht → S. 213** mit Livebühnen zehntausende Besucher auf die

Straßen. Fast rund um die Uhr geöffnet ist die wohl legendärste Kneipe des Viertels, das **Moseleck** (*tgl. 6–4 Uhr | Moselstr. 21 | www.moseleck-ffm.de*), das seit über 20 Jahren zu den beliebtesten Institutionen Frankfurts gehört.

RUND UM DIE BERGER STRASSE

Nicht nur während des **Berger Straßenfests → S. 189** ist die Bornheimer Einkaufs- und Ausgehmeile ein beliebtes Viertel für Nachtschwärmer. Kreative Restaurants – extrem viele mit veganem und Ökoansatz – ziehen Abend für Abend Menschen hierher. Zu den Adressen, die dafür sorgen, dass der Abend nach dem Essen im lustigen Dorf nicht zwingend enden muss, gehören etwa das **Mampf → S. 195** oder die legendäre Nachtkneipe **Lebensfreude Pur → S. 195**

BRÜCKENVIERTEL

Das Nachbarviertel Alt-Sachsenhausens ist bei allen besonders beliebt, die es lieber gemütlich und urwüchsig angehen lassen wollen. Hier stechen Apfelweinkneipen wie das **Fichtekränzi** (*Mo–Sa ab 16, So ab 17 Uhr | Wallstr. 5 | www.fichtekraenzi.de | Tram 14–16 Textorstraße,* 227 F6) oder die **Atschel** (*tgl. ab 12, Küche bis 23 Uhr | Wallstr. 7 | www.atschel-frankfurt.de*) heraus, wo man an den großen Holztischen schnell Anschluss findet. Für alle, die tanzen und Mainluft schnuppern wollen, gab es im Frühjahr 2016 eine spektakuläre Rückkehr, als sich Nachtlebenlegende Hans Romanov den **Yachtklub → S. 20** zurückeroberte. Livemusik wird regelmäßig im **Dreikönigskeller → S. 191** gespielt.

RUND UM DIE ZEIL

Wenn die Läden der Fußgängerzone schließen, geht es hier in zahlreichen Clubs und Bars erst los. Hier findet jeder Orte und Musikrichtungen, die zu ihm passen, ob Livekonzerte im **Zoom → S. 187**, House im **Gibson → S. 18** oder Rock und Metal im **Nachtleben → S. 192.** Ins **Pearly Gates → S. 183** geht der Nachtschwärmer für leckere Cocktails, in den Kult-Club **Voltaire → S. 191** für einen Abend mit angeregten Diskussionen.

Monat eine Mischung aus Musik der 1980er, 90er und 2000er sowie College-Rock, Party-Classics und »Best of Heimscheißer-Kitsch«. Die Halle in Seckbach fasst 1500 Personen!

Seckbach

Fr, Sa ab 22 Uhr und je nach Veranstaltung | Eintritt ab 5 Euro | Gwinnerstr. 5 | Tel. 069 95 21 84 10 | www.batschkapp.de | U 4, 7, Bus 41, 42, 44 Gwinnerstraße (225 E3)

DAS BETT

Willkommen im Bett, aber geschlafen wird hier nicht. Stattdessen gibt es Livekonzerte unterschiedlichster Musikrichtungen wie beispielsweise etwa Psychobilly, Balkan- und Urban-Elektro-Gypsy, Ska, Dub, Cumbia, Punk, Groove, Funk, Jazz, Rock und Reggae.

Gallus

Meist Mi, Fr–So 21.30 Uhr | Eintritt je nach Veranstaltung | Kommunikationsfabrik, Schmidtstr. 12 | Tel. 069 60 62 98 73 | www.bett-club.de | Tram 11, 21 Mönchhofstraße (228 B6)

BROTFABRIK

Immer wieder mittwochs ab 21 Uhr ertönen in der Brotfabrik heiße Salsaklänge – und dann kocht der Saal! In dem selbst verwalteten Zentrum teilen sich elf verschiedene Projekte den Platz, der hier auf 1500 m² zur Verfügung steht. Neben zwei Bühnen gibt es einen großen Veranstaltungssaal, in dem nicht nur die legendäre Salsadisko stattfindet, sondern auch regelmäßig Konzerte gegeben werden. Für Salsaeinsteiger gibt es jeweils am ersten Mittwoch im Monat einen Schnupperkurs, um erste Tanzschritte zu lernen. Zweimal monatlich findet eine INSIDER TIPP Disko für Menschen mit und ohne Behinderung statt, an einigen Terminen speziell für Teenager.

Im Clubkeller kann man gut sein Bierchen zischen, aber auch das alternative Musikprogramm genießen

Hausen
Bachmannstr. 2–4 | Eintritt ab 6 Euro | Tel. 069 24 79 08 00 | www.brotfabrik.info | U 6, Bus 34 Fischstein, U 7, Bus 72, 73 Große Nelkenstraße (228 B1)

CAVE
Wer am Wochenende um 4 Uhr morgens noch nicht genug hat und über einen extremen (und flexiblen) Musikgeschmack verfügt, der ist im Cave am richtigen Ort. Doch Vorsicht: Im Gewölbekeller ist es ziemlich düster. Freitags und samstags geht es erst spät los, dafür feiern die Cave-People dann zu Alternative, Punk und Metal bis in die Morgenstunden. Zu empfehlen sind Themennächte wie die »Tarantinoparty«.
City
Mo gelegentlich Liveprogramm, Di, Do–Sa ab 22 Uhr | Eintritt 5 Euro | Brönnerstr. 11 | www.the-cave.de | U 1–3, 6–8, S 1–6, 8, 9 Hauptwache (227 E2)

CLUBKELLER
Der verwinkelte Club ist seit über 15 Jahren am Start. Musikalisch geht es schrill und schräg rund 40 Jahre zurück. Das Programm ist wie eine Wundertüte: Es gibt Hartes und Lautes, Indierock, Punk 'n' Roll, aber auch French-Pop, Elektro und vor allem die 1960er auf die Ohren. Sie können aber auch einfach auf ein gemütliches Bier oder ein Tischkickerspiel vorbeikommen.
Sachsenhausen
Mi–Sa ab 22 Uhr | Eintritt frei o. ab 3 Euro | Textorstr. 26 | Tel. 069 66 37 26 97 | www.clubkeller.com | Tram 14, 15, 16 Textorstraße (235 D2)

CLUB VOLTAIRE
Die kleine Kneipe in der City ist so etwas wie Frankfurts letzte Bastion der linken Streitkultur. Schon seit 1962 wird hier diskutiert, spritzige, lustige und kluge Beziehungsdebatten zwischen Politik und Kultur sind fast schon das Markenzeichen. Das Verlangen nach einer neuen Dialektik der Aufklärung wird dabei sowohl mit bierernsten Auseinandersetzungen als auch mit komischen Veranstaltungen bedient. Dazu gibt es Jazz und Tanzabende mit Musik von Rock bis Funk und Improvisation.
City
Mo–Sa 18–24, So 18–24 Uhr | Eintritt 0–9 Euro | Kleine Hochstr. 5 | Tel. 069 29 24 08 | www.club-voltaire.de | U 1–3, 6–8, S 1–6, 8, 9 Hauptwache (226 C2)

DREIKÖNIGSKELLER
NEU Für die Fans des Dreikönigskellers war es zum Glück nur ein eher kurzer Schreckmoment, als Ende 2015 angekündigt wurde, dass der kultige Kellerclub in der Färberstraße zum Jahresende schließen muss. Nach nur elf Wochen Pause ging es im Frühjahr 2016 doch weiter: Niko Collischonn, ehemaliger Mitarbeiter der Musikkneipe mit kleiner Livebühne, hat die Location in Eigenregie wiedereröffnet. Jeden Mittwochabend ab 18.30 Uhr lockt seitdem die INSIDER TIPP Feierabend-Reihe Musikliebhaber unter die Erde.
Sachsenhausen
Mi 18.30–24, Do 20–24, Fr, Sa 21–3 Uhr | Eintritt je nach Veranstaltung | Färberstr. 71 | Tel. 069 42 60 27 86 | www.dreikoenigskeller.eu | U 4, 5, Tram 11, 12 Dom/Römer, Bus 30, 36 Elisabethenstraße, Bus 46 Eiserner Steg (235 D1)

ELFER MUSIC CLUB
Früher ein Anhängsel des großen Bruders Batschkapp, hat sich der Elfer Music Club unter der Regie von Wolf Heilig und Thomas Winterscheid von seinem Ruf als ewig Zweiter gelöst. Das Programm mit Konzerten und DJ-Musik

kann sich wirklich sehen lassen: Es reicht von Alternative und Rock über Oldies, Elektro und Old-School bis hin zu Hip-Hop, Nu Jazz, Swing und Chillout.

Sachsenhausen

Öffnungszeiten je nach Veranstaltung | Klappergasse 5–7 | Eintritt ab 4 Euro | Tel. 069 21 99 05 70 | www.11-er.de | S 3–6, Tram 14–16, 18, Bus 30, 36, 45–48 Lokalbahnhof **(227 F5)**

DIE FABRIK ★

Musik und Comedy vom Feinsten stehen regelmäßig auf dem Monatsprogramm im etwas abseits gelegenen ehemaligen Fabrikgebäude in Sachsenhausen und sorgen dafür, dass sich der Hinweg jedes Mal lohnt. Auf der kleinen Bühne stehen Jazzformationen, Singer-Songwriter, Kabarettisten und Poetry-Slammer. Regelmäßig steigen in der Fabrik auch Disko-Abende für alle über 40.

Sachsenhausen

Öffnungszeiten und Eintritt je nach Veranstaltung | Mittlerer Hasenpfad 5 | Tel. 069 60 50 43 81 | www.die-fabrik-frankfurt.de | S 1–6, 8, 9, U 1–3, 8, Tram 14–16, 19, Bus 45, 47, 48, 61, 80, 653 Südbahnhof **(234 C3)**

JAZZKELLER

Louis Armstrong hat den ältesten Jazzclub Europas schon besucht, und Albert Mangelsdorff gründete hier sein berühmtes Quintett. Heute erinnern Fotos an die alten Zeiten, aber die Passion für den Jazz und seine musikalischen Ableger ist geblieben. Eugen Hahn hat behutsam modernisiert und die Nachwuchsförderung eingeführt: Einmal in der Woche (mittwochs) stehen junge Jazzer auf der kleinen Bühne, aber auch sonst spielen INSIDER TIPP Newcomer und etablierte Musiker Seite an Seite. Freitags legen DJs zur »Swingin'-Latin-Funky Dancenite« auf. Die Atmosphäre ist familiär, die Getränkepreise sind erschwinglich.

City

Öffnungszeiten und Eintritt je nach Veranstaltung | Kleine Bockenheimer Str. 18a | Tel. 069 28 85 37 | www.jazzkeller.com | U 6, 7, Bus 64 Alte Oper **(227 E2)**

LATIN PALACE CHANGÓ

Temperamentvolle Chicos und Chicas treffen sich hier, um das lateinamerikanische Lebensgefühl zu genießen und gemeinsam die Hüften zu schwingen. Während auf der unteren Tanzfläche vor allem Salsa und Merengue angesagt sind, schallen weiter oben Reggae und R'n'B in Kombination mit Latinoklängen aus den Boxen. Anfänger können freitags und samstags ab 21.30 Uhr bei Schnupperkursen in Salsa und Co. mittanzen.

City

Fr, Sa ab 20 Uhr | Eintritt ab 7 Euro | Münchener Str. 57 | Tel. 069 27 22 08 07 | www.latinpalace-chango.de | S 1–9, U 4, 5, Tram 11, 12, 14–17, 19–21, Bus 33, 37, 46, 64, 600 Hauptbahnhof **(226 B5)**

NACHTLEBEN

Die kleine Schwester der Batschkapp ist erwachsen geworden. Oder zumindest so etabliert, dass sie aus dem Frankfurter Nachtleben nicht mehr wegzudenken ist. Tagsüber gibt es im Obergeschoss ein Café mit Zeitungsauslage, abends wird die Musik lauter gedreht und der Tagesausklang genossen. Auch Livemusik und Partys im Untergeschoss sind keine Seltenheit. Hier spielen vor allem Bands aus den verschiedenen Rockrichtungen.

City

Mo–Mi 10.30–2, Do–Sa 10.30–4, So 19–2 Uhr | Eintritt je nach Veranstaltung | Kurt-Schumacher-Str. 45 | Tel. 069 2 06 50 | www.batschkapp.de | S 1–6, 8, 9,

Mutter aller europäischen Jazzclubs: der berühmte Jazzkeller

U 4–7, Tram 12, 18, Bus 30, 36 Konstablerwache (227 F3)

ORANGE PEEL

Das Orange Peel ist ein plüschig-durchgestyltes Multitalent. Denn neben Partys und Konzerten, von Funk und Ska über Punk und Elektro bis Rock, stehen in der Location Lesungen und Theatervorführungen oder Fashion-Shows mit veganer Kleidung auf dem Programm.

City

Öffnungszeiten und Eintritt je nach Veranstaltung | Kaiserstr. 39 | Tel. 0152 54 08 55 37 | www.orange-peel.de | U 1–5, 8, Tram 11, 12, Willy-Brandt-Platz (226 C4)

PONYHOF

Der kleine Ponyhof ist eine Insel im berühmt-berüchtigten Amüsierviertel mit seiner hohen Kneipendichte. Das liebevoll bestückte Programm besteht vor allem aus Liveacts von Indie bis Elektro, aber auch Disko und manchmal Theater. Die »Lesebühne Ihres Vertrauens« *(www.dielesebuehne.de)* bietet an jedem zweiten Sonntag im Monat jungen Autoren eine Plattform.

Sachsenhausen

Öffnungszeiten je nach Veranstaltung | Klappergasse 16 | Eintritt ab 5 Euro | Tel. 069 97 76 74 08 | www.ponyhof-club.de | Tram 14, 18, Bus 45, 46 Frankensteiner Platz (235 D3)

SCHIRN AT NIGHT

Hier treffen Kunstgenuss und Clubatmosphäre aufeinander. Mehrmals im Jahr ist die Schirn an einem Samstag bis 24 Uhr geöffnet. Dann wird auch Kunstbanausen die Kultur mit Musik und in entspannter Lounge-Atmosphäre schmackhaft gemacht. Studenten der Kunstpädagogik und -geschichte stehen bereit, um über die Ausstellung zu sprechen. Wechselnde DJs legen auf, und im Foyer gibt es eine Bar.

City
Wechselnde Termine | Eintritt je nach Veranstaltung | Römerberg | Tel. 069 29 98 82-0 | www.schirn.de | U 4, 5, Tram 11, 12 Dom/Römer (227 D4)

KNEIPEN & PUBS

ALTE LIEBE

Die Kneipe hat ein neues Zuhause – ca. 500 m Luftlinie von der alten Heimat entfernt. Das Schöne: In der Eckkneipe mit Patina, die schon einige Bierpinten beherbergte, hat sich die Alte Liebe ihren dämmrigen Charme erhalten. Es gibt weiterhin ein ziemlich buntes und frisches Programm mit Disko und Originellem wie den »Wohnzimmerkonzerten«. Außerdem trifft man sich hier zum Fernsehen von »Tatort« und Eintrachtspielen.

Sachsenhausen
Mo–Do 19–1, Fr, Sa 19–4, So 19–24 Uhr | Darmstädter Landstr. 23 | www.alteliebe-frankfurt.de | S 3–6, Tram 14–16, 18, Bus 30, 36, 45–48 Lokalbahnhof (235 D2)

THE ANGLO IRISH

Eine Kneipe mitten im Alt-Sachsenhäuser Trubel, wie sie irischer kaum sein könnte. Hauptsprache an den meisten Tischen ist Englisch, es werden verschiedenste Sorten irisches Bier und Cider gereicht, an den Decken kleben über und über Geldscheine. Auch Rugby- und Fußballfans kommen während Spielübertragungen gerne vorbei.

Sachsenhausen
Mo–Fr ab 18, Sa, So ab 14 Uhr | Kleine Rittergasse 1 | Tel. 069 61 10 41 | www.angloirish.de | S 3–6, Tram 14, 18, Bus 45, 46 Frankensteiner Platz (235 D2)

BACKSTAGE

Fußball, Schnitzel, Rock'n'Roll: Das sind die drei Säulen, die das Backstage so beliebt machen. Dank Bundesliga ist der Terminkalender von Frankfurts berühmtester Fußballkneipe immer prall gefüllt. Rollt der Ball einmal nicht, gibt es gemeinschaftliches »Tatort«-Schauen, oder Livemusik-Acts der Kategorie Punk-Rock sorgen für Stimmung. Außerdem stehen ein Kneipenquiz und Veranstaltungen wie »Randy's Rock Night« auf dem Programm.

Nordend
Mo–Do 17–24, Fr 17–2, Sa 17–4, So 17–23 Uhr | Rotschildallee 36 | Tel. 069 4 69 13 55 | www.backstagefrankfurt.de | Tram 12, 18 Rothschildallee (231 D2)

DOCTOR FLOTTE

Als urige Studentenkneipe mit jahrzehntelanger Tradition gilt das Doctor Flotte vis-à-vis der Bockenheimer Warte noch immer. Zwar sind die Gäste zum Teil etwas älter geworden und das Mobiliar in die Jahre gekommen, doch das Lokal bleibt gemütlich und ist auch für jüngere Semester anziehend. Der perfekte Ort, um nach einem Restaurantbesuch in der Gegend einen Absacker zu nehmen.

Bockenheim
Tgl. 9–2 Uhr | Gräfstr. 87 | Tel. 069 70 45 95 | U 4, 6, 7, Tram 16, Bus 32, 36, 50, 75 Bockenheimer Warte (229 E3)

FEINSTAUB

Fernab des Mainstreams, aber nah am wahren Leben ist die nicht staubige, sondern feine Kneipe. In unverkrampfter Atmosphäre, ganz ohne Coolnessfaktor, versammelt sich ein gemischtes Publikum. Wechselnde DJs heizen die Stimmung an und zapfen zwischendurch auch mal Bier.

Nordend
Tgl. 19–2 Uhr | Friedberger Landstr. 131 | Tel. 069 20 01 86 66 | www.dasfeinstaub.de | Tram 12, 18, Bus 30 Rohrbachstraße/Friedberger Landstraße (230 C2)

Im Doctor Flotte kämpfen wie eh und je Adorno und Averna um die Vorherrschaft

GUTE STUTE ★

Betritt man die kleine Kneipe im Gallus, wird man alsbald vom Wiehern eines Pferdes begrüßt – einer der Gründe, warum ein Besuch hier eine Weile im Gedächtnis bleiben wird. Auch wenn es nicht die Originalstimme des lebensgroßen Tieres neben der Eingangstür ist, das dem Lokal seit über 30 Jahren seinen Namen verleiht. Ausgeschenkt werden vor allem Bier und Apfelwein sowie der womöglich günstigste Gin Tonic der Stadt (3 Euro). Zur Rechnung gibt's von Wirt Ivo für jeden ein Abschiedsgetränk. Selbstgebrannt, versteht sich!

Gallus

Mo–Sa 15–1 Uhr | Kölner Str. 42 | Tel. 069 73 06 814 | www.gute-stute.com | S 3–6, Tram 11, 21 Galluswarte (229 E5)

LEBENSFREUDE PUR

Als Nachtkneipe bezeichnet Wirtin Luzie Hartel ihr Lokal, das aus Bornheim nicht mehr wegzudenken ist. Hier sammeln sich ab Mitternacht die verschiedensten Gästegruppen, die einen guten Absacker zu schätzen wissen.

Bornheim

Mo–Fr ab 19, Sa, So ab 22 Uhr | Mainkurstr. 19 | Tel. 069 46 89 55 | www.lebensfreude-pur.com | U 4, Tram 12, Bus 34, 43, 69 Bornheim Mitte (231 E2)

MAMPF

Dem gemeinnützigen Verein »Jazz und Maus« sei Dank: Seit 45 Jahren wird in der urigen Kneipe munter gemampft und gejazzt. Verrauchte Wände, alte Poster von Mao und der Anti-AKW-Bewegung – es ist, als ob die Zeit stehen geblieben wäre. Die Stammgäste, eine Mischung aus ewigen Revoluzzern, Studenten und alteingesessenen Frankfurtern, teilen die Liebe zum Jazz. Fast jeden Tag in der Woche wird gejammt. Zu hören gibt es mittlerweile nicht mehr nur jazzige Töne, sondern auch mal Pop, Latin oder Rock.

Bornheim
So–Do 18–1, Fr, Sa 18–2, Konzerte 20.30–23 Uhr | Sandweg 64 | Tel. 069 44 86 74 | www.mampf-jazz.de | U 4 Merianplatz (231 D3)

DAS NORD²

Hier könnte es zu Gewissenskonflikten kommen: Sankt. Pauli oder Eintracht? Immerhin handelt es sich bei den Betreibern dieses Kneipenerfolgsmodells mit dem freundlichen Angebot, gemeinsam Bundesliga zu gucken, um zwei Exilnorddeutsche. Beim Bier werden dann keine Kompromisse gemacht – da schlägt das nordische Herz ganz klar für Sorten wie Astra, Flensburger, Jever und Beck's.

Bornheim
Mi, Do 18.30–1, Fr, Sa 18.30–3, bei Bundesligaspielen ab 14.30 Uhr | Sandweg 64 | Tel. 069 40 56 02 2 | www.dasnordhochzwei.de | U 4 Merianplatz (231 D3)

NORMALKNEIPE

Ganz normal sollte es hier zugehen – so die Idee der Macher der gemütlichen Kneipe im Gallus. Jedes Möbelstück und jeder Dekorationsgegenstand erzählt hier seine eigene Geschichte, einladende Sitzgruppen und eine Sofaecke machen das Wohnzimmerfeeling perfekt. Eine neue Leidenschaft von Wirt Ioannis Giagkos sind Craft-Biere, die er nun auch seinen Gästen anbietet. Dass

Zum Tannenbaum: auch zum Rudelgucken eine beliebte Anlaufstelle

dieses Konzept ankommt, wissen nicht nur Fans und Stammgäste im Gallus. **NEU** Im Nordend wurde 2016 die zweite Normalkneipe eröffnet.

Gallus
Di–So 16–1 Uhr | Frankenallee 113 | Tel. 069 75 98 38 38 | www.normalkneipe.de | S 3–6, Tram 11, 21 Galluswarte (229 D6)

Nordend
Di–So 14–1 Uhr | Nordendstr. 53 | U 5 Glauburgstraße (230 C2)

ZUM SCHWEJK

In der Gay-Community ist die rustikale Bar mitten in der City längst eine Institution: Seit fast 30 Jahren treffen sich Männer jeden Alters im Schwejk, um gemeinsam bei einem Bier oder Ebbelwei zu plauschen, zu lachen und zu feiern. Der Beiname »die lustige Kneipe« kommt nicht von ungefähr, denn zu Schlagern oder Stimmungshits aus den Charts lässt der Chef hinter der Theke gern mal die Bierdeckel fliegen oder bringt die Hängelampen zum Schwingen. Willkommen sind dazu auch alle Heteros, die einen ausgelassenen Abend genießen wollen. Auf eine Kleiderordnung wird im Schwejk übrigens explizit verzichtet: »Come as you are« lautet hier das Motto.

City
Di–Do 16–1, Fr, Sa 12–3, So 18–1 Uhr | Schäfergasse 20 | Tel. 069 29 31 66 | www.schwejk-frankfurt.de | S 1–6, 8, 9, U 4–7, Tram 12, 18, Bus 30, 36 Konstablerwache (227 E2)

SPEAK EASY

Eines ist sicher: Wer sich gut und lange mit seiner Begleitung unterhalten möchte, ist im Speak Easy, einer Gewölbekeller-Kneipe in einer kleinen Seitengasse in Alt-Sachsenhausen, verkehrt. Hier dröhnt laute Rock- und Metalmusik aus den Boxen, und die Luft ist bei hohem Betrieb schnell verqualmt. Wer sich seinen perfekten Abend genau so vorstellt und dann auch noch gerne stundenlang das Flippergerät bedient, hat hier jedoch einen Ort gefunden, wie es in Frankfurt keinen anderen gibt.

Sachsenhausen
Di–Do 19–1, Fr, Sa 19–3 Uhr | Große Rittergasse 42 | Tel. 069 61 80 75 | www.casy.bergserv.de | Tram 14, 18, Bus 45, 46 Frankensteiner Platz (235 D2)

SUMMA SUMMARUM

Wenn Sie Jazz mögen, werden Sie diesen kleinen Club in Sachsenhausen lieben, denn hier können Sie noch wahre Perlen entdecken. Mitglieder des Jazzclubs Frankfurt treten im Summa Summarum jeweils mittwochs und freitags auf, dienstags ist offene Bühne angesagt und donnerstags und samstags ist hier Musik aus allen Stilrichtungen zu hören.

Sachsenhausen
Di–Sa 20–1, Veranstaltungen 21 Uhr | Klappergasse 3 | Eintritt frei | Tel. 0173 168 56 74 | S 3–6, Tram 14–16, 18, Bus 30, 36, 45–48 Lokalbahnhof (230 C5)

ZUM TANNENBAUM

Keine Angst, Sie sind nicht in einer Zeitmaschine ins Jahr 1981 gereist. Die Startbahn-West-Plakate hat nur seitdem niemand abgehängt. Flipper und Kicker werden von Studenten und Leuten aus dem Viertel umlagert. Sympathische Kneipe ums Eck. Sonntag ist »Tatort«-Abend.

Bockenheim
Mo–Do 18–2, Fr, Sa 18–3, So 18–1 Uhr | Homburger Str. 19 | Tel. 069 77 44 94 | U 4, 6, 7, Tram 16, Bus 32, 36, 50, 75 Bockenheimer Warte (229 D3)

SELBER FEIERN

6IXTY2

Hinter dem Namen 6ixty2 verbirgt sich eine Kellerbar im Nordend, in der 30 bis 70 Personen Platz finden. Die Einrichtung ist plüschig, ohne geschmacklos zu sein: gepolsterte Sessel, geschwungene Kerzenhalter und Kronleuchter über der langen Theke. Auf einer kleinen Tanzfläche kommen Ihre Gäste bei der richtigen Musik in Stimmung. Ein vollständig ausgestattetes DJ-Pult ist vorhanden.

Nordend

Öffnungszeiten je nach Veranstaltung | Fichardstr. 62 | Tel. 01578 2 01 10 11 (Di, Do 10–15 Uhr) | www.6ixty2.de | U 1–3, 8 Grüneburgweg (230 B3)

ESCHENHEIMER TURM

Umgeben von historischen Mauern können Sie im Eschenheimer Turm feiern. Zu dem 600 Jahre alten Gebäude gehört neben Turmparterre (50 Sitzplätze) und Terrasse (200 Sitzplätze) auch das Kaminzimmer mit schönem Dielenboden. Hier können 20 Personen eine Veranstaltung in behaglichem Rahmen samt knisterndem Kaminfeuer genießen. Das technische Equipment befindet sich mit Soundanlage, Beamer und Leinwand auf dem neuesten Stand.

City

Mo–Do, So 12–1, Fr, Sa 12–3 Uhr, Kaminzimmer Okt.–April Di–Sa ab 18.30 Uhr | Tel. 069 29 22 44 | www.eschenheimer.de | U 1–3, 8, Bus 36 Eschenheimer Turm (227 D2)

MELODY KARAOKE

Eine Karaoke-Party unter Freunden ist ja schön und gut, aber nicht jedem Nachbarn zuzumuten. Kein Problem: In der Melody Karaoke Bar gibt es Räume für Gruppen von 4 bis 25 Leuten und eine Auswahl von weit über 1000 Songs. Getränke werden über einen Monitor im Raum bestellt, sodass die Gruppe den größten Teil des Abends ungestört ist.

Gallus

Mo, Mi, Do, So 17–3, Fr, Sa 17–5 Uhr | Preise je nach Zeit und Gruppengröße | Lahnstraße 53 | Tel. 069 84 84 32 09 | www.melodyktv.de | S 3–6 Galluswarte, Tram 11, 21 Schwalbacher Straße (228 C6)

PETRIHAUS

Idyllisch im Herzen des Brentanoparks liegt das etwa 1720 errichtete Gebäude. Ursprünglich gehörte es dem Rödelheimer Bäckermeister Johannes Petri. Später kaufte es Georg Brentano, Bruder der Dichter Clemens Brentano und Bettina von Arnim. Heute bietet das malerische Petrihaus ausreichend Platz für 20 Gäste. Bei schönem Wetter können Sie auch mit bis zu 35 Personen im romantischen Sommergarten feiern.

Rödelheim

Öffnungszeiten je nach Veranstaltung | Am Rödelheimer Wehr 15 | Tel. 0175 5 61 76 24 | www.petrihaus-frankfurt.de | Bus 34, 72 Alt-Rödelheim (228 A2)

SCHIFFSMELDESTELLE

Feiern am Fluss – die Schiffsmeldestelle macht es möglich. Das Gelände am Höchster Mainufer bietet den richtigen Rahmen für Ihre Geburtstags- oder Firmenfeier oder ein sonstiges Fest ab 50 Personen. Damit Ihre Party bei schlechtem Wetter nicht ins Wasser fällt, stellen die Veranstalter Ihnen ein Zelt mit ausreichend Sitzplätzen zur Verfügung. Übrigens: Der Platz an der Sonne ist begehrt, also rechtzeitig reservieren!

Höchst

April–Okt. tgl. 10–24 Uhr | Mainufer Höhe Süwag in Frankfurt-Höchst | Tel. 069 30 08 84 44 | www.schiffsmeldestelle.de | Bus 58 Brüningstraße (232 B6)

SZENE

CIRCUS

Vorhang auf, Manege frei! Der Circus ist ein Ort mit familiärer Atmosphäre und ein Treffpunkt für Genießer, Künstler und Kulturinteressierte. Was hier jede Woche aus dem Hut gezaubert wird, kann sich sehen und hören lassen: Black-Music-Partys von Hip-Hop bis Reggae, Konzerte oder Stand-up-Comedy und Swing-Partys ganz im Stil der 1920er-Jahre. Im Clubrestaurant serviert man internationale Küche mit regionalen Einflüssen, und das zu moderaten Preisen. Last, but not least: Die Sommerterrasse ist eine grüne Oase mitten in der Stadt.

City

So, Di–Mi 18–24, Do–Sa 18–3 Uhr | Bleichstr. 46 | Eintritt je nach Veranstaltung | Tel. 069 27 24 24 70 | www.circus-frankfurt.de | U 1–3, 6–8, S 1–6, 8, 9 Hauptwache, Bus 36 Peterskirche

(227 E1)

KANE & ABEL

Der Privatclub ist ein weiteres Projekt von Micky Rosen und Alex Ursenau (Gekkos, Roomers, Moriki): Es gibt viel

Ach, ein Kaminzimmer zum Feiern, das wär schön ... und ist kein Problem im Eschenheimer Turm

Glas und noch mehr Spiegel, golden schimmernde Polster, und insgesamt ist alles sehr schick. Gehoben sind auch die Preise: Cocktails kosten ab 12,50 Euro, ein Bier ist für 4,50 Euro zu haben. Das Publikum ist entsprechend: Frankfurts Schöne und Reiche tanzen zur Musik der 1970er- und 80er-Jahre, aber auch zu Hip-Hop oder Dance-Klassikern. Zutritt bekommt im Kane & Abel übrigens nicht jeder, die strenge Türsteherin Nina Patrice sortiert gut vor.

City

Do–Sa ab 23 Uhr | Eintritt 20 Euro | Goethestr. 31–33 | Tel. 0160 90 11 82 57 | www.kane-and-abel.com | U 1–3, 6–8, S 1–6, 8, 9 Hauptwache **(226 C3)**

THE LEGENDS ★

So ungewöhnlich kann eine Kombination gar nicht sein, dass die Macher des Legends daraus keinen vollen Erfolg basteln könnten. Die Bar in der Innenstadt ist Café, Club, Tattoo- und Piercingstudio sowie Barbershop und Musiclounge mit Livemusik – je nach Tages- oder Nachtzeit. Das Konzept spricht ein breit gefächertes Publikum an.

Öffnungszeiten und Eintritt je nach Veranstaltung | Stephanstr. 1 | Tickets ca. 10 Euro | Tel. 069 65 00 67 00 | www.thelegends-ffm.de | S 1–6, 8, 9, U 4–7, Tram 12, 18, Bus 30, 36 Konstablerwache **(227 E2)**

PIK-DAME

Die Pik-Dame ist schon eine alte Lady. Schließlich öffnete sie Anfang der 1960er-Jahre zum ersten Mal ihre Türen. Inzwischen ist sie als Animierbar, Stripteaseclub und Kleinkunstbühne in einem nicht mehr wegzudenken aus dem Frankfurter Nachtleben. Am letzten Sonntag im Monat findet hier der legendäre Pik-Sonntag mit INSIDER TIPP Kabarett, Chanson und Zauberei statt. Ein bisschen nackte Haut gibt es an diesem Abend auch zu sehen.

City

Mo–Do 21–5, Fr, Sa 21–6, So nur für Pik-Sonntag | Elbestr. 31 | Tel. 069 23 63 29 | www.pik-sonntag.de | S 1–9, U 4, 5, Tram 11, 12, 14–17, 19–21, Bus 33, 37, 46, 64, 600 Hauptbahnhof **(226 B4)**

PLANK

Die Kombi aus Café und Bar hat das Zeug, sich zu einem Dauerbrenner der Frankfurter Gastronomieszene zu entwickeln. In entspanntem Ambiente und ebensolcher Atmosphäre bestellt das Publikum beispielsweise leckere Stullen und Cocktails. Wenn abends wechselnde DJs auflegen, kann es im Plank gern mal eng werden. Aber was soll's? Dann genießen Sie Ihren Drink einfach vor der Tür.

City

Mo–Do 11–1, Fr, Sa 11–2 Uhr | Elbestr. 15 | Tel. 069 26 95 86 66 | www.barplank.de | Tram 11, 12 Weser-/Münchener Straße **(226 B5)**

SULLIVAN

Im Sullivan findet man zahlreiche Gäste aus den umliegenden Finanzhäusern, die das umfangreiche Angebot an Cocktails und Longdrinks zu schätzen wissen. Kopf und Gesicht der Bar ist Christian Weber, an den sich einige Gäste noch aus seiner Zeit im Beyond Saloon erinnern. Hinter den Kulissen zieht der gastronomische Tausendsassa Tim Plasse, bekannt unter anderem aus dem Vaivai und dem Hausmanns, die Fäden.

City

Mo–Mi 17–1, Do 17–2, Fr 17–3, Sa 15–3 Uhr | Kaiserstr. 12 | Tel. 069 92 88 49 00 | www.sullivan-bar.de | U 1–5, 8, Tram 11, 12, 14, 18 Willy-Brandt-Platz **(226 C4)**

Land-partien

Nichts wie raus! Auf den Spuren Hölderlins vielleicht? Oder beim Kaffee auf dem Schloss des Kaisers? Diese Ausflüge schlagen dem Alltag garantiert ein Schnippchen.

AKTIVTOUREN

1 HÖLDERLINPFAD-WANDERUNG

Eine 22 km lange Wanderung auf Friedrich Hölderlins Spuren von Bad Homburg nach Frankfurt. Mindestens sechs Stunden sollten Sie für die Tour einplanen. Der Dichter soll vor rund 200 Jahren sogar nur drei gebraucht haben. Allerdings war der auch von Sehnsucht getrieben, denn er wollte sich mit seiner Geliebten treffen. Mit der S 5 fahren Sie 20 Minuten von Frankfurt nach Bad Homburg, dort nehmen Sie einen der vielen Busse (Linie 1–6) zum Kurhaus. Startpunkt des Regionalparkwegs ist beim **Sinclair-Haus**, ein Ausstellungshaus für moderne Kunst *(Di 14–20, Mi–Fr 14–19, Sa, So 10–18 Uhr | 5 Euro, Mi gratis | www.altana-kulturstiftung.de)* am **Schloss** → **S. 204** – das lohnt einen Besuch, denn es war seit Ende des 19. Jhs. Sommersitz der deutschen Kaiser. Der Pfad ist durchgehend mit blauen Wegweisern markiert, die ein Hölderlinporträt ziert. Sie laufen durch die Kurstadt, dann weiter ins Feld, vorbei an Pferdekoppeln und Wiesen. Zwischen den ersten Hügeln des Taunus und Frankfurt haben Sie einen tollen Blick auf die Skyline. Hinter Kalbach kommen Sie am Naturschutzgebiet Alter Flugplatz Bonames vorbei, dort können Sie sich im **Tower-Café** → **S. 149** stärken. In der Frankfurter Innenstadt endet der Pfad am Goethehaus. Wer nicht bis dorthin weiterlaufen möchte, fährt mit der U-Bahn ab Kalbach zurück.

2 MAINRADWEG VON SELIGENSTADT NACH MAINZ

Eine 75 km lange Tagestour mit dem Fahrrad auf dem Mainradweg von Seligenstadt über Hanau und Offenbach bis nach Mainz. Der Radweg – er gilt als einer der schönsten in

Man muss auch mal raus aus der Stadt – und auf dem Feldberg die Weite suchen

Deutschland, ist sehr gepflegt und auch für weniger ambitionierte Fernradler geeignet – beginnt an den Quellen des Mains bei Bayreuth und führt über rund 550 km bis Mainz. Ausgangspunkt der letzten Etappe in Hessen ist Seligenstadt, knapp 40 Minuten dauert die Bahnfahrt von Frankfurt dorthin. Weil das Gelände hier flach ist, können Sie es in einem Tag bis nach Mainz schaffen. Früh aufstehen lohnt sich, denn dann können Sie sich noch die mittelalterliche Fachwerkstadt und das berühmte **Kloster Seligenstadt** *(Nov.–Mitte Dez., Feb. Di–So 10–16, März–Okt. Di–So 10–17 Uhr | 4 Euro | schloesser-hessen.de)* anschauen. In der Benediktinerabtei werden Führungen auch durch den historischen Kräutergarten angeboten. Anschließend heißt es: Rauf aufs Rad, entspannt den Fluss entlang radeln und einfach den Mainradwegschildern folgen! Sie fahren durch die Natur und über städtische Uferpromenaden. Nach

Hanau, Offenbach und Frankfurt erreichen Sie Flörsheim – dort beginnt der Rheingau mit seinen Weinbergen. Kehren Sie im **Flörsheimer Bootshaus** *(tgl. ab 11.30, Küche bis 22 Uhr, Dr.-Georg-von-Opel-Anlage 1, www.floersheimer-bootshaus.de)* ein. Am Ziel in Mainz angekommen, laden der **Mainz Strand** *(tgl. 11–2 Uhr, Adenauer-Ufer, www.mainzstrand.de)* und die **Bastion von Schönborn** *(Rheinufer 12, tgl. ab 11 Uhr, www.bastion-von-schoenborn.de)* zum INSIDER TIPP Ausruhen mit Beachfeeling ein. Die Bahn oder S 1, 8, 9 bringen Sie in etwa 40 Minuten zurück nach Frankfurt. Natürlich können Sie auch vorher zurückfahren, hinter Frankfurt gibt es in jedem größeren Ort einen S-Bahnhof.

3 WANDERUNG AUF DEN GROSSEN FELDBERG

Diese 10 km lange Wandertour auf den Feldberg – er ist mit 881 m der höchste Berg im Taunus – führt durch dichten Wald. Etwa drei Stunden sollten Sie dafür einplanen.

Am besten fahren Sie mit der U 3 bis zur Endstation Oberursel Hohemark (40 Minuten) und folgen der Beschilderung. Hinter dem Taunusinformationszentrum geht es am Urselbach entlang und über einen Weg, der mit einem gelben Balken markiert ist. Nach 7,4 km und immerhin schon auf 662 Höhenmetern erreichen Sie den **Fuchstanz**. Dort können Sie sich auf der Gartenterrasse der gleichnamigen Gaststätte *(Mi–So 10–18 Uhr, bei schönem Wetter auch Mo, Di | www.fuchstanz-meister.de)* erholen. Weiter geht's, Sie folgen dem schwarzen Balken mit Pfeil und passieren die **Joschhütte**. Am Ende des Wegs führt wieder der gelbe Balken direkt zum Großen Feldberg. Vom unbewaldeten Gipfelplateau haben Sie eine grandiose Aussicht! Einen Besuch lohnt der **Fal-**

kenhof *(April–Okt. Mo–Fr 12–18, Sa, So 10–18 Uhr | 4,50 Euro | www.falkenhof-feldberg.de)* mit seinen 40 Greifvögeln wie Adlern, Eulen, Geiern und Falken. Zurück ins Tal kommen Sie wieder zu Fuß oder mit dem Bus 57.

AUSFLÜGE

1 LANDGRAFENSCHLOSS BAD HOMBURG ★

Kein Wunder, dass sich die Kurfürsten von Hessen-Homburg für diesen Landsitz entschieden und später die preußischen Könige und deutschen Kaiser hier den Sommer genossen: Das Landgrafenschloss ist ein Ort wie im Märchen, umgeben von der malerischen Kulisse des Taunus. Von Frankfurt aus dauert die Anreise eine knappe halbe Stunde. Nicht nur die Schlosskonzerte *(Termine, Programm und Preise unter www.badhomburger-schlosskonzerte.de)* locken Ausflügler aus ganz Hessen in das 1679–1686 erbaute Gebäude, sondern das Prunkschloss ist auch sonst ein beliebtes Ausflugsziel für Familien und Geschichtsbegeisterte. Im Mittelpunkt der täglichen **Besucherführungen** *(März–Okt. Di–So 10–16, Nov.–Feb. 10–15 Uhr, jeweils zur vollen Stunde | Erw. 4 Euro, Kinder 2,50 Euro | Tel. 06172 9 26 21 48 | schloesser-hessen.de)* steht die Begehung der als »englischer Flügel« bezeichneten Räume, die Landgräfin Elizabeth im späten 18. und frühen 19. Jahrhundert bewohnte. Zusätzlich auf dem Programm stehen historische, künstlerische und geschauspielerte Themenführungen für Erwachsene und Kinder. Zur Stärkung am Morgen serviert das **Schlosscafé** Landgrafen- und Kaiserfrühstück, am Nachmittag Kaffee und selbst gebackene Kuchen, was in der Adelskulisse des Parks gleich doppelt so gut schmeckt. Zum Schloss gelangen Sie am besten mit öffentlichen Verkehrsmitteln. Sie nehmen die S-Bahn-Linie 5 bis Bad Homburg und spazieren dann rund 20 Minuten in Richtung Schloss. Wer nicht so gut zu Fuß ist, kann ab dem Bahnhof Bad Homburg auch den Bus (Linie 1–6) bis Kurhaus nehmen.

2 MIT DEM SCHIFF NACH RÜDESHEIM

Eine Tagestour mit dem Ausflugsschiff über den Main und den Rhein ins Weinstädtchen Rüdesheim. Von der Anlegestelle am Eisernen Steg in Frankfurt dauert die Fahrt nach Rüdesheim fünf Stunden. Nach einem anderthalbstündigen Aufenthalt sind Sie um 20.45 Uhr wieder zurück. Der Ort ist das Tor zur Unesco-Welterbestätte Oberes Mittelrheintal; Schiffe der Frankfurter Primus-Linie fahren von Ap-

MARCO POLO HIGHLIGHTS

★ Landgrafenschloss Bad Homburg
Mit Konzerten und Führungen zieht das Landgrafenschloss Bad Homburg jährlich tausende Besucher an. Aber auch Kultur- und Geschichtsliebhaber kommen auf ihre Kosten → S. 204

★ Langener Waldsee
In Stadtnähe schwimmen, segeln, surfen oder sonnenbaden am langen Sandstrand – kein Wunder, dass Sie hier an einem schönen Sommertag schwer einen Parkplatz bekommen → S. 205

ril bis Oktober mehrmals pro Woche dorthin *(ab Eiserner Steg | 32 Euro | www.primus-linie.de)*. Vom Fluss aus können Sie die **Brömserburg** bewundern und sich an Land in den verwinkelten Gassen Rüdesheims in einem der vielen Weinlokale die guten Tropfen der Region schmecken lassen. Im **Asbach-Besucher-Center** *(März–Mitte Dez. Di–Sa 9–17 Uhr, Anmeldung erbeten | Eintritt frei | www.asbach.de)* geht es nach einer Führung beim Verkosten der berühmten Weinbrände hochprozentig zu. Auch eine Wanderung in die Weinberge rings um die Stadt bietet sich an.

3 WETTERPARK IN OFFENBACH

Ein Erlebnispark mit 13 Stationen, die interaktiv viel Wissenswertes über Sonne, Wind, Wolken und die Erdatmosphäre vermitteln. Von Frankfurt aus sind Sie etwa 40 Minuten unterwegs. Der Park wurde vom Deutschen Wetterdienst gegründet, der in Offenbach seine Zentrale hat. Erklärt wird beispielsweise, wie ein Gewitter entsteht oder wie schwer Luft ist. Je nach Wetterlage können Sie an der Sonnenuhr die Zeit ablesen oder bei Regen die Niederschlagsmenge bestimmen. Von einer 10 m hohen Aussichtsplattform schauen Sie über die 20 000 m^2 große Anlage, der Park ist täglich von 8 bis 22 Uhr geöffnet, der Eintritt ist frei, ebenso der Zugang zum **Besucherzentrum** *(März, April, Okt Di–So 9.30–16.30, Mai–Sept. Di–So 9.30–18.30 Uhr | Tel. 069 83 83 68 96 | www.wetterpark-offenbach.de)*, von April bis Oktober können Sie an Führungen teilnehmen *(Erw. 4 Euro, Kinder 2 Euro)*. Um zum Wetterpark zu gelangen, fahren Sie mit der S-Bahn (Linie 1, 2, 8, 9) zum Offenbacher Marktplatz und dann mit Bus 106 bis zur Haltestelle Wetterpark. Zum Eingang Buchhügelallee sind es zu Fuß noch etwa 5 Minuten.

Erst schippern, dann bummeln: Rüdesheim

BADESEEN

BADESEE HAINBURG

Der nahe Seligenstadt, rund 25 km östlich von Frankfurt gelegene Baggersee ist dank flacher Uferbereiche und einem abgetrennten Nichtschwimmerbereich besonders für Kinder geeignet. Da Segeln und Surfen nicht erlaubt sind, dürfen Sie sich über ein ruhiges Badevergnügen freuen. Wer sportlich aktiv werden will, kann sich an der Tischtennisplatte oder am Volleyballnetz austoben.
Mitte Mai–Mitte Sept. tgl. 10–21 Uhr | Erw. 3, Kinder 1,50 Euro | www.hainburg.de | RB Hanau, dann Bus 957 Ostring

LANGENER WALDSEE ★

Ein 72 ha großer Kiessee zum Schwimmen, Surfen und Segeln und mit 900 m Sandstrand: Das größte Freizeit- und Erholungszentrum im Rhein-Main-Gebiet ist nur etwa 13 km von Frankfurts City entfernt. Schwimmer können sich auf Badeinseln im See sonnen, an Land ist mit Kiosk, WC- und Duschanlagen für Infrastruktur gesorgt. Außerdem gibt es einen großen FKK-Bereich. Parkplätze sind oft knapp. Sie erreichen den See am besten mit dem Fahrrad, ein kostenfreier bewachter Fahrradparkplatz ist vorhanden. Vom Mainuferradweg oder vom Grüngürtelweg kommen Sie auf zwei ausgeschilderten Wegen zum See. *Mitte Mai–Mitte Sept. tgl. 8–20.30 Uhr | Erw. 4, Kinder 3 Euro | www.langen.de | S 3, 4 Dreieich-Buchschlag-Bahnhof, weiter mit Waldseebus* **(237 E5)**

RAUNHEIMER WALDSEE

Rund 23 km südwestlich von Frankfurt bietet der Baggersee getrennte Nichtschwimmer-, Schwimmer- und Surfbereiche sowie eine FKK-Zone. Mit Sandstrand und Liegewiese, Ballspiel- und Beachvolleyballfeldern sowie Kiosk und Grillplatz ist für alle was dabei.
Mitte Mai–Mitte Sept. Mo–Fr 10–20, Sa, So 8–20 Uhr | Erw. 2,50, Kinder 1,20 Euro | www.raunheim.de | S 8 Raunheim-Bahnhof, dann Bus 79 Seniorenwohnanlage **(237 D5)**

WALDSCHWIMMBAD RÜSSELSHEIM

Der Name ist ein wenig irreführend, handelt es sich doch um einen bis zu 5 m tiefen Baggersee. Wegen seiner durchschnittlichen Wassertemperatur von 20 Grad und auf dem See installierten Holzinseln ist er beliebt bei Schwimmern. Dazu gibt es großzügige Liegewiesen und Sportflächen sowie Grillplätze, der angrenzende Kiefernwald bietet Schatten.
Juni–Aug. Mo–Fr 10–20, Sa, So 8–20 Uhr | Erw. 2,70, Kinder 1,35 Euro | www.ruesselsheim.de | S 8, 9 Rüsselsheim-Bahnhof, dann Bus 51 Friedhof am Waldweg **(237 D5)**

PICKNICK- & GRILLPLÄTZE

HEINRICH-KRAFT-PARK

Der Waldspielpark hat 14 Feuerstellen zu bieten, und die sind gerade für Kindergeburtstage oder Familienfeiern sehr beliebt. Der Platz reicht für rund 400 Personen, Toiletten und Kiosk sind vorhanden.
Fechenheim
Bus 940 Birsteiner Graben, von dort zu Fuß zum Park **(237 F4)**

OSTPARK

Mit seinen großen Wiesen und dem Weiher ist der Ostpark der Klassiker zum Grillen. Großfamilien treffen sich hier ebenso wie Hobbyfußballer. Neben Toiletten und Kiosk sind mehrere Grillstellen vorhanden, aber wenn Sie sichergehen wollen, bringen Sie sich eigene Ausrüstung mit.
Ostend
U 7 Eissporthalle/Festplatz **(231 F3)**

REBSTOCKPARK

Sanft hügelige Liegewiesen mit großen Bäumen bieten Sonnen- wie Schattenplätze, auf dem Spielplatz oder den Sportanlagen können sich Kinder austoben, und der See mit seiner Insel ist für viele Tiere ein Zuhause. Der Grillplatz ist mit Tischen, Bänken und Aschetonnen ausgestattet, Grillausrüstung sowie Taschenlampe sollten Sie mitbringen.
Bockenheim
Tram 17 Rebstockbad **(228 A4)**

WALDSPIELPARK SCHEERWALD

Als Familienhochburg bekannt – und an Sommertagen oft überlaufen, obwohl Platz ist für ca. 500 Personen, die sich zwölf Grillstellen teilen. Tische, Bänke und Grills bitte mitbringen. Für den Nachwuchs gibt's die Wasserspielanlage.
Oberrad
Tram 15, 16 Buchrainstraße, von dort zu Fuß zum Waldspielpark **(225 E4)**

Feste, Festivals & Events

Feiern ist angesagt: Ob beim Ur-Frankfurter Wäldchestag, auf dem romantischen Lichterfest oder beim Schlemmen auf der Fressgass. Hauptsache, Sie sind gut unterhalten!

FILM

28. MÄRZ–2. APRIL 2017
LICHTER-FILMFEST
Eine Woche lang werden hervorragende Filme gezeigt – alles Produktionen aus dem Rhein-Main-Gebiet. Außerdem gibt es ein umfassendes Rahmenprogramm aus Partys, Diskussionsrunden sowie dem beliebten Familien-Sonntagsbrunch.
Diverse Orte | www.lichter-filmfest.de

23.–28. MAI 2017
NIPPON-CONNECTION
Das japanische Filmfestival zeigt über 100 Produktionen aus dem Fernen Osten und bietet ein umfangreiches Programm rund um die asiatische Kultur (z. B. Teezeremonien, Kampfkunst, Massagen und Partys). Beim Nippon-Yatai-Markt im Mousonturm gibt es japanische Köstlichkeiten sowie Kunst und Krimskrams zu erwerben.
Diverse Orte | Tel. 069 79 82 29 86 | www.nipponconnection.com

JULI/AUGUST 2017
SHORTS AT MOONLIGHT
Das Kurzfilmfestival ist mittlerweile eine bekannte Größe. Mit den besten Kurzfilmen Deutschlands vor schöner Kulisse des Höchster Schlosses.
➡ Höchst
Höchster Schloss | Tel. 0178 175 71 88 | www.shorts-at-moonlight.de | S 1, 2, Bus 50, 55 Höchst **(232 A–B 5–6)**

JULI/AUGUST 2017
OPEN AIR KINO IM BAD VILBELER FREIBAD
Das Freiluftkino-Event der Region, bei dem Abend für Abend rund 1000 Menschen unterm Sternenhimmel Platz finden. Gezeigt werden aktuelle Blockbuster sowie Highlights der vergangenen Jahre. Per Voting darf das Publikum im Vorfeld die Filmauswahl mitbestimmen.
➡ Bad Vilbel
Freibad Bad Vilbel | Huizener Str. 1 | Tel. 06101 55 94 55 www.kultur-bad-vilbel.de | S6, Bus 30 Bad Vilbel Süd **(225 E2)**

MARCO POLO HIGHLIGHTS

★ Bahnhofsviertelnacht
Dieser Stadtteil schläft nie, und einmal im Jahr überzeugen sich auch diejenigen davon, die hier sonst nicht unterwegs sind → **S. 213**

★ Museumsuferfest
Rund ums Mainufer ist ein Wochenende lang die Hölle los → **S. 214**

★ Goethe Festwoche
Eine Woche lang dreht sich in vielen Veranstaltungen alles um den berühmtesten Sohn der Stadt → **S. 215**

★ J. P. Morgan Corporate Challenge
Über 70 000 Läufer aus ganz Deutschland joggen durch Frankfurts Innenstadt → **S. 219**

★ Rosen- und Lichterfest
Wenn der Palmengarten im Kerzenschein leuchtet, wird jeder zum Romantiker → **S. 221**

★ Sachsenhäuser Weihnachtsmarkt
Für die, die es zur Weihnachtszeit eher gemütlich mögen, warten Glühwein und Maronen am Waldrand → **S. 222**

HERBST 2017

FANTASY-FILMFEST

Gruselig, durchgeknallt oder nicht ganz von dieser Welt: Gezeigt werden bekanntere Werke und Kurzfilme, außerdem gibt es die berüchtigten »Mitternachts-Screenings«.

City

Cinestar Metropolis | Eschenheimer Anlage 40 | Tel. 069 95 50 64 01 | www.fantasyfilmfest.com | U 1–3, 8, Bus 36 Eschenheimer Tor (227 D1)

FÜR KINDER

4.–7. OKTOBER 2016, HERBST 2017

FRANKFURTER KINDER-UNI

Hier wird Wissenschaft für neugierige Kids verständlich erklärt.

Westend

Goethe-Uni | Grüneburgplatz 1 | Eintritt frei | www.kinderuni.uni-frankfurt.de | U 1–3, 8 Holzhausenstraße (229 F2)

4.–6. NOVEMBER 2016

TABALUGA LIVE

Peter Maffay und seine Band lassen in der Festhalle den berühmten kleinen Drachen lebendig werden.

Bockenheim

Festhalle | Ludwig-Erhard-Anlage 1 | ab 49 Euro | Tel. 069 2 40 03 20 | www.festhalle.de | S 3–6 Messe, U 4, Tram 16, 17, Bus 32, 50 Festhalle/Messe (229 E4)

6. NOVEMBER 2016

CLASSIC FOR KIDS

Bei der Einführung in die Welt der klassischen Musik stellen Virtuosen ihre Instrumente vor und lassen Kinder (fünf bis zehn Jahre) nah heran.

Kronberg

14 und 16 Uhr | Stadthalle Kronberg | Heinrich-Winter-Str. 1 | Kinder 5 Euro, Erw. 10 Euro | Tel. 06173 78 33 77 | www.kronbergacademy.de | S 4 Kronberg (237 D3)

19./20. NOVEMBER 2016

FAMILIENKONZERTE

Das Klischee, dass Kinder sich nicht für klassische Musik begeistern lassen, widerlegen regelmäßig die Familienkonzerte des HR-Sinfonieorchesters.

Nordend

15 Uhr | HR-Sendesaal | Bertramstr. 8 | Tel. 069 155 20 00 | www.hr-sinfonieorchester.de | U 1–3, 8, Bus 64 Miquel-/Adickesallee, Bus 32 Bertramstraße (230 B1)

4. DEZEMBER 2016

ADVENTSBASTELN

Der Frankfurter Zoo lädt Kinder und Eltern zur vorweihnachtlichen Bastelstunde ein.

City

Zoo Frankfurt | Bernhard-Grzimek-Allee 1 | Tel. 069 21 23 37 35 | www.zoo-frankfurt.de | U 6, 7, Tram 14, Bus 31 Zoo (231 D4)

AB 28. JANUAR 2017

FRAU HOLLE

Winterliches Märchen frei nach den Gebrüdern Grimm mit Musik von Wolfgang Amadeus Mozart.

Westend

Papageno Musiktheater | Palmengartenstr. 11a | Tel. 069 134 04 00 | www.papageno-theater.de | U 4, 6, 7, Tram 16, Bus 32, 50, 75 Bockenheimer Warte (229 E2–3)

FRÜHJAHR/SOMMER 2017

GIRLS WANTED SOCCERFESTIVAL

Ein kostenloses Fußballfestival nur für Mädchen, für das jedes Jahr Hunderte Kickerinnen zwischen acht und 16 Jahren anreisen. Die Schirmherrschaft hat Nationaltrainerin Silvia Neid.

Niederrad

Vor der Commerzbank-Arena | www.girlswanted-soccer.de | S 8, 9 Tram 21 Stadion (224 C5)

SOMMER 2017
MAINSPIELE
Spaß und Action am Mainufer mit Spielgeräten, Hüpfburgen und Karussells.
Sachsenhausen
Tgl. 11–19 Uhr | Eintritt frei | Infos: Abenteuerspielplatz Riederwald | Tel. 069 2 99 88 83 33 | www.abenteuerspielplatz.de | Tram 14 Frankensteiner Platz (227 D5)

SOMMER 2017
OPEN AIR KINDERTHEATERFESTIVAL
Märchen, Kindergeschichten und moderne Komödien präsentiert das Kinder- und Jugendtheater Frankfurt jeden Sommer unter freiem Himmel.
Praunheim
Niddapark | Kinder 8 Euro, Erw. 14 Euro | Tel. 06101 55 74 24 | www.kiju-theater.de | U 1 Niddapark (224 C3)

SOMMER 2017
OPERNSPIELE
Zwei Wochen lang ist der Opernplatz fest in Kinderhand, dann dürfen Kids auf Klettertürmen und Rutschen toben.
City
Tgl. 11–19 Uhr | Opernplatz | Eintritt frei | Tel. 069 2 99 88 83 33 | www.abenteuerspielplatz.de | U 6, 7 Alte Oper (226 C2)

KLASSIK & BALLETT

RUND UMS JAHR
HR-SINFONIEKONZERTE
Das HR-Sinfonieorchester präsentiert interessante Werke, bekannte Künstler und spannende Interpretationen.
City
Monatlich, jew. 20 Uhr | Alte Oper | Opernplatz | Tel. HR-Ticketcenter 069 155 20 00 | www.hr-sinfonieorchester.de, www.alteoper.de | U 6, 7, Bus 64 Alte Oper, S 1–6, 8, 9 Taunusanlage (226 C2)

19. OKTOBER 2016
BOLERO »NOCTURNA«
Solisten der Berliner Philharmoniker kombinieren die Spielkultur der Kammermusik mit lateinamerikanischen Rhythmen.
City
20 Uhr | Alte Oper s. o. | ab 49 Euro

11. NOVEMBER 2016
FORUM N
Das HR Sinfonieorchester präsentiert zeitgenössische Kompositionen, u. a. von den Dirigenten des Konzerts: Bruno Mantovani und Johannes Kalitzke.
Nordend
20 Uhr | HR Sendesaal, s. o. | 19 Euro

12. NOVEMBER 2016
KLASSIK RADIO LIVE IN CONCERT
Das Klassik Radio Pops Orchestra präsentiert die größten Soundtracks der Filmgeschichte.
City
20 Uhr | Alte Oper s. o. | ab 49 Euro

30. NOVEMBER 2016
KAMMERFLIMMERN IM ORANGE PEEL
Solisten des HR-Sinfonieorchesters spielen beim Clubkonzert Streichquintette von Mendelsohn Bartholdy und Brahms.
City
Orange Peel | Kaiserstr. 39 | 10 Euro | Tel. 069 155 20 00 | www.hr-sinfonieorchester.de | S 1–9, U 4, 5, Tram 11, 16, 17, 21 Hauptbahnhof (226 B4–5)

1. DEZEMBER 2016
FOKUS ANNA PROHASKA
Die Sopranistin präsentiert gemeinsam mit dem Pianisten Eric Schneider und Sprecher Lars Eidinger Werke zum 400. Todestags William Shakespeares.
City
20 Uhr | Alte Oper s. o. | ab 25 Euro

26. DEZEMBER 2016

DER NUSSKNACKER

Bei seinem Gastspiel in der Jahrhunderthalle präsentiert das weißrussische Bolschoi Staatsballett den bekannten Tschaikowski-Klassiker. Am nächsten Tag steht *Schwanensee* auf dem Programm.

Unterliederbach

20 Uhr | Pfaffenwiese | ab 49 Euro | Tel. 0180 53 60 12 40 | www.jahrhunderthalle.de | S 1, 2 Farbwerke, Bus 53, 54 Jahrhunderthalle (224 A4)

8. JANUAR 2017

1822-NEUJAHRSKONZERT

Die Junge Deutsche Philharmonie widmet sich Werken der Komponisten Benjamin Britten und Bruno Mantova.

City

18 Uhr | Alte Oper, s. o. | ab 22 Euro

18. FEBRUAR 2017

BAIBA SKRIDE

Die Violinistin interpretiert mit den Göteborger Sinfonikern Kompositionen von Jean Sibelius und Edvard Grieg.

City

20 Uhr | Alte Oper, s. o. | ab 35 Euro

5./6. MÄRZ 2017

FRANKFURTER OPERN- UND MUSEUMSORCHESTER

Unter dem Motto »Russische Seelen« widmet sich das Orchester der Musik von Rachmaninow und Tschaikowski.

City

11 bzw. 20 Uhr | Alte Oper s. o. | ab 24 Euro

25. MÄRZ 2017

WIENER PHILHARMONIKER

Andris Nelsons dirigiert bei diesem Gastspiel Stücke von Beethoven und Dvorak.

City

20 Uhr | Alte Oper, s. o. | ab 36 Euro

5. APRIL 2017

GRAND FINALE INTERNATIONALER DEUTSCHER PIANISTENPREIS

Dem Konzert der beiden Finalisten mit der Staatskapelle Halle unter der Leitung von Josep Caballé Domenech folgt die Auszeichnung der *crème de la crème*.

City

19 Uhr | Alte Oper, s. o. | ab 26 Euro | Tel. 069 97 17 61 05 | www.pianoforum-frankfurt.de

26. APRIL–28. MAI 2017

INTERNATIONALE MAIFESTSPIELE

Dirigenten, Sänger, Tänzer und Schauspieler von Weltrang, dieses Jahr dreht sich alles um Wagners »Ring der Nibelungen«.

Wiesbaden

Hessisches Staatstheater | Christian-Zais-Str. 3 | ab 9 Euro | Tel. 0611 13 23 25| www.maifestspiele.de | S 9 Wiesbaden Hbf., dann Bus 1, 8, 16 Kurhaus/Theater (236 C4)

4. MAI 2017

HILARY HAHN

Die Geigerin will mit dem Lyoner Nationalorchester ihr Publikum übers Herz erreichen. Dazu spielt sie Werke von Tschaikowski, Franck und Berlioz.

City

20 Uhr | Alte Oper, s. o. | ab 39 Euro

19. MAI 2017

ROBERT LEVIN

Der Pianist spielt Sonaten von John Harbison und Johann Sebastian Bach.

City

20 Uhr | Alte Oper, s. o. | ab 25 Euro

1. JULI 2017

1001 NACHT

Märchenhaftes Sommerkonzert mit Musik und Gesang, unter anderem von Mozart, Rimsky-Korsakow und Saint Saëns.

Westend

Papageno Musiktheater | Palmengartenstr. 11a | Tel. 069 134 04 00 | www.papageno-theater.de | U 4, 6, 7, Tram 16, Bus 32, 50, 75 Bockenheimer Warte (229 E2–3)

AUGUST 2017
OPEN AIR
Zur Saisoneröffnung der Spielzeit präsentiert das HR-Sinfonieorchester wie in jedem Jahr an der Weseler Werft ein großartiges Programm zusammen mit namhaften Solisten.

Ostend

18 Uhr | Weseler Werft | Eckhardtstraße | Tel. 069 1 55 20 00 | www.hr-sinfonieorchester.de | U 6, Tram 11 Ostbahnhof (231 D5)

KULTURELLE EVENTS

RUND UMS JAHR
LITERATURLOUNGE IM HAUS AM DOM
Einmal im Monat lädt der Verein Kultur & Bahn e. V. zum Zuhören ein. Bekannte Schriftsteller aber auch Nachwuchsautoren präsentieren ihre Werke.

City

Jeden 1. So im Monat 11 Uhr | Haus am Dom, Domplatz 3 | Eintritt frei | Tel. 069 77 01 71 | www.kultur-und-bahn.de | U 4, 5 Dom/Römer (227 E4)

FEBRUAR 2017
RUNDGANG
Der Rundgang ist die Jahresausstellung der Städelschule. Die Studenten der Bildenden Künste zeigen drei Tage lang in den Ateliers aktuelle Arbeiten, darunter auch Performances, Videos und Filme.

Sachsenhausen

Städelschule, Dürerstr. 10 | Eintritt frei | Tel. 069 6 05 00 80 | www.staedelschule.de | U 1–3, 8 Schweizer Platz, Tram 15, 16 Otto-Hahn-Platz, Bus 46 Städel (226 C6)

FRÜHJAHR 2017
FRÜHLINGSBALL
Die vierte Auflage des Balls zugunsten des Blüten- und Schmetterlingshauses im Palmengarten.

Westend

Gesellschaftshaus und Palmenhaus im Palmengarten | Palmengartenstr. 11 | www.palmengarten.de/fruehlingsball | U 6, 7 Westend (229 E3)

ENDE APRIL 2017
NACHT DER MUSEEN
Alle großen Häuser und Galerien in Frankfurt und Offenbach haben von 19 bis 2 Uhr nachts geöffnet und laden zu Musik, Lesungen, Lichtinstallationen, Partys und Workshops. Kostenlose Shuttlebusse verbinden die einzelnen Locations.
Diverse Orte | www.nacht-der-museen.de

MAI 2017
INSIDER TIPP RÖDELHEIMER MUSIKNACHT
An keinem anderen Abend des Jahres zeigt sich der Stadtteil im Westen der Stadt von solch einer vielfältigen Seite. An über 30 öffentlichen Plätzen sowie in Läden, Hinterhöfen und auch privaten Balkonen dreht sich alles nur um Musik. Von Rock bis Klassik ist alles dabei. Für die Besucher ist der Eintritt kostenlos.

Rödelheim

Diverse Orte | www.roedelheimer-musiknacht.de

21. MAI 2017
INTERNATIONALER MUSEUMSTAG
Museen in Deutschland, Österreich und der Schweiz laden unter dem Motto

»Museen in der Kulturlandschaft. Museums and cultural landscapes« zum Museumstag ein. Auch viele der Frankfurter Häuser organisieren bei freiem Eintritt Sonderführungen oder einen Blick hinter die Kulissen. Diverse Workshops fordern zum Kreativwerden auf.
Diverse Orte | www.museumstag.de

SOMMER 2017

RHEINGAU-MUSIK-FESTIVAL

Rund 160 Konzerte in historischem Ambiente und eindrucksvollen Kulissen, z. B. im Kloster Eberbach, Schloss Vollrads oder Kurhaus Wiesbaden.
Diverse Orte | www.rheingau-musik-festival.de

SOMMER 2017

INSIDER TIPP COMOEDIA MUNDI – THEATER- UND MUSIKFESTIVAL AM MAIN

Zwei Monate lang schlägt das Ensemble am Sachsenhäuser Ufer zwischen Untermainbrücke und Holbeinsteg sein Theaterzelt für Vorstellungen, Konzerte und Lesungen auf. Wer einfach nur am Ufer sitzen und den Sonnenuntergang genießen will, kann das im rollenden Theatercafé Senza Licenza.

Sachsenhausen

Schaumainkai, Sachsenhäuser Mainufer | Tel. 0151 26 93 97 81 | www.comoedia-mundi.de | U 1–3, 8 Schweizer Platz, Tram 15, 16 Schweizerstraße/Gartenstraße, Bus 46 Untermainbrücke (227 D5)

SOMMER 2017

INSIDER TIPP SOMMERWERFT – THEATERFESTIVAL AM FLUSS

Das Antagon-Theater stellt am Main zwischen alten Kränen für zwei Wochen seine Zelte auf. Dort können Sie Konzerten und Poetryslams lauschen, Theateraufführungen, Performances und Filme anschauen. Alle Veranstaltungen sind kostenlos, es wird aber um Spenden gebeten. An den Festivalsonntagen lädt ein Flohmarkt zum Stöbern ein.

Ostend

Weseler Werft, östliches Mainufer | Tel. 069 94 14 77 17 | www.sommerwerft.de | S 1–6, 8, 9, Tram 11, 14 Ostendstraße (231 D5)

SOMMER 2017

TAGE DER INDUSTRIEKULTUR

Von Aschaffenburg bis Bingen öffnen Unternehmen der Region ihre Produktionsstätten zur Besichtigung. Das Programm umfasst Kunstaktionen, Musik, Führungen oder Schiffs- und Radtouren.
Diverse Orte | www.route-der-industriekultur-rhein-main.de

SOMMER 2017

BAHNHOFSVIERTELNACHT ★

Bunter und internationaler geht's nicht: Designerhotels, plüschige Stripclubs, Rotlichtetablissements sowie Moscheen, Atelierhäuser und kaum bekannte Orte laden zur Besichtigung ein. Dazu gibt es ein kulturelles Rahmenprogramm mit Ausstellungen, Filmen, Lesungen, Theater und Führungen sowie ein Straßenfest mit kulinarischen Köstlichkeiten aus aller Welt.

City

Diverse Orte | www.bahnhofsviertelnacht.de (226 B4–5)

JUNI 2017

INSIDER TIPP KUNST PRIVAT!

Rund 40 hessische Unternehmen öffnen ihre Türen und zeigen Interessierten ihre Kunstsammlungen. Bei der DZ-Bank und der Deutschen Börse etwa warten Werke zeitgenössischer Fotografie, die hochkarätige Sammlung im Gebäude der Deutschen Bank kann es mit Kunstmuseen aufnehmen.
Diverse Orte | www.kunstprivat.net

25. JUNI 2017
TAG DER ARCHITEKTUR
Sie können sowohl private als auch öffentliche Frankfurter Häuser und Gärten besichtigen, auch zeitgenössische Innenarchitektur ist Thema.
Diverse Orte | www.tag-der-architektur.de

ENDE JUNI BIS MITTE JULI
INSIDER TIPP HÖCHSTER SCHLOSSFEST
Kabarettnächte im Schloss mit dem Neuen Theater Höchst, hervorragende Orgelkonzerte in der Justinuskirche, Folklore, Kulinarisches und Kulturelles. Zum Abschluss gibt es ein großes Feuerwerk am Mainufer.
Höchst
Diverse Orte | Tel. 069 33 14 18 | www.schloss-fest.de | S 1, 2, Bus 50, 55 Höchst (232 A–B 5–6)

JULI 2017
CHRISTOPHER STREET DAY
Ein buntes Straßenfest mit Schwulen, Lesben, Bi- und Transsexuellen sowie ein Demonstrationszug für ihre Rechte, der am Römer startet. Traditionell gibt es zum Abschluss eine Clubnacht.
City
Diverse Orte | www.csd-frankfurt.de

JULI/AUGUST 2017
BURGFESTSPIELE DREIEICHENHAIN
Die Freilichtbühne der Burgruine ist über mehrere Wochen Anlaufstelle für Festivalliebhaber. Das Programm reicht von Jazz über Oper bis zu Theater.
Dreieichenhain
Diverse Orte | Tel. 06103 6 00 00 | www.burgfestspiele-dreieichenhain.de | S 3, 4 Dreieich Buchschlag (225 D6)

JULI/AUGUST 2017
BAROCK AM MAIN
Unter der Leitung von Michael Quast führt die Fliegende Volksbühne den Molière »uff hessisch« auf. Open-Air-Highlight mit schönen Kostümen und vor der Kulisse des Bolongarogartens.
Höchst
Bolongarogarten | Tel. 069 24 14 24 35 | www.barock-am-main.de | S 1, 2, Bus 50, 55 Höchst (232 A–B 5–6)

JULI–SEPTEMBER 2017
SOMMERNÄCHTE SHOW & MUSIK
Bernd Reisig veranstaltet seine Sommernächte in der Friedberger Warte und im Kempinski Gravenbruch.
Bornheim & Gravenbruch
Diverse Orte | Tel. 069 33 14 18 | www.berndreisig.de/sommernaechte | U 5 Gießener Straße, Bus 30 Friedberger Warte (225 D3, 225 E5)

25.–27. AUGUST 2017
MUSEUMSUFERFEST ★
Der Höhepunkt der Open-Air-Saison. Viele Museen bieten Programm, an beiden Seiten des Mains gibt es Livemusik sowie sportliche Darbietungen (beispielsweise Drachenbootrennen) und eine internationale kulinarische Vielfalt. Krönender Abschluss: das Feuerwerk.
City & Sachsenhausen
Museumsufer | www.museumsuferfest-frankfurt.de | U 1–3, 8 Schweizer Platz, U 4, 5 Dom/Römer (227 D–F6)

HERBST 2017
INSIDER TIPP WEINLESE AUF DEM LOHRBERG
An einem der schönsten Aussichtspunkte befindet sich der 1,3 ha große Weinberg der Stadt. Pächter und Winzer Armin Rupp und seine freiwilligen Helfer schwärmen zur Lese aus. Lohn der Mühe: gemeinsames Vesper im Weinberg und eine Flasche Lohrberger Riesling.
Seckbach
Auf dem Lohr | Anmeldung beim Städtischen Weingut | Tel. 069

21 23 36 80 | weingut-der-stadt-frankfurt@web.de | Bus 30 Heiligenstock/ Lohrberg (225 E2–3)

SEPTEMBER 2017
SAISONSTART DER GALERIEN
Nach der Sommerpause eröffnen alle Galerien und Off-Locations ihre neuen Ausstellungen, dazu gibt's ein Rahmenprogramm mit Konzerten, Lesungen und Partys.
Diverse Orte | www.frankfurt-saisonstart.de

SEPTEMBER 2017
GOETHE FESTWOCHE ★
Eine Ausstellung im Goethehaus ist Einstieg und Mittelpunkt der Festwoche. Das Schauspiel führt Shakespeare-Adaptionen auf. Das Filmmuseum zeigt internationale Goethe-Produktionen. Veranstaltungen u.a. auch in der Villa Metzler.
Diverse Orte | www.frankfurt.de

10. SEPTEMBER 2017
TAG DES OFFENEN DENKMALS
Einmal im Jahr öffnen in ganz Deutschland interessante historische Bauwerke. Auch in Frankfurt gibt es »Geschichte zum Anfassen«.
Diverse Orte | www.tag-des-offenen-denkmals.de

MESSEN

19.–23. OKTOBER 2016, 11.–15. OKTOBER 2017
FRANKFURTER BUCHMESSE
Die weltgrößte Leitmesse zum Thema Buch, Literatur und gedruckte Neuheiten jeder Art mit jährlich über 7000 Ausstellern und einem Gastland. Außerdem Lesungen, Buchpräsentationen und viele weitere Events in der ganzen Stadt.
Bockenheim
Messegelände, s. o. | www.buchmesse.de

28.–30. OKTOBER 2016, OKTOBER 2017
MARATHONMALL
Zur Vorbereitung auf den Frankfurt-Marathon präsentieren sich Anbieter rund um den Laufsport.
Bockenheim
Messegelände | Ludwig-Erhard-Anlage 1 | www.marathonmall.de | S 3–6 Messe, U 4, Tram 16, 17, Bus 32, 50 Festhalle/ Messe (229 E4)

3.–6. NOVEMBER 2016, 2.–5. NOVEMBER 2017
KREATIV-WELT
Die zweitgrößte Kreativmesse in Deutschland.
Bockenheim
Messegelände s. o. | www.kreativ-welt-messe.de

18./19. NOVEMBER 2016, NOVEMBER 2017
AZUBI- UND STUDIENTAGE
Messe für Bildung und Karriere für Schüler ab Klassenstufe 8 sowie Studenten und Berufsanfänger.
Bockenheim
Messegelände s. o. | www.azubitage.de

25.–27. NOVEMBER 2016, NOVEMBER 2017
INTERWHISKY FRANKFURT
Internationale Ausstellung für Whiskykultur und Lifestyle.
Westend
Gesellschaftshaus und Palmenhaus im Palmengarten | Palmengartenstr. 11 | www.interwhisky.com | U 6, 7 Westend (229 E3)

27.–31. JANUAR 2017
CHRISTMASWORLD
Gezeigt wird nicht nur weihnachtliche Deko, sondern Festschmuck ganz im Allgemeinen: zum Beispiel Kerzen,

Floristikbedarf, Feuerwerk, Kostüme und Partyartikel.

Bockenheim

Messegelände, s. o. | www.christmasworld.messefrankfurt.com

28.–31. JANUAR 2017

CREATIVEWORLD + PAPERWORLD

Die Internationale Messe für Hobby-, Bastel- und Künstlerbedarf und die Fachmesse für Papier und Schreibwaren sind ein starkes Team. Gemeinsam ziehen sie tausende Kreative aus aller Welt.

Bockenheim

Messegelände, s. o. | creativeworld.messefrankfurt.com

10.–14. FEBRUAR 2017

AMBIENTE

Größte Konsumgütermesse der Welt – die Kategorien heißen »Dining«, »Living« und »Giving«. Zu sehen ist Schönes, Innovatives und Kreatives.

Bockenheim

Messegelände, s. o. | www.ambiente.messefrankfurt.com

25./26. MÄRZ 2017

INTERNATIONALE APFELWEINMESSE APFELWEIN WELTWEIT

Jährliche Jahrgangspräsentation der Apfelweine. Auch spanische und kanadische Keltereien und Brennereien.

Westend

Gesellschaftshaus Palmengarten, s. o. | www.apfelweinweltweit.de

5.–8. APRIL 2017

MUSIKMESSE

Musikinstrumente, Musiksoftware und Computerhardware, Noten und Zubehör – inklusive Begleitprogramm mit Livekonzerten, Workshops und Partys.

Bockenheim

Messegelände, s. o. | www.musikmesse.com

14.–24.SEPTEMBER 2017

IAA

Autofans, aufgepasst! Bei der alle zwei Jahre stattfindenden Messe werden nicht nur die spektakulärsten neuen Entwicklungen gezeigt, sondern auch so manches edle Schmuckstück aus den Kreativbüros der Konstrukteure.

Bockenheim

Messegelände, s. o. | www.iaa.de

OPER

RUND UMS JAHR

KAMMERMUSIK IM FOYER

Musiker des Frankfurter Museumsorchesters spielen Werke, die im Zusammenhang mit dem Programm der Oper Frankfurt stehen.

City

Termine 30. Okt. 2016, 8. Jan., 20. Jan., 26. Feb., 30. April, 21. Mai, 18. Juni, 2. Juli 2017 | Oper Frankfurt | Willy-Brandt-Platz | Kartentel. 069 21 24 94 94 | www.oper-frankfurt.de | U 1–5, 8, Tram 11, 12 Willy-Brandt-Platz (226 C5)

RUND UMS JAHR

LIEDERABENDE DER OPER FRANKFURT

Regelmäßig geben sich namhafte Sänger wie Camilla Nylund, Anna Caterina Antonacci, Piotr Beczala, Lawrence Zazzo oder Stéphane Degout die Ehre.

City

Termine 11. Okt., 13. Dez. 2016, 17. Jan., 28. Feb., 14. März, 9. Mai, 6. u. 27. Juni 2017 | Oper Frankfurt, s. o.

AB 9. OKTOBER 2016

PAUL BUNYAN

Die Operette von Benjamin Britten thematisiert den amerikanischen Traum.

Bockenheim

Oper Frankfurt im Bockenheimer Depot | Carlo-Schmid-Platz 1 | Kartentel. 069 21 24 94 94 | www.bockenheimer-depot.

de | U 4, 6, 7, Tram 16, Bus 32, 36, 50 Bockenheimer Warte (229 E3)

AB 16. OKTOBER 2016
MARTHA ODER DER MARKT ZU RICHMOND
Romantisch-komische Oper von Friedrich von Flotow.
City
Oper Frankfurt, s. o.

AB 20. NOVEMBER 2016
EUGEN ONEGIN
Lyrische Szenen nach dem Roman von Puschkin, Musik von Tschaikowski.
City
Oper Frankfurt, s. o.

AB 16. DEZEMBER 2016
THE CAVE
Multimediales Oratorium in drei Teilen von Steven Reich und Beryl Korot.
Bockenheim
Oper im Bockenheimer Depot, s. o.

31. DEZEMBER 2016
SILVESTER IN DER OPER FRANKFURT
Aufführung von »La Bohème« (Giacomo Puccini) mit anschließender Feier im Opernfoyer.
City
Oper Frankfurt, s. o. | 85 Euro/Pers. inkl. Buffet

AB 8. JANUAR 2017
XERXES
Oper von Georg Friedrich Händel.
City
Oper Frankfurt, s. o.

AB 20. JANUAR 2017
ERNANI
Konzertante Aufführung der Oper von Guiseppe Verdi.
City
Oper Frankfurt, s. o.

AB 19. MÄRZ 2017
RIGOLETTO
Oper von Guiseppe Verdi.
City
Oper Frankfurt, s. o.

AB 30. APRIL 2017
DREI OPERN
»Der Diktator«, »Schwergewicht oder die Ehre der Nation« und »Das Geheime Königreich« von Ernst Krenek.
City
Oper Frankfurt, s. o.

AB 21. JUNI 2017
BETULIA LIBERATA
Eine Gottessuche nach der »Azione Sacra« von Wolfgang Amadeus Mozart.
Bockenheim
Oper im Bockenheimer Depot, s. o.

ROCK, POP, JAZZ & CO.

17. OKTOBER 2016
HEINZ RUDOLF KUNZE
Seckbach
20 Uhr | Batschkapp | Gwinnerstr.5 | Tel. 069 95 21 84 10 | batschkapp.tickets.de | U 4, 7, Bus 41, 42, 44 Gwinnerstraße (225 E3)

26. OKTOBER 2016
ZUCCHERO
Bockenheim
20 Uhr | Festhalle | Ludwig-Erhard-Anlage 1 | Tel. 069 24 00 32-0 | www.festhalle.de | S 3–6 Messe, U 4, Tram 16, 17, Bus 32, 50 Festhalle/Messe (229 E4)

26.–30. OKTOBER 2016, OKTOBER 2017
DEUTSCHES JAZZFESTIVAL
Drei Tage zelebrieren internationale Jazzgrößen ihren Stil im Sendesaal des Hessischen Rundfunks.
Nordend

HR-Sendesaal | Bertramstr. 8 | Tel. HR-Ticketcenter 069 155 20 00 |www.hr-online.de | U 1–3, 8, Bus 64 Miquel-/Adickesallee, Bus 32 Betramstraße (230 B1)

7. NOVEMBER 2016
THE CURE
Bockenheim
19.30 Uhr | Festhalle, s. o.

17. NOVEMBER 2016
WISE GUYS
City
20 Uhr | Alte Oper | Opernplatz | Tel. 069 134 04 00 | www.alteoper.de | U 6, 7, Bus 64 Alte Oper, S 1–6, 8, 9 Taunusanlage (226 C2)

21. NOVEMBER
STATUS QUO/URIAH HEEP
Unterliederbach
19 Uhr | Jahrhunderthalle | Pfaffenwiese | Tickettel. 0180 53 60 12 40 | www.jahrhunderthalle.de | S 1, 2 Farbwerke, Bus 53, 54 Jahrhunderthalle (224 A4)

27. NOVEMBER 2016
SCORPIONS
Bockenheim
20 Uhr | Festhalle, s. o.

2. DEZEMBER 2016
PET SHOP BOYS
Unterliederbach
20 Uhr | Jahrhunderthalle, s. o.

16. DEZEMBER 2016–7. JANUAR 2017
ICH WAR NOCH NIEMALS IN NEW YORK
City
15 o. 19.30 Uhr | Alte Oper, s. o.

5.–15. JANUAR 2017
HOLIDAY ON ICE
Bockenheim
Diverse Zeiten | Festhalle, s. o.

19. JANUAR 2017
DIE FANTASTISCHEN VIER
Bockenheim
19.45 Uhr | Festhalle, s. o.

29. JANUAR 2017
MICHAEL JACKSON MEMORY TOUR
Die größten Hits des King of Pop mit einer spektakulären Bühnenshow.
Unterliederbach
20 Uhr | Jahrhunderthalle, s. o.

13. FEBRUAR 2017
RAINHARD FENDRICH
Unterliederbach
20 Uhr | Jahrhunderthalle, s. o.

5. MÄRZ 2017
ANNETT LOUISAN
Unterliederbach
19 Uhr | Jahrhunderthalle, s. o.

13. APRIL 2017
CHRISTINA STÜRMER
Seckbach
20 Uhr | Batschkapp, s. o.

2.–3. MAI 2017
MAX RAABE & PALAST-ORCHESTER
City
20 Uhr | Alte Oper, s. o.

21. MAI 2017
BRINGS
Seckbach
20 Uhr | Batschkapp, s. o.

23.–25. JUNI 2017
INSIDER TIPP **IDSTEINER JAZZFESTIVAL**
In der malerischen Altstadt von Idstein sorgen etliche Bands für musikalische Highlights. Ausstellungen, Info- und Verkaufsstände ergänzen das Angebot.
Idstein
Diverse Orte | www.idstein-jazzfestival.de (236 C3)

SPORT

15.–18. DEZEMBER 2016
INTERNATIONALES FESTHALLEN-REITTURNIER

Beim Traditionsturnier der Reiter geht es für die Elite im Spring- und Dressurreiten um wichtige Weltcup-Punkte.

Bockenheim

Festhalle | Ludwig-Erhard-Anlage 1 | www.festhallenreitturnier-frankfurt.de | S 3–6 Messe, U 4, Tram 16, 17, Bus 32, 50 Festhalle/Messe (229 E4)

31. DEZEMBER 2016
SPIRIDON-SILVESTERLAUF

Der größte Silvesterlauf in Hessen (10 km) geht zugleich in die Wertung des Rosbacher Main-Lauf-Cups ein.

Niederrad

Commerzbank-Arena | Mörfelder Landstr. 362 | www.spiridon-frankfurt.de | S 7, 8, 9, Bus 61, Tram 21 Stadion (233 E6)

FRÜHJAHR 2017
HESSEN TANZT

Weltgrößtes Amateurtanzturnier mit jährlich rund 7000 Teilnehmern aus ganz Deutschland.

Bornheim

Eissporthalle Frankfurt | Am Bornheimer Hang 4 | Tel. 06074 92 76 87 | www.hessen-tanzt.de | U 7, Tram 12, Bus 38, 103 Eissporthalle/Festplatz (231 F2)

1. MAI 2017
INSIDER TIPP **RUND UM DEN FINANZPLATZ ESCHBORN-FRANKFURT**

Radprofis der Weltklasse starten hier. Aber auch Hobbysportler und Skater können sich auf unterschiedlich langen Strecken in den Wettkampf stürzen.

City

Ziel: Frankfurt Opernplatz | www.eschborn-frankfurt.de | U 6, 7, Bus 64 Alte Oper (226 C2)

20. MAI 2017
DEUTSCHES DOWN-SPORTLERFESTIVAL

Bei diesem europaweit einzigartigen Event beweisen Hunderte am Down-Syndrom erkrankte Menschen zwischen 7 und 65 Jahren, dass Sport für jeden da ist. Neben Leichtathletikwettbewerben auch etliche Workshops, etwa im Basketball, Fußball oder Tanzen.

Kalbach

Sport und Freizeitzentrum Kalbach | Am Martinszehnten 2 | Tel. 069 95 19 50 02 5 | www.down-sportlerfestival.de | U 2, 9 Kalbach (224 C1)

MITTE JUNI 2017
J. P. MORGAN CORPORATE CHALLENGE ★

Dem Mannschaftsstraßenlauf über 5,6 km, der menschliche Brücken zwischen den Bürotürmen der Stadt schlägt, fiebern jedes Jahr rund 70 000 Mitarbeiter von Firmen ganz unterschiedlicher Branchen entgegen. Zentrum der großen Party ist die Alte Oper.

City

Ziel: Bockenheimer Warte/Opernplatz | Tel. 069 68 60 70-15 | www.jpmccc.de | U 6, 7, Bus 64 Alte Oper (226 C2)

9. JULI 2017
IRONMAN EUROPEAN CHAMPIONSHIP

Los gehts zu früher Stunde mit dem Schwimmwettbewerb im Langener Waldsee. Auf dem Rad fahren die Extremsportler nach Maintal und über Friedberg dann in die City. Das Lauf-Finish auf dem Römerberg nach vier Runden à 10 km ist dann eine einzige Party für Sportler und Sportbegeisterte.

City

Ziel: Römerberg | www.ironmanfrankfurt.com | U 4, 5 Dom/Römer, Tram 11, 12 Römer/Paulskirche (227 E4)

OKTOBER 2017

FRANKFURT-MARATHON

Während die Hartgesottenen laufen, feiern Hunderttausende an der Strecke beim Straßenfest mit Konzerten etc.

Bockenheim

Ziel: Festhalle, s. o.

THEATER

18.–23. OKTOBER 2016

MY FAIR LADY

Musical von Alan Jay Lerner mit Musik von Frederick Loewe. Anna-Maria Kaufmann spielt die Eliza Doolittle.

Westend

Papageno Musiktheater | Palmengartenstr. 11a | Tel. 1340400 | www.papageno-theater.de | U 4, 6, 7, Tram 16, Bus 32, 50, 75 Bockenheimer Warte (229 E2–3)

AB 4. NOVEMBER 2016

PRINZ FRIEDRICH VON HOMBURG

Von Heinrich von Kleist, Regie Michael Thalheimer.

City

Schauspielhaus | Willy-Brandt-Platz | Kartentel. 069 21 24 94 94 | www.schauspielfrankfurt.de | U 1–5, 8, Tram 11, 12 Willy-Brandt-Platz (226 C4)

AB 11. NOVEMBER 2016

DER KALTE HAUCH DES GELDES

Finanz-Western geschrieben und inszeniert von Alexander Eisenach.

City

Schauspielhaus, s. o.

AB 12. NOVEMBER 2016

MONTY PYTHON'S SPAMALOT

Musical nach der Filmvorlage von Monty Pythons »Ritter der Kokosnuss« von Eric Idle, John Du Prez, Neil Innes.

City

The English Theatre | Gallusanlage 7 | Tel. 069 24 23 16 20 | www.english-theatre.org | U 1–5, 8, Tram 11, 12 Willy-Brandt-Platz (226 C4)

AB 12. NOVEMBER 2016

CHARLEYS TANTE

Musikalische Komödie frei nach Brandon Thomas, von Gustav Kampendonk.

Westend

Papageno Musiktheater, s. o.

3. DEZEMBER 2016–22. JANUAR 2017

CHAOS AUF SCHLOSS HAVERSHAM

Slapstick gepaart mit britischem Humor.

Ostend

Fritz-Rémond-Theater | Bernhard-Grzimek-Allee 1 | Kartentel. 069 43 51 66 | www.fritzremond.de | U 6, 7, Tram 14 Zoo (231 D4)

AB FEBRUAR 2017

SIEBEN GEGEN THEBEN/ANTIGONE

Von Aischylos/Sophokles, Regie Ulrich Rasche.

Bockenheim

Bockenheimer Depot | Carlo-Schmid-Platz 1 | Kartentel. 069 21 24 94 94 | www.bockenheimer-depot.de | U 4, 6, 7, Tram 16, Bus 32, 36, 50 Bockenheimer Warte (229 E3)

AB MÄRZ 2017

BIRDLAND

Von Simon Stephens, Regie Till Weinheimer.

Bockenheim

Bockenheimer Depot, s. o.

AB MÄRZ 2017

CALIGULA

Von Albert Camus, Regie Dennis Krauß.

City

Schauspielhaus, s. o.

AB 3. MÄRZ 2017

LIZ VS. MAGGIE: HANDBAGGED

Von Moira Buffini, Deutschlandpremiere.

City
The English Theatre, s. o.

16. MÄRZ BIS 23. APRIL 2017
MANDRAGOLA
Von Max Christian Feiler nach Niccolò Machiavelli.
Ostend
Fritz-Rémond-Theater, s. o.

AB 28. APRIL 2017
DON QUICHOTE – DER MANN VON LA MANCHA
Musical von Dale Wasserman, Mitch Leigh.
Westend
Papageno Musiktheater, s. o.

AB 12. MAI 2017
THE HOUND OF THE BASKERVILLES
Basiert auf der Vorlage von Sir Arthur Conan Doyle, adaptiert von Steven Canny und John Nicholson.
City
The English Theatre, s. o.

VOLKSFESTE

28. FEBRUAR 2017
KLAA PARIS
Der Faschingsumzug ist eine echte Frankfurter Karnevalsattraktion. Start ist übrigens traditionell um 14.31 Uhr.
Heddernheim
Frankfurt Heddernheim | U 1–3 Heddernheim (237 E3)

7. APRIL–1. MAI 2017, 8.–17. SEPTEMBER 2017
DIPPEMESS
Das zweimal jährlich stattfindende, traditionelle Frankfurter Volksfest war ursprünglich ein Töpfermarkt, heute steht das Spektakel mit Riesenrad, Karussell, Würstchenbuden und Bierzelt im Vordergrund.
Bornheim
Festplatz am Ratsweg | www.dippemess.de | U 7, Tram 12 Eissporthalle (237 F3)

SOMMER 2017
SCHWEIZER STRASSENFEST
Eines der beliebtesten Feste Frankfurts. Jedes Jahr steht ein anderes Land im Fokus und gestaltet das Rahmenprogramm mit Tanz und Livemusik.
Sachsenhausen
Schweizerstraße | U 1–3, 8, Tram 14, 15, 16, 19, Bus 46 Schweizer Platz (234 C2)

JUNI 2017
BERGER STRASSENFEST
Entlang de Bergerstraße reihen sich Stände an Bühnen, abends ist so viel los, dass man nur langsam vorankommt. Die Besucher stört das nicht, da man an jeder Ecke gut feiern kann.
Bornheim
Bergerstraße | www.frankfurt-berger-strasse.de | U 4,5 Höhenstraße (231 D3)

JUNI 2017
ROSEN- UND LICHTERFEST ★
Eines der schönsten und ganz sicher das romantischste Fest Frankfurts. Zur Rosenausstellung im Botanischen Garten gibt es ein großes Rahmenprogramm mit Tanz und Livemusik. Höhepunkte sind die Illumination des Palmengartens mit Tausenden von Teelichtern und das Abschlussfeuerwerk.
Westend
Palmengarten | www.palmengarten.de | U 6, 7 Westend (229 E3)

3.–6. JUNI 2017
WÄLDCHESTAG
Der Dienstag nach Pfingsten war früher der Frankfurter Nationalfeiertag. Nachmittags hatten Geschäfte und Behörden geschlossen, und alle fuhren auf den Festplatz nahe der Galopprennbahn. Ein

Besuch des Großrummels mitten im Wald macht immer noch Spaß.

Sachsenhausen

Festplatz im Stadtwald | Tram 20, 21, Bus 61, 61V Oberforsthaus (233 F4)

28. JUNI–7. JULI 2017

OPERNPLATZFEST

Beim Opernplatzfest macht sich das Westend vor der prächtigen Kulisse der Alten Oper einmal richtig locker. Es wird ausgelassen, aber *très chic* mit edlen Happen und exklusiven Tropfen zu ziemlich gehobenen Preisen gefeiert.

City

Opernplatz | www.opernplatzfest.de | U 6, 7 Alte Oper (226 C2)

4.–7. AUGUST 2017

MAINFEST

Seit 1393 wird das Mainfest begangen. Sein traditioneller Höhepunkt ist das Fischerstechen, bei dem die Teilnehmer mit langen Stöcken versuchen, sich gegenseitig von ihren Booten ins Wasser zu stoßen.

City

Mainkai | U 4, 5 Dom/Römer (227 E4)

11.–20. AUGUST 2017

INSIDER TIPP APFELWEINFESTIVAL

Zu Ehren des Frankfurter Lieblingsgetränks feiert die Stadt mitten in der City mit einem abwechslungsreichen Bühnenprogramm und hessischen Kultbands das Stöffche. Neben diversen trendigen Mixgetränken dürfen auch die Merchandising-Artikel nicht fehlen.

City

Rossmarkt | S-Bahnen, U 1–3, 6–8 Hauptwache (227 D3)

30. AUGUST–8. SEPTEMBER 2017

RHEINGAUER WEINMARKT

Weinfest auf der Fressgass. Die zahlreichen Stände mit kulinarischen Leckereien locken ebenso wie edle Tropfen direkt vom Winzer.

City

Fressgass | S-Bahnen, U 1–3, 6–8 Hauptwache (226 C2)

SPÄTSOMMER 2017

BRÜCKENWALLSTRASSENFEST

Das kleinste Straßenfest Sachsenhausens wird nicht nur unter Frankfurts Kreativen und Feierwütigen immer beliebter. Ansässige Lokale und Läden präsentieren neben Köstlichkeiten auch originelle Darbietungen.

Sachsenhausen

Brückenstraße/Wallstraße |S 3–6, Tram 14–16, 18, Bus 30, 36, 45–48 Lokalbahnhof (227 F6)

24. NOVEMBER–20. DEZEMBER 2017

SACHSENHÄUSER WEIHNACHTSMARKT ★

Hier geht es heimelig-gemütlich zu bei Maronen, Glühwein und Bratwurst. Der kleine, aber feine Weihnachtsmarkt ist am Waldrand neben dem Goetheturm und der Goetheruh gut aufgehoben.

Sachsenhausen

Am Goetheturm 1 | Bus 48, Goetheturm (235 F4)

27. NOVEMBER–22. DEZEMBER 2017

FRANKFURTER WEIHNACHTSMARKT

Hier nimmt man traditionsgemäß den ersten Glühwein der Saison. Der Markt erstreckt sich von der Hauptwache über Paulsplatz und Römer bis zum Eisernen Steg und kann locker mit den berühmten Konkurrenten wie dem in Nürnberg mithalten.

City

Römerberg, Paulsplatz, Mainkai | S-Bahnen, U 1–3, 6–8 Hauptwache, U 4, 5 Dom/Römer (227 D–E 3–4)

Cityatlas

Damit Sie sehen, wo sich eine Adresse befindet, haben wir alle Einträge mit Koordinaten versehen, die sich auf den Cityatlas beziehen. Im Anschluss finden Sie das Straßenregister.

A
B
C
1
2
3
4
5
6
Bad Homburg
Ober-eschb
Bad Homburg Kreuz
455
Oberursel
661
Bad Homburg
Oberursel
Bommers-heim
Kalba
Kalbacher Hauptstr.
Ober-höchstadt
Schön-berg
Oberurseler Str.
Weiß-kirchen
Stierstadt
Kronberg
Nieder-ursel
Hedde-heim
Nieder-höchstadt
Steinbach
Eschborner Str.
Limes-stadt
Kronberger Str.
Praunheimer Weg
Rosa-
Schwalbach
Limesspange
5
In der Römer-stadt
Luxemburg-
Bad Soden am Taunus
Schwal-bach am Taunus
Hauptstr.
Eschborn
Praun-heim
Heerstr.
Praunhm. Landstr.
Nordwestkr. Frankfurt
Hausen
Sulzbach (Taunus)
Sulzbach
Eschborner Dreieck
Lorscher Str.
66
Bocken-heim
8
Seite 232
Rödel-heim
Wester-bach-str.
Ffm.-Rödelh.
Landmann-Str.
Opel-rondell
44
Ffm.-Höchst
648
Th.-Heuss-Allee
Kelkheim
Sossenheimer Weg
Königsteiner Str.
Sossen-heim
Westkr. Frankfurt
Ffm.-Rebstock
Am Römerhof
Messe-gelände
Unterlie-derbach
Jahrhundert-halle
Nied
Höchst
Mainzer Landstr.
Griesheim
Zeils-heim
Hoechster-Farben-Str.
Main
Ffm.-Westhafen
Gutleut-
Nied
Schwanheimer Ufer
Galop-rennbah
Ffm.-Niederrad
40a
Schwanheim
40
Ffm.-Sindlingen
Kelster-bach
Commerzbank-Arena
Frankfurter Str.
Schwanhmr. Bahnstr.
Ffm.-Flughafen-Nord
43
Südl. Ringstr.
Ffm.-Flughafen
Frankfurter Kreuz
Frankfurter Str.
Kelsterbach
Airportring
3
Zeppelin-heim
2 km
Flughafen Frankfurt-Main
Zeppelinheim
Forstweg

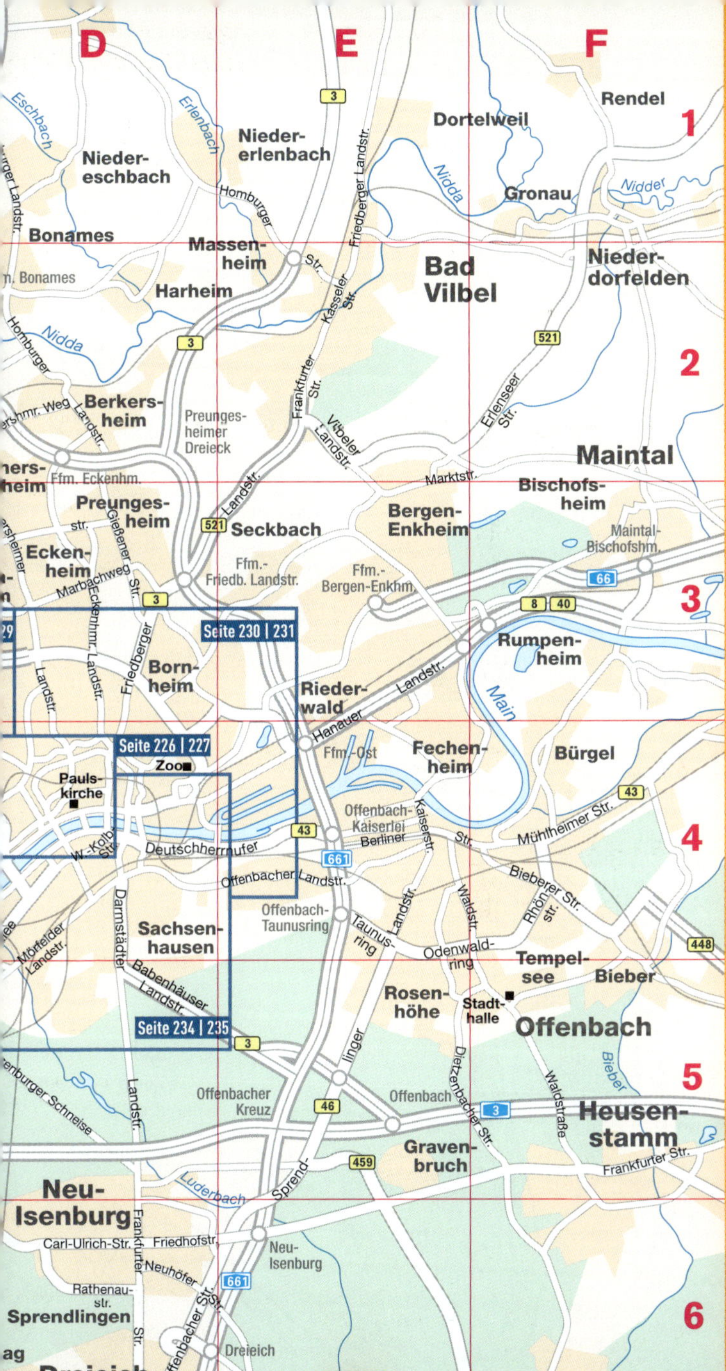
D
E
F
1
2
3
4
5
6
Eschbach
Erlenbach
Nieder-eschbach
Nieder-erlenbach
Dortelweil
Rendel
Nidda
Gronau
Nidder
Homburger Str.
Friedberger Landstr.
Bonames
Massen-heim
Bad Vilbel
Nieder-dorfelden
Fm. Bonames
Harheim
Kasseler Str.
Nidda
Homburger
3
521
Berkers-heim
Preunges-heimer Dreieck
Frankfurter Str.
Vilbeler Landstr.
Erlenseer Str.
Maintal
Fm. Eckenhm.
Marktstr.
Bischofs-heim
Preunges-heim
Landstr.
Seckbach
Bergen-Enkheim
Maintal-Bischofshm.
Ecken-heim
Gießener Str.
Fm.-Friedb. Landstr.
Fm.-Bergen-Enkhm.
66
Marbachweg
3
8
40
Seite 230 | 231
Rumpen-heim
Eckenhmr. Landstr.
Friedberger
Born-heim
Landstr.
Rieder-wald
Landstr.
Main
Hanauer
Seite 226 | 227
Fm.-Ost
Fechen-heim
Bürgel
Zoo
Pauls-kirche
Offenbach-Kaiserlei
Berliner
Str.
Kaiserstr.
43
Mühlheimer Str.
W.-Kolb-Str.
Deutschherrnufer
43
661
Offenbacher Landstr.
Bieberer Str.
Waldstr.
Rhön-str.
Offenbach-Taunusring
Taunus-ring
Landstr.
Mörfelder Landstr.
Darmstädter
Sachsen-hausen
Odenwald-ring
448
Tempel-see
Bieber
Babenhäuser Landstr.
Rosen-höhe
Stadt-halle
Offenbach
Seite 234 | 235
3
linger
Bieber
Offenbacher Kreuz
Offenbach
Dietzenbacher Str.
Waldstraße
Heusen-stamm
Landstr.
46
3
Graven-bruch
Frankfurter Str.
459
Luderbach
Sprend-
Neu-Isenburg
Carl-Ulrich-Str.
Friedhofstr.
Frankfurter
Neu-Isenburg
Neuhöfer Str.
661
Rathenau-str.
Sprendlingen
Str.
Offenbacher Str.
Dreieich
Dreieich

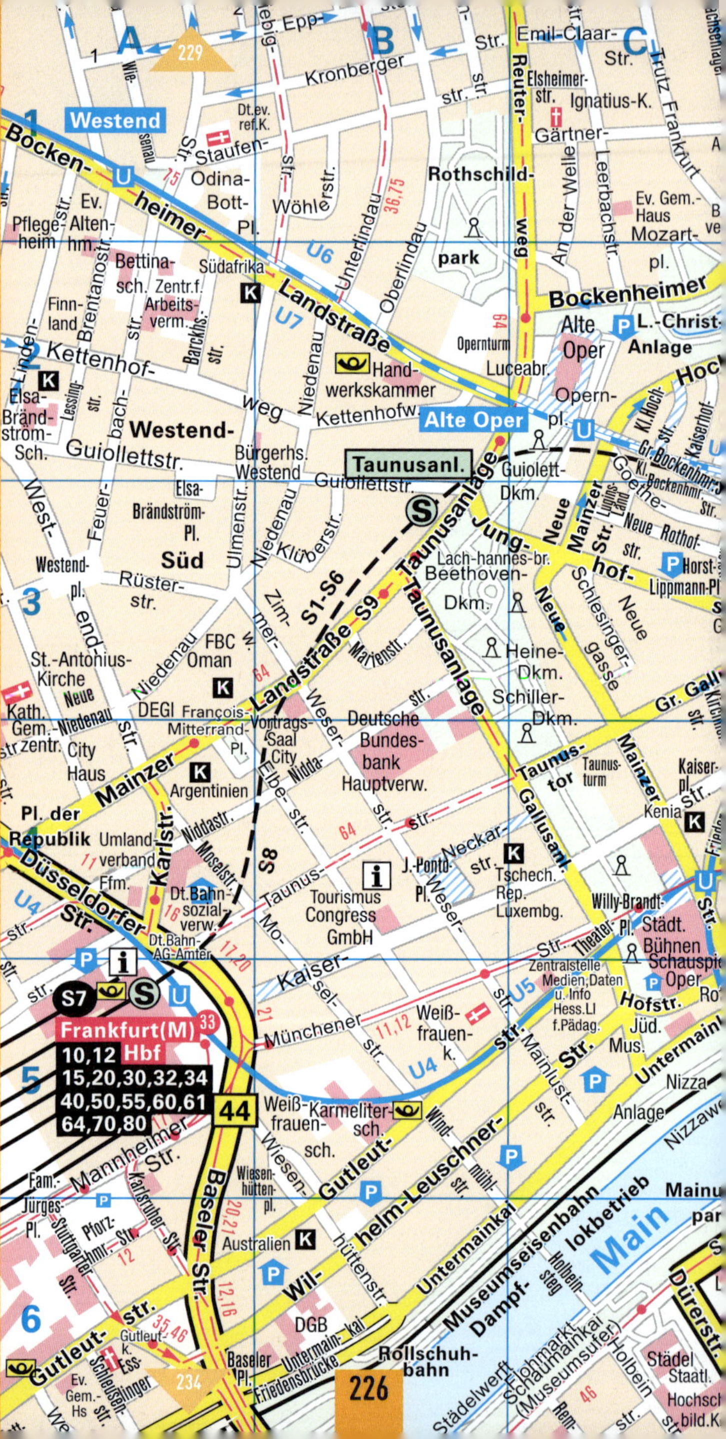
A
B
C
229
234
1
2
3
5
6
Westend
Bockenheimer Landstraße
Emil-Claar-Str.
Kronberger str.
Epp-
Reuter-weg
Elsheimer-str.
Ignatius-K.
Gärtner-
Trutz Frankfurt
Dt.ev. ref.K.
Staufen-
Odina-Bott-Pl.
Wöhlerstr.
Unterlindau
Oberlindau
Rothschild-park
An der Welle
Leerbachstr.
Ev. Gem.-Haus
Mozart-pl.
Pflege-heim
Ev. Alten-hm.
Bettina-sch.
Südafrika
Zentr.f. Arbeits-verm.
U6
U7
Finn-land
Brentanostr.
Barckhs.-str.
Opernturm
Alte Oper
L.-Christ.
Anlage
Luceabr.
Opern-pl.
Handwerkskammer
Kettenhof-weg
Kettenhofw.
Elsa-Brändström-Sch.
Lessing-str.
Westend-Süd
Guiollettstr.
Bürgerhs. Westend
Taunusanl.
Guiolett-Dkm.
Kl. Hoch-str.
Kaiserhof-
Gr. Bockenheimer Str.
Kl. Bockenhmr. Str.
Goethe-
Neue Rothof-str.
Horst-Lippmann-Pl.
Elsa-Brändström-Pl.
Ulmenstr.
Niedenau
Klüberstr.
Jung-hof-
Neue Mainzer Str.
Lach-hannes-br.
Beethoven-Dkm.
Schlesinger-gasse
Westend-pl.
Feuer-bach-
Rüster-str.
S1-S6
Taunusanlage
Landstraße
Zimmer-w.
Marienstr.
Heine-Dkm.
Schiller-Dkm.
St.-Antonius-Kirche
FBC Oman
Neue Niedenau
Kath. Gem.-zentr.
City Haus
DEGI
François-Mitterrand-Pl.
Vortrags-Saal City
Weser-str.
Deutsche Bundesbank Hauptverw.
Gr. Gallus-
Taunus-tor
Taunus-turm
Kaiser-pl.
Kenia
Pl. der Republik
Mainzer Landstr.
Argentinien
Elbe-str.
Nidda-str.
Umland-verband Ffm.
Karlstr.
Niddastr.
Moselstr.
S8
Taunus-str.
Tourismus Congress GmbH
J.-Pontd.-Pl.
Neckar-str.
Tschech. Rep.
Luxembg.
Gallusanl.
Willy-Brandt-Pl.
Städt. Bühnen Schauspiel Oper
Theater-
Düsseldorfer Str.
U4
Dt.Bahn-sozial-verw.
Dt.Bahn-AG-Ämter
Mosel-
Kaiser-str.
Zentralstelle Medien,Daten u. Info Hess.LI f.Pädag.
Hofstr.
Jüd. Mus.
U5
S7
Frankfurt(M) Hbf
10,12
15,20,30,32,34
40,50,55,60,61
64,70,80
Münchener str.
Weiß-frauen-k.
Mainlust-str.
Untermain-
Nizza-Anlage
44
Weiß-frauen-sch.
Karmeliter-sch.
Wind-mühl-str.
Mannheimer Str.
Fam.-Jürges-Pl.
Karlsruher Str.
Pforzhmr. Str.
Stuttgarter Str.
Baseler Str.
Wiesen-hütten-pl.
Gutleut-str.
Wil-helm-Leuschner-str.
Australien
Wiesenhüttenstr.
Untermainkai
Museumseisenbahn Dampflokbetrieb
Holbein-steg
Main
Dürerstr.
DGB
Gutleut-k.
Ess-linger
Schleusen-str.
Ev. Gem.-Hs
Baseler Pl.
Untermain-kai
Friedensbrücke
Rollschuh-bahn
Städelwerft
Flohmarkt Schaumainkai (Museumsufer)
Holbein-str.
Städel Staatl. Hochsch. bild.K.

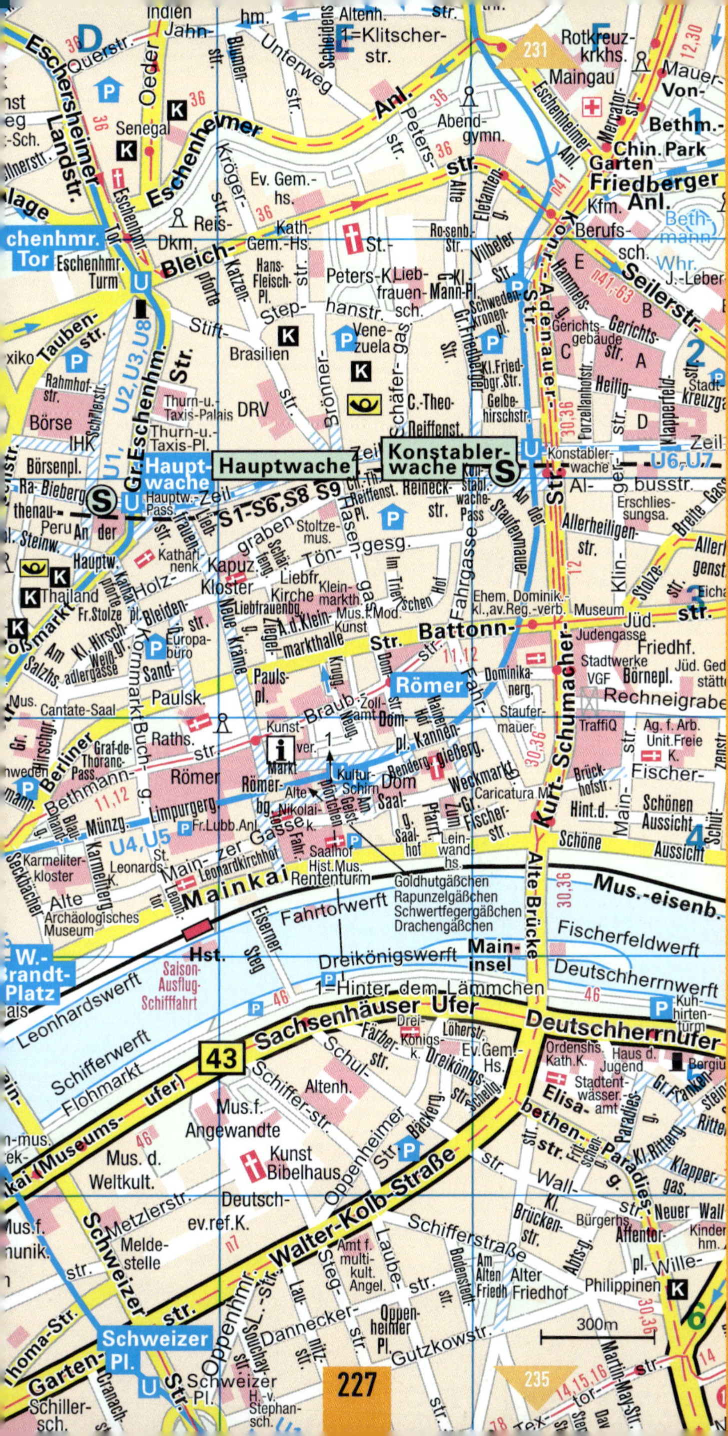

Eschersheimer Landstr.
Querstr.
Oeder
Senegal
Eschenheimer Anl.
Blumenstr.
Unterweg
Altenh.
1=Klitscherstr.
Rotkreuz-krkhs.
Maingau
Mauer-
Von-
Bethm.-
Chin. Park
Garten
Friedberger Anl.
Abend-gymn.
Peters-str.
Kröger-str.
Ev. Gem.-hs.
Kath. Gem.-Hs.
St.-Peters-K.
Elefanten-g.
Kfm. Berufs-sch.
Beth-mann-Whr.
Seilerstr.
Eschenhmr. Tor
Eschenhmr. Turm
Bleich-str.
Reis-
Dkm.
Hans-Fleisch-Pl.
Step-hanstr.
Liebfrauen-sch.
Kl.-Mann-Pl.
Vilbeler Str.
Konrad-Adenauer-Str.
Hammels-g.
Gerichts-gebäude
Gerichtsstr.
Heilig-
Stadt-kreuzga
Stift-str.
Brasilien
Venezuela
Schwedenkronen-pl.
Kl. Friedbgr. Str.
Gelbe-hirschstr.
Porzellanhofstr.
Klapperfeld-str.
Tauben-str.
Rahmhof-str.
Börse
IHK
Thurn-u.-Taxis-Palais
DRV
Thurn-u.-Taxis-Pl.
Brönner-str.
Schäfer-gas.
C.-Theo-Deiffenst.
Zeil
Hauptwache
Konstabler-wache
U6, U7
Börsenpl.
Biebergasse
Hauptw.-Pass.
S1-S6, S8 S9
Reineck-str.
Konstabler-wache-Pass
Staufenmauer
Al-busstr.
Erschliessungsa.
Breite Gass
U1, U2, U3, U8
Gr. Eschenheim.
Peru
An der
Hauptw.
Katharinenk.
Kapuz.
Liebfr. Kirche
Stoltze-mus.
Tön-gesg.
Hasen-gas.
Im Trierischen Hof
Fahrgasse
Allerheiligen-str.
Klin-ger-str.
Stolze-str.
Allerheiligen-str.
Thailand
Holz-graben
Fr.Stolze-pl.
Kl. Hirsch-graben
Bleiden-str.
Liebfrauenbg.
Kloster
Klein-markth.
Mus.f.Mod. Kunst
Ehem. Dominik.-kl., ev.Reg.-verb.
Museum Jüd.
Judengasse
Battonnstr.
Europa-büro
Neue Kräme
Ziegel-g.
A.d.Klein-markthalle
Domstr.
Fahrg.
Dominika-nerg.
Stadtwerke VGF
Börnepl.
Jüd. Friedhf.
Sand-g.
Paulsk.
Pauls-pl.
Krug.
Römer
Mus.
Cantate-Saal
Raths.
Kunst-ver.
Braub.
Zoll-amt
Staufer-mauer
Rechneigraben
TraffiQ
Ag. f. Arb.
Unit.Freie K.
Berliner Str.
Graf-de-Thoranc-Pass.
Bethmann-str.
Römer
Römerbg.
Markt
Kultur-Schirn
Dom
Domplatz
Kannengießerg.
Weckmarkt
Caricatura M.
Brück-hofstr.
Fischer-feldstr.
Hint.d.
Schönen Aussicht
Schöne Aussicht
Münzg.
Limpurgerg.
Alte Nikolai-k.
Fr.Lubb.Anl.
Saal-g.
Pfarrg.
Gr. Fischer-str.
Leinwand-hs.
Kurt-Schumacher-Str.
U4, U5
Karmeliterkloster
Karmeliterg.
Leonardsk.
Leonardkirchhof
Mainzer Gasse
Saalhof
Hist.Mus.
Rententurm
Goldhutgäßchen
Rapunzelgäßchen
Schwertfegergäßchen
Drachengäßchen
Alte Brücke
Mus.-eisenb.
Alte Archäologisches Museum
Mainkai
Fahrtorwerft
Fischerfeldwerft
Eiserner Steg
Hst.
Saison-Ausflug-Schifffahrt
Dreikönigswerft
Main-insel
Deutschherrnwerft
W.-Brandt-Platz
Leonhardswerft
1=Hinter dem Lämmchen
Sachsenhäuser Ufer
Deutschherrnufer
Kuh-hirten-turm
Schifferwerft
Flohmarkt
43
Drei-Königs-k.
Färber-str.
Löherstr.
Ev.Gem.-Hs.
Ordenshs. Kath.K.
Haus d. Jugend
Stadtent-wässer.-amt
Museumsufer
Schul-str.
Schiffer-str.
Altenh.
Dreikönigs-str.
Elisabethen-str.
Paradies-g.
Kl. Ritterg.
Klapper-gas.
Mus.f. Angewandte Kunst
Mus. d. Weltkult.
Kunst Bibelhaus
Oppenheimer Str.
Bäckerg.
Walter-Kolb-Straße
Wall-str.
Neuer Wall
Deutsch-ev.ref.K.
Metzlerstr.
Melde-stelle
Schweizer str.
Amt f. multi-kult. Angel.
Laube-str.
Schifferstraße
Kl. Brücken-str.
Abtsg.
Bürgerhs.
Affentor-pl.
Wille-
Am Alten Friedh
Alter Friedhof
Philippinen
Bodenstedtstr.
300m
Dannecker-str.
Oppenheimer Pl.
Gutzkowstr.
Schweizer Pl.
Garten-str.
Schiller-sch.
Stephan-sch.
Martin-May-Str.
227
231
235

Stadtteil Rödelheim (zu Frankfurt)
Stadtteil Hausen (zu Frankfurt)
Anschlussstelle Ffm.-Ludwig-Landmann-Str.
Steph.-Heise-Str.
Hausen
Hausener Weg
Industriehof
Fischstein
Nelkenstr.
1=Praunheimer Landstr.
Westring
Ludwig-Landmann-Str.
Am Industriehof
Wilh.-v.-Steuben-Str.
Friedrich-Ebert-Siedlung
Breitenbachbrücke
Pflanzenschutzamt
Neue Börse
1=An den Bangerten
2=Hülya-Platz
3=Flußgasse
4=Oelmühlgasse
Brentanopark
Solmspark
Mühlkanal
Nidda
Rödelheimer Landstraße
Dauerkleingärten
Siemens
Ffm. Rödelheim
Lorscher Str.
Auf der Insel
Postsiedl.
Biegwald
Anschlussstelle Ffm.-Rebstock
Anschlussst. Katharinenkreisel
Tankstelle Ffm.-Biegweg
Wiesbadener Straße
Theodor-Heuss-Allee
Katharinenkreisel
Solmsstraße
Franklinstr.
Leonardo-da-Vinci-Allee
Kuhwald Siedl.
Rebstockpark
Gartenhallenbad Rebstock
Rebstock
Weiher
Anschlussst. Rebstock (Bedarfsabfahrt bei Messe)
Messeparkplatz
Messeparkhaus
Omnibus-Betriebshof Rebstock
Frankfurter Feldbahnmuseum am Rebstock
Am Römerhof
Europa-viertel
Europagarten
Straße der Nationen
Römischer Ring
Hellerhof Siedlung
Gallus
Mönchhofstr.
Schmidtstr.
Kleintierzucht
Denisweg
300m
Mainzer Landstraße
E451
Frankfurter Straße
648
Friedensk.
Maria-Hilf-Kirche
Berth.-Otto-Schule
Ackermannschule
Berthold-Simonsohn-Sch.

Stadtteil Bockenheim
(zu Frankfurt)
Anschlussstelle Ffm.-Miquelallee
21
Friedhof Bockenhm.
St.-Markus-Krankenhs.
Europa-turm
(Fernmeldeturm)
Sportplätze
Wilhelm-Epstein-Straße
Carl-Schurz-Siedl.
Deutsche Bundesbank
Miquel-anlage
Weinbg.-Siedl.
Miquelallee
Hansaallee
Institut für Sportwissenschaften
Vogelschutzgehölz
Ginnheimer Landstr.
Franz-Rücker-Allee
Zeppelinallee
Sophienstr.
Alt-Kath. Kirche
Westend-Frankf. Central Chapel
1=Kl. Wiesenau
2=Erich-Fromm-Platz
Griech. Orthod. Kirche
Botanischer Garten
Botanisches Institut
Grüneburgpark
Nord
J.-W.Goethe Universität
Universitätsverwaltung
N.-Wollheim-Platz
Palmengarten
Jug. Verkehrsgtn.
Grüneburgweg
Leipziger Str.
Bockenhmr. Warte
Bockenheimer Landstraße
Senckenberganlage
Senckenberg Museum
Kettenhofweg
Westendstr.
Westend
Süd
Festh. Messe
Ludwig-Erhard-Anlage
Forum
Agora
Europaviertel
Ffm. Messe
Frankfurt
Friedrich-Ebert-Anlage
Pl. der Republik
Düsseldorfer Str.
Frankf.(M) Hbf
Gallusviertel
Galluswarte
Mainzer Landstr.
Baseler Str.
Gutleutviertel
Main
Mainzer Landstr.
Theodor-Stern-Kai
1=Wilhelm-Schickard-Str.
2=Adam-Riese-Platz
5=Dubliner Str.
6=Londoner Str.
7=Warschauer Str.
8=Athener Str.
Europa-Allee
Skyline-Plaza
Tower 185
8/44
44
8
229
233

Wilhelm-Epstein-Straße
Carl-Schurz-Siedl.
Dornbusch
Hess.Rundfunk
Hauptfriedhof
Trauerhalle
Verwaltung
Deutsche Bundesbank
C.-v.-Miquel-anlage
Weinbg.-Siedl.
Polizeipräsidium
Miquel-/Adickesall.
Deutsche Nationalbibliothek
Adickesallee
Miquelallee
Nibelungenallee
Eschersheimer Landstr.
Eckenheimer Landstr.
Hansaallee
Westend-Frankf. Central Chapel
Griech. Orthod. Kirche
2
Nord
Grüneburgpark
J.-W.Goethe Universität
Universitätsverwaltung
N.-Wollheim-Platz
Nordend-West
Holzhausenstr.
Adolph-v.-Holzhausen-Park
Holzhausen-Schlößchen
Glauburgstr.
Bremer Platz
Reuterweg
Grüneburgweg
Musterschule
3
Westend
Bockenheimer Landstraße
Bockenheimer Anlage
Eschenheimer Anlage
Rothschildpark
Alte Oper
Hochstraße
Börse
Konstablerwache
4
Westend-Süd
Taunusanlage
Gallusanlage
Neue Mainzer Str.
Kaiserstr.
Roßmarkt
Hauptwache
Zeil
Battonnstr.
Kurt-Schumacher-Str.
Dom
Römer
Paulskirche
Berliner Str.
Mainkai
Untermainkai
Pl. der Republik
Düsseldorfer Str.
Frankf. (M) Hbf
5
Willy-Brandt-Pl.
Sachsenhäuser Ufer
Schaumainkai (Museumsufer)
Mainufer-park
Main
Museumseisenbahn
Walter-Kolb-Straße
Schweizer Str.
Gartenstraße
Städel
Baseler Str.
Speicherstr.
Friedensbrücke
Westhafen
6
Theodor-Stern-Kai
Kennedyallee
Süd-bf.
Mörfelder Landstr.
8
43
44
234
230

Stadtteil Bornheim
(zu Frankfurt)
1=Am Stiegelschlag
2=Bönstädter Straße
3=Ilbenstädter Straße
4=Am Ameisenberg
5=Johanniskirchplatz
Seckbacher Landstr.
Friedhof Bornheim
Wasserpark
Alten-wohnhm.
Hallgarten-schule
1=Bornheimer Fünffingerplätzchen
Panoramabad Bornheimer Hang
Dreieck Erlenbruch (im Bau)
661
Günthersburgpark
Bornheim Mitte
Saalburgstraße
Saalburgallee
Eissporthalle/Festplatz
Eissporthalle Frankfurt
Volksbank-Arena
Ratsweg
Höhenstr.
Merianpl.
Parlamentspl.
Ostpark
Spielwiese
Zentralschulgarten
Ostend
Zoo Frankfurt
Habsburgerallee
Danziger Pl.
Ostbf.
Ostbahnhof
Hanauer Landstraße
Museumseisenbahn
Nordbecken
Osthafen
Südbecken
Europäische Zentralbank
Sonnemannstr.
1=Horst-Schulmann-Straße
Main
Deutschherrnviertel
Gerbermühle
Deutschherrnufer
Gerbermühlstr.
Mühlberg
Offenbacher Landstraße
2=Bethmann-Hollweg-Straße
3=Speckgäßchen
4=Kinzigstraße
5=Mümlingstraße
6=Rebenstraße
7=Scheerengasse
8=Seehmr.Straße
300m
Phil.-Theol. Hochschule St. Georgen
Goethetempel
Mühlbergsch.

235

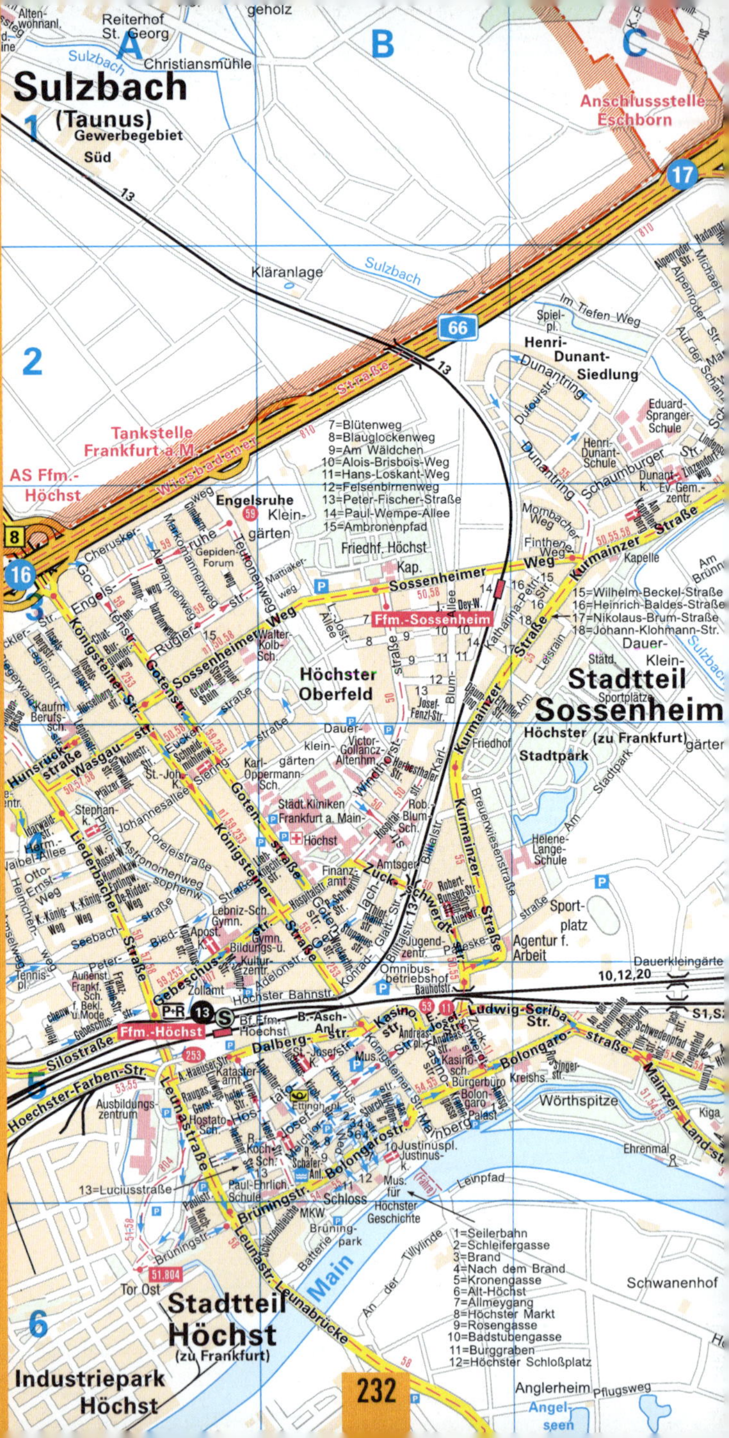

Sulzbach
(Taunus)
Gewerbegebiet Süd
Reiterhof St. Georg
Christiansmühle
Sulzbach
Anschlussstelle Eschborn
Kläranlage
Tankstelle Frankfurt a. M.
AS Ffm.-Höchst
Wiesbadener Straße
Henri-Dunant-Siedlung
Dunantring
Eduard-Spranger-Schule
Henri-Dunant-Schule
Schaumburger Str.
Im Tiefen Weg
Engelsruhe
Klein-gärten
Friedhf. Höchst
Gepiden-Forum
Sossenheimer Weg
Ffm.-Sossenheim
Kurmainzer Straße
Stadtteil Sossenheim
Höchster Stadtpark
Höchster Oberfeld
Walter-Kolb-Sch.
Dauer-klein-gärten
Karl-Oppermann-Sch.
Städt. Kliniken Frankfurt a. Main-Höchst
Königsteiner Str.
Gotenstraße
Liederbacher Straße
Hunsrückstraße
Wasgaustr.
Johannesallee
Leibniz-Sch. Gymn.
Bildungs-u. Kultur-zentr.
Helene-Lange-Schule
Sportplatz
Agentur f. Arbeit
Omnibus-betriebshof
Höchster Bahnstr.
Ffm.-Höchst
Silostraße
Hoechster-Farben-Str.
Ausbildungs-zentrum
Leunastraße
Dalberg-Str.
Ludwig-Scriba-Str.
Bolongarostraße
Mainzer Landstr.
Wörthspitze
Bürgerbüro
Bolongaro-Palast
Justinuspl.
Justinus-K.
Mus. für Höchster Geschichte
Schloss
Brüningstr.
Brüning-park
Paul-Ehrlich-Schule
Main
Leinpfad
Tillylinde
Schwanenhof
Leunabrücke
Tor Ost
Stadtteil Höchst (zu Frankfurt)
Industriepark Höchst
Anglerheim
Pflugsweg
Angel-seen
Ehrenmal
Kiga
7=Blütenweg
8=Blauglockenweg
9=Am Wäldchen
10=Alois-Brisbois-Weg
11=Hans-Loskant-Weg
12=Felsenbirnenweg
13=Peter-Fischer-Straße
14=Paul-Wempe-Allee
15=Ambronenpfad
15=Wilhelm-Beckel-Straße
16=Heinrich-Baldes-Straße
17=Nikolaus-Brum-Straße
18=Johann-Klohmann-Str.
13=Luciusstraße
1=Seilerbahn
2=Schleifergasse
3=Brand
4=Nach dem Brand
5=Kronengasse
6=Alt-Höchst
7=Allmeygang
8=Höchster Markt
9=Rosengasse
10=Badstubengasse
11=Burggraben
12=Höchster Schloßplatz

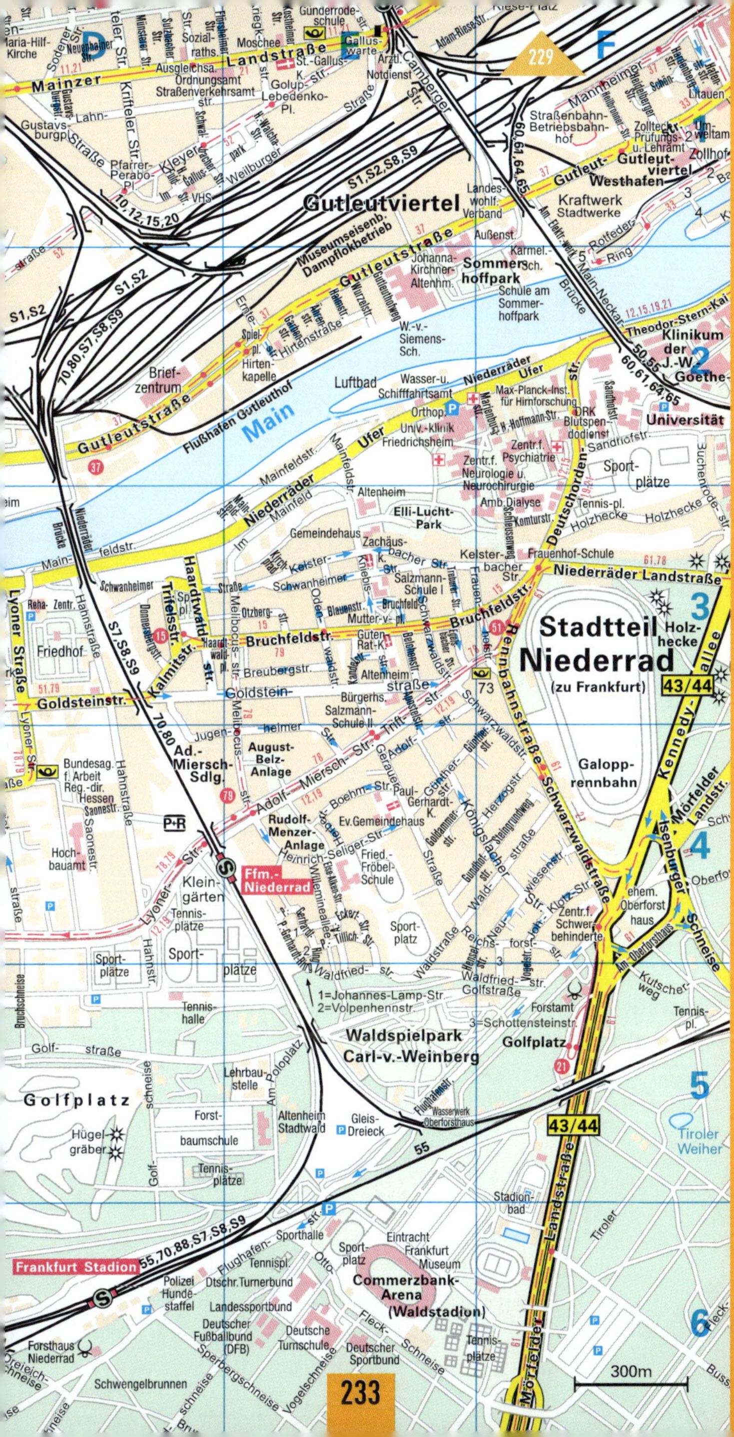
229
D
E
F
Gunderrode-schule
Maria-Hilf-Kirche
Mainzer Landstraße
Sozialraths.
Moschee
Ausgleichsa.
Ordnungsamt
Straßenverkehrsamt
Gallus-warte
St.-Gallus-K.
Golup-Lebedenko-Pl.
Ärztl. Notdienst
Camberger Str.
Adam-Riese-Str.
Mannheimer Str.
Litauen
Straßenbahn-Betriebsbahnhof
Zolltechn. Prüfungs- u. Lehramt
Umweltamt
Zollhof
Gustavsburgpl.
Pfarrer-Perabo-Pl.
Kleyerstr.
Weilburger Str.
VHS
S1,S2,S8,S9
10,12,15,20
Gutleutviertel
Landeswohlf. Verband
Gutleutstraße
Westhafen
Gutleutviertel
Kraftwerk Stadtwerke
Außenst.
Museumseisenb. Dampflokbetrieb
Johanna-Kirchner-Altenhm.
Sommerhoffpark
Karmel.-Sch.
Schule am Sommerhoffpark
Rotfeder-Ring
Main-Neckar-Brücke
S1,S2
70,80,S7,S8,S9
Hirtenstraße
Spiel-pl.
Hirtenkapelle
W.-v.-Siemens-Sch.
12,15,19,21
Theodor-Stern-Kai
Klinikum der J.-W.-Goethe-Universität
50,55
60,61,64,65
Briefzentrum
Luftbad
Wasser-u. Schifffahrtsamt
Niederräder Ufer
Max-Planck-Inst. für Hirnforschung
Orthop.
Univ.-Klinik Friedrichsheim
DRK Blutspendedienst
Universität
Flußhafen Gutleuthof
Main
Zentr.f. Psychiatrie
Zentr.f. Neurologie u. Neurochirurgie
Sandhofstr.
Sport-plätze
Mainfeldstr.
Altenheim
Amb.Dialyse
Tennis-pl.
Holzhecke
Elli-Lucht-Park
Deutschordenstr.
Buchenrodestr.
Gemeindehaus
Zachäus-K.
Kelsterbacher Str.
Frauenhof-Schule
Niederräder Landstraße
Schwanheimer Str.
Salzmann-Schule I
Haardtwaldstr.
Triftstr.
Bruchfeldstr.
Mutter-v.-pl.
Guten-Rat-K.
Stadtteil Niederrad
(zu Frankfurt)
Holzhecke
Friedhof
Lyoner Straße
Goldsteinstr.
Kalmitstr.
Breubergstr.
Altenheim
Bürgerhs.
Salzmann-Schule II
73
43/44
Kennedyallee
Bundesag. f. Arbeit Reg.-dir. Hessen
Ad.-Miersch-Sdlg.
August-Belz-Anlage
Adolf-Miersch-Str.
Galopprennbahn
Mörfelder Landstr.
Hahnstraße
Saonestr.
P+R
Rudolf-Menzer-Anlage
Ev.Gemeindehaus
Paul-Gerhardt-K.
Königslacher Straße
Herzogstr.
Isenburger Schneise
Hochbauamt
Ffm.-Niederrad
Kleingärten
Tennisplätze
Heinrich-Seliger-Str.
Fried.-Fröbel-Schule
Schwarzwaldstraße
ehem. Oberforsthaus
Zentr.f. Schwerbehinderte
Sportplätze
Sportplatz
Waldstraße
Am Oberforsthaus
Waldfriedstr.
Golfstraße
Kutscherweg
1=Johannes-Lamp-Str.
2=Volpenhennstr.
3=Schottensteinstr.
Forstamt
Tennishalle
Tennis-pl.
Waldspielpark Carl-v.-Weinberg
Golfplatz
Golf-straße
Lehrbaustelle
5
Golfplatz
Hügelgräber
Forstbaumschule
Altenheim Stadtwald
Gleis-Dreieck
Wasserwerk Oberforsthaus
Tiroler Weiher
Tennisplätze
55
Stadionbad
S1,70,88,S7,S8,S9
Sporthalle
Eintracht Frankfurt Museum
Frankfurt Stadion
55,70,88,S7,S8,S9
Tennispl.
Polizei Hundestaffel
Dtschr.Turnerbund
Commerzbank-Arena (Waldstadion)
Landessportbund
Deutscher Fußballbund (DFB)
Deutsche Turnschule
Deutscher Sportbund
Tennisplätze
Mörfelder Landstraße
Flughafenstr.
Fleckschneise
Forsthaus Niederrad
Schwengelbrunnen
Sperbergschneise
Vogelschneise
300m
6
233

230
Westend-Süd
Festhalle Messe
Ludwig-Erhard-Anl.
Platz d.Einheit
Tower 185
Sky-Line-Plaza
Pl. der Republik
Düsseldorfer Str.
Taunusanlage
Jung-hof-str.
Roßmarkt
Rathaus
Römer
Mainkai
Frankf.(M) Hbf
Gallus-viertel
Mainzer Landstr.
Kaiserstr.
Münchener Str.
Wilhelm-Leuschner-Str.
Gutleutstr.
Baseler Str.
Willy-Brandt-Pl.
Städt. Bühnen
Hofstr.
Untermainkai
Untermainbr.
Nizza Anlage
Main
Museumsuferpark
Schaumainkai (Museumsufer)
Schweizer Str.
Dürerstr.
Städel
Liebieg-hs.
Mus.f. Angewandte Kunst
Friedensbrücke
Speicherstr.
Westhafen
Gutleutviertel
Kraftwerk Stadtwerke
1=Westhafenbrücke
2=Zanderstraße
3=Stichlingstraße
4=Flußkrebssteg
5=Am Druckwasserwerk
Theodor-Stern-Kai
Klinikum der J.-W.-Goethe-Universität
Gartenstraße
Stresemannallee
Kennedy-allee
Main-Neckar-Brücke
Deutschordenstr.
Sportplätze
Bundesamt für Kartographie und Geodäsie
Heimat-Siedl.
Fritz-Kissel-Siedlung
Mörfelder Landstr.
Niederräder Landstraße
Holzhecke
Hügelgräber
Bürgerwiese
Stadtteil Niederrad (zu Frankfurt)
Waldspielpark Louisa
Park Louisa
Bahnhof Ffm.-Louisa
Ffm.-Louisa
Galopprennbahn
Sachsenhäuser Landwehrweg
Natur-denkmal
Luft-u. Lichtbad
Martin-Buber-Schule
Dauerkleingärten
Oberforsthausweg schneise
Isenburger Schneise
Schwarzwaldstr.
Buchscheer
Königsbrunnenweg
Lerchesbergweg
Laubsches-
234

231

D
E
F
Allerheiligen-tor
Hanauer Landstraße
Danziger Pl.
Ostbahnhof
U6
Grusonstr.
Osthafenpl.
Museumseisenbahn
Sonnemannstr.
Europäische Zentralbank
Obermainanlage
Lange Str.
Fischerfeldstr.
Oskar-von-Miller-Str.
1=Horst-Schulmann-Straße
Mus.-eisenb.
Fischerfeldwerft
Deutschherrnwerft
Weseler Werft
Ruhrorter Werft
Schlachthofwerft
Deutschherrnviertel
Eckhardtstr.
Ignatz-Bubis-Brücke
Flößerbr.
Alte Brücke
Mainzer Werft
Karlsruher
Straßburger Werft
Franziuspl.
Honsellbrücke
Osthafenbrücke
Duisburger Werft
Vorbecken
Main
Gebermühlwerft
Mainwasenw.
Deutschherrnufer
Deutschherrnufer
Gerbermühlstr.
Seehofstraße
Dreieichstr.
Elisabethenstr.
Walther-von-Cronberg-Pl.
Sportplätze
50,55
Im Bärengarten
Stralsunder W.
Länderweg
Mühlberg
S1,S2
S8,S9
4=Kinzigstraße
5=Mümlingstraße
7=Scheerengasse
8=Seehmr.Straße
Lokalbf.
55,64
Offenbacher Landstraße
Offenbacher Landstr.
Wendelspl.
Südbf.
U1,U2,U3
Bürgerm.-Gräf-Haus
Herz-Marien-K.
Willemer Haus
Goethetempel
Mühlbergsch.
Kl. Seehof
Seehofpark
Sportpl.
Phil.-Theol. Hochschule St. Georgen
Goldbergweg
Altenheim
Brunnenweg
Darmstädter Landstraße
Wendelsweg
Hainer Weg
Stadtteil Oberrad
(zu Frankfurt)
Altebergsweg
Stadtteil Sachsenhausen
(zu Frankfurt)
Südfriedhof
Mailänder Str.
Sachsenhäuser Landwehrweg
Sachsenh. Warte
Hasselhorstweg
Goetheturm
Waldspielpark Goetheturm
Dauerkleingärten
Wilhelm-Beer-Weg
Boehlepark
Wartegäßchen
Babenhäuser Landstraße
Moschee
Forsthaus Oberrad
Scheerwald
Lange-Schmale
Henselruhe
Haardt
baumstränk
Sportplatze
1=Franz-Lenbach-Straße
2=Rethelstraße
3=Achenbachstraße
4=Textorstraße
5=Nordheimstraße
7=Klingenberger Straße
8=Freudenberger Straße
9=Max-Quarck-Straße
10=Ferdinand-Schrey-Weg
11=Carl-Barthel-Weg
12=Ludwig-Zamenhof-Weg
13=Schwarzsteinkautweg
Wartfeldheeg
Kaiser-tanne
Fuchsplatte
Kühruh
Vogelschutzgehölz
Schutzhütte
300m
1
2
3
4
5
6

Limburg an der Lahn
Diez
Runkel
Villmar
Brechen
Selters (Taunus)
Lahn-Ferienstr.
Hünfelden
Bad Camberg
Selterswasser-Quellen
Oranier Route
Deutsche Alleenstr.
Hahnstätten
Rheinland-Pfalz
Hessen
Burgschwalbach
Hünstetten
Dt. Fachwerkstr.
Aarbergen
Naturpark
Idstein
Hohenstein
Burg Hohenstein
Rhein-Taunus
Heidenrod
Taunusstein
Niedernhausen
Bad Schwalbach
Wiesbaden
Taunus-Wunderland
Schlangenbad
Fasanerie
Neroberg
Kurhaus
Bäderstr.
Frauenstein
Schiersteiner Kreuz
Kiedrich
Eltville am Rhein
Walluf
Oestrich
Winkel
Budenheim
Rheingau
Taunus
Gebirge
Rüdesheim am Rhein
Geisenheim
Heidesheim
Ingelheim am Rhein
Mainz
Gustavsburg
Bingen am Rhein
Gau-Algesheim
Rhein
Ober-Olm
Nieder-Olm
Klein-Winternheim
Bodenheim
Elsheim
Stadecken-Elsheim
Rheinhessisches
Saulheim
Sprendlingen
Bad Kreuznach
Gensingen
Wörrstadt
Nackenheim
Zornheim
Selzen

Bad Nauheim
Friedberg (Hessen)
Wölfersheim
Usingen
Neu-Anspach
Wehrheim
Rosbach v.d.Höhe
Wöllstadt
Schmitten
Friedrichsdorf
Bad Homburg v.d.Höhe
Großer Feldberg
Karben
Oberursel
Kronberg im Taunus
Königstein im Taunus
Bad Vilbel
Steinbach
Frankfurt am Main
Schwalbach am Taunus
Eschborn
Bad Soden am Taunus
Sulzbach (Ts)
Kelkheim (Ts)
Liederbach a.Ts.
Hofheim am Taunus
Kriftel
Offenbach a.Main
Kelsterbach
Hattersheim am Main
Neu-Isenburg
Dreieich
Dietzenbach
Raunheim
Rüsselsheim am Main
Mörfelden-Walldorf
Langen (Hessen)
Rödermark
Ginsheim-Gustavsburg
Nauheim
Egelsbach
Erzhausen
Trebur
Groß-Gerau
Messel
Grube Messel
Büttelborn
Weiterstadt
Wissenschaftsstadt Darmstadt
Griesheim
Roßdorf
Mathildenhöhe
Vivarium
Freilichtmuseum Hessenpark
Römerk.Saalburg
Freizeitpark Lochmühle
Taunus-Therme
Opel-Zoo
Palmeng.
Zoo
Senckenbergmus.
Flughafen Rhein-Main
Frankf. Kreuz
Wiesbadener Kreuz
Mönchhof-Dr.
Rüsselsheimer Dreieck
Dt. Limes-Str.
Deutsche Alleenstraße
Hochtaunusstr.
Deutsche Fachwerkstr.
Amalienschloss
Krokodil-zoo
Jagdschl. Kranichstein
Eisenbahnmus.
5 km

1. Wartegäßchen **235/D5**
2. Wartegäßchen **235/D5**

A
Abtsgäßchen **227/F6**
Adalbertstr. **229/D3-E3**
Adelonstr. **232/A5-B4**
Adickesallee **230/B1-C1**
Adlerflychtplatz **230/B2-B3**
Adlerflychtstr. **230/B3-C3**
Adolf-Miersch-Str. **233/D4-E4**
Adolfstr. **233/E3-E4**
Adornoplatz **229/E4**
Affentorplatz **227/F6**
Albanusstr. **232/B5**
Albusstr. **227/F3**
Alemannenweg **232/A3**
Alexanderstr. **228/A2-B1**
Alfred-Brehm-Platz **231/D4**
Allerheiligenstr. **227/F3**
Allerheiligentor **230/C4-231/D4**
Alt Bornheim **231/E2**
Alt Hausen **228/B1**
Alt Nied **232/C5**
Alte Brücke **227/F4-F5**
Alte Gasse **227/E2-E3**
Alte Mainzer Gasse **227/D4-E4**
Alte Rothofstr. **226/C3**
Altebergsweg **235/E3-F4**
Am Bornheimer Hang **231/F1-F2**
Am Buchwald **231/F3**
Am Dammgraben **228/C5-229/D5**
Am Elektrizitätswerk **233/F1**
Am Geistpförtchen **227/E4**
Am Hauptbahnhof **226/A4-A5**
Am Hohen Weg **228/C1-C2**
Am Hopfengarten **228/A3**
Am Industriehof **228/B2**
Am Leonhardsbrunn **229/E2**
Am Leonhardstor **227/D4**
Am Mühlkanal **235/E2-E3**
Am Oberforsthaus **234/A6**
Am Römerhof **228/A4-C4**
Am Salzhaus **227/D3**
Am Sandberg **235/E3-E4**
Am Spritzenhaus **228/B1**
Am Stadtpark **232/C3-C4**
Am Tiergarten **231/D4-E4**
Ameisenberg **231/E1**
Amperestr. **228/B3**
An den Röthen **231/E1**
An der Hauptwache **227/D3**
An der Kleinmarkthalle **227/E3**
An der Schanz **232/C2**
An der Staufenmauer **227/F3**
An der Welle **226/C1-C2**
Andreaestr. **231/E2**
Andreasplatz **232/B5**
Annastr. **230/B2**
Anspacher Str. **228/B5**
Anton-Burger-Weg **235/E4-F4**
Arndtstr. **229/E4-F3**
Arnsburger Str. **231/D3-E2**
Aschaffenburger Str. **235/D3-D4**
Assenheimer Str. **228/A2-B2**
Astronomenweg **232/A4**
Auf dem Mühlberg **235/E2-E3**
Auf der Insel **228/A3**
August-Euler-Str. **228/B4**
August-Siebert-Str. **229/F2-F3**

B
Babenhäuser Landstr. **235/D5-F6**
Bäckergasse **227/E5**
Bäckerweg **230/C3**
Barckhausstr. **226/A2**
Bärenstr. **231/D4**
Basaltstr. **229/D2**
Baseler Platz **226/A6**
Baseler Str. **226/A5-A6**
Battonnstr. **227/F3-230/C4**
Baumweg **230/C3-231/D3**
Beethovenstr. **229/E3-E4**
Bendergasse **227/E4**
Berger Str. **231/D3-F1**
Bergesgrundweg **235/E3-E4**
Berliner Str. **227/D4-E3**
Bernusstr. **229/D2**
Bertha-von-Suttner-Ring **234/C5-235/D5**
Bethmannstr. **226/C4-227/E4**
Bettinaplatz **229/F3-F4**
Bettinastr. **229/E4-F5**
Beuthener Str. **234/B4-C4**
Biebergasse **227/D2**
Biegweg **228/A4-B3**
Billtalstr. **232/B4-B5**
Bindingstr. **235/D3**
Birkenweg **228/C3**
Bischofsweg **234/C5-235/D5**
Blanchardstr. **229/E2-E3**
Blauhandgasse **227/D4**
Bleichstr. **227/D2-F1**
Bleidenstr. **227/D3-E3**
Blitterdorffplatz **226/A4**
Bockenheimer Anlage **226/C2-227/D1**
Bockenheimer Landstr. **226/B2-229/E3**
Böcklinstr. **234/B3**
Bodenstedtstr. **235/D2**
Böhmerstr. **230/A2-B2**
Bolongarostr. **232/B5-C5**
Bornemannstr. **235/E3**
Börnerplatz **227/F3**
Bornheimer Landstr. **230/C3-231/D3**
Bornheimer Landwehr **231/E3-F3**
Bornwiesenweg **230/B3**
Börsenplatz **227/D2**
Börsenstr. **227/D2-D3**
Braubachstr. **227/E3-E4**
Braunfelsstr. **228/C4**
Breite Gasse **230/C4**
Breitenbachbrücke **228/C2**
Breitenbachstr. **228/C2-C3**
Bremer Str. **230/A2-B2**
Brentanostr. **226/A1-A2**
Breslauer Str. **234/C4**
Breubergstr. **233/E3**
Breuerwiesenstr. **232/B4-C4**
Brönnerstr. **227/E2**
Broßstr. **229/E2**
Bruchfeld **233/E4-F4**
Bruchstr. **235/D2**
Brückenstr. **227/F6-235/D2**
Brückhofstr. **227/F4**
Brüder-Grimm-Str. **231/E3-E4**
Brüningstr. **232/A6-B5**
Buchenrodestr. **233/F2-F3**
Buchgasse **227/D4**
Buchsscheerfeldweg **234/B5-B6**
Buchwaldstr. **231/E2-F2**
Burgfriedenstr. **228/A2-A3**
Burgstr. **231/D2-D3**
Burnitzstr. **234/B3-C3**
Butzbacher Str. **231/D1**

C
Camberger Str. **233/E1-F1**
Carl-Theodor-Reifenstein-Platz **227/E2-E3**
Chattenweg **232/A3**
Cheruskerweg **232/A3**
Corneliusstr. **229/E4**
Cretzschmarstr. **229/E2**
Cronstettenstr. **230/B2-C2**

D
Dahlbergstr. **232/A5-B5**
Dahlmannstr. **231/E3-E4**
Danneckerstr. **234/C2-235/D2**
Danziger Platz **231/E4**
Darmstädter Landstr. **235/D3-D6**
Deutschherrnufer **227/F5-231/F5**
Deutschordenstr. **233/F2-F3**
Diesterwegplatz **235/D3**
Diesterwegstr. **234/C2-C3**
Ditmarstr. **229/E2**
Dominikanergasse **227/F3**
Domplatz **227/E4**
Domstr. **227/E3**
Donnersbergstr. **233/D3**
Dörnigheimer Str. **231/E4**
Drachengäßchen **227/E4**
Dreieichstr. **235/D2**
Dreikönigsstr. **227/E5-F5**
Dunantring **232/C2-C3**
Dürerstr. **226/C6**
Düsseldorfer Str. **226/A4-229/F5**

E
Eberhardstr. **231/E2**
Eckenheimer Landstr. **230/C1-C3**
Egenolffstr. **230/C2-231/D2**
Eichenwaldstr. **231/D2**
Eiserne Hand **230/C3**
Eiserner Steg **227/E4-E5**
Elbestr. **226/B4-B5**
Elbinger Str. **228/B2-C2**
Elefantengasse **227/F1**
Elisabethenstr. **227/F5-F6**
Elsa-Brandström-Platz **226/A3**
Emmerich-Josef-Str. **232/A5-B5**
Emser Brücke **229/D4-D5**
Emser Str. **229/D4**
Engelsruhe **232/A3**
Eppsteiner Str. **226/A1-B1**
Eschenheimer Anlage **227/D1-F1**
Eschenheimer Tor **227/D1-D2**
Eschersheimer Landstr. **227/D1-230/A1**
Esperantostr. **234/C4**
Euckenstr. **232/A3-A4**
Eulengasse **231/E1-F1**
Europaallee **229/D5-E5**
Eysseneckstr. **230/B1-B2**
Eyssenstr. **231/D5-E5**

F
Fahrgasse **227/E3-F4**
Fahrtor **227/E4**
Falkensteiner Str. **230/B1-C2**
Falkstr. **229/D2-E3**
Falltorstr. **231/E2**
Färberstr. **227/E5**
Feldbergstr. **229/F3**
Fellnerstr. **227/D1**

Feuerbachstr. **226/A1-A3**
Fichardstr. **230/B3**
Finkenhofstr. **230/B3**
Flohmarkt **226/C6-227/D5**
Flörsheimer Str. **229/D5**
Florstädter Str. **231/E2**
Flößerbrücke **235/D1-D2**
Flughafenstr. **233/D6-F4**
Frankenallee **228/B6-229/E5**
Frankensteiner Str. **235/D2**
Franklinstr. **228/C3-229/D4**
Franz-Rücker-Allee **229/D1-D2**
Frauenlobstr. **229/D1-E2**
Frauensteinplatz **230/B2**
Frauensteinstr. **230/B1-B2**
Freiherr-vom-Stein-Str. **226/A1-229/F3**
Freiliggrathstr. **231/E3**
Freßgass (Kalbächer Gasse) **226/C2-227/D3**
Friedberger Anlage **230/C3-231/D4**
Friedberger Landstr. **227/F1-231/D1**
Friedberger Platz **230/C3**
Friedensstr. **226/C4**
Fried-Lübbecke-Anlage **227/D4-E4**
Friedrich-Ebert-Anlage **229/E4-F5**
Friedrich-Naumann-Str. **228/C4-C5**
Friedrich-Stoltze-Platz **227/D3**
Friedrichstr. **229/F3**
Friedrich-Wilhelm-von-Steuben-Str. **228/C2**
Friesengasse **229/D3**
Fuchstanzstr. **228/A1-A2**
Funckstr. **228/C4**
Fürstenbergerstr. **230/A3-B2**

G

Gabelsbergstr. **231/D2**
Gallusanlage **226/C4-C5**
Galluswarte **233/E1**
Gartenstr. **227/D6-234/B3**
Gärtnerweg **226/C1-227/D1**
Gaußstr. **230/C3**
Gebeschusstr. **232/A5-B4**
Gelbehirschstr. **227/F2**
Geleitsstr. **235/D3**
Gemündener Str. **235/E3-E4**
Georg-Speyer-Str. **229/D2-E3**
Georg-Voigt-Str. **229/E4**
Gerauer Str. **233/E4**
Gerbermühlstr. **235/E2**
Gerichtsstr. **227/F2**
Gervinusstr. **230/B3**
Ginnheimer Landstr. **229/D1-D2**
Ginnheimer Str. **229/D1-D2**
Glauburgplatz **230/C2**
Glauburgstr. **230/B2-C2**
Gluckstr. **230/C2**
Goetheplatz **226/C3-227/D3**
Goethestr. **226/C2-227/D3**
Goldsteinstr. **233/D3-E3**
Golfstr. **233/D5-F5**
Gotenstr. **232/A3-B4**
Gottschalkhof **235/E2**
Graf-de-Thorenc-Passage **227/D4**
Gräfstr. **229/E3**
Grethenweg **235/D3-D4**
Große Bockenheimer Str. **226/C2-227/D2**
Große Eschenheimer Str. **227/D2-D3**
Große Fischerstr. **227/F3-F4**
Große Friedberger Str. **227/E2-F3**
Große Gallusstr. **226/C2-C3**
Große Nelkenstr. **228/C1**
Große Rittergasse **235/D2**
Große Seestr. **229/D3**
Großer Hasenpfad **235/D3-D4**
Großer Hirschgraben **227/D3-D4**
Grüne Str. **231/D4**
Grüneburgplatz **229/F2**
Grüneburgweg **229/E3-F3**
Grüneburgweg **230/A3-B3**
Grusonstr. **231/E4**
Guiollettstr. **226/A2-B3**
Günderrodestr. **229/D5**
Günthersburgallee **231/D2-D3**
Güntherstr. **233/E4**
Gutenbergstr. **229/D5-E5**
Güterplatz **229/E5**
Gutleuthofweg **233/E2**
Gutleutstr. **226/B5-233/D2**
Gutzkowstr. **227/E6-F6**

H

Haardtwaldstr. **233/D3**
Habsburger Allee **231/D3-E4**
Hafenstr. **233/F1**
Hahnstr. **233/D3-D5**
Hainer Weg **235/D3-E6**
Hainerhof **227/E3-E4**
Hallgartenstr. **231/D1-D2**
Hamburger Allee **229/D4-E4**
Hammelsgasse **227/F2**
Hanauer Landstr. **231/D4-F4**
Hans-Sachs-Str. **229/E2**
Hans-Thoma-Str. **227/D6**
Hartmann-Ibach-Str. **231/D1-D2**
Hasengasse **227/E2-E3**
Hasselhorstweg **235/E4-E5**
Hattersheimer Str. **229/D5-D6**
Hausener Obergasse **228/B1-C2**
Hebelstr. **230/C3**
Hedderichstr. **234/C3-235/D2**
Hedwig-Dransfeld-Str. **229/D2**
Heidelbachstr. **231/E2**
Heidestr. **231/D3-E2**
Heigenbrücker Weg **235/D4**
Heiligkreuzgasse **230/C4**
Heimatring **234/B4**
Heinrich-Hoffmann-Str. **233/F2**
Heinrich-Limpert-Weg **235/D4-E4**
Heinrich-Seliger-Str. **233/E4**
Heisterstr. **235/D2-E2**
Hellerhofstr. **229/D5**
Henschelstr. **231/E4**
Herbartstr. **231/D3**
Herbert-Boehm-Str. **233/E4**
Herderstr. **231/D3**
Hermannstr. **230/B3-C3**
Hermann-Wedel-Str. **229/D4**
Hermesweg **230/C3-231/D4**
Hessenplatz **229/D2**
Hinter der Schönen Aussicht **227/F4**
Hirtenstr. **233/E2**
Höchster Weg **232/B6-C6**
Hochstr. **226/C2-227/D2**
Hoechster-Farben-Str. **232/A5**
Hofstr. **226/C5**
Hohensteiner Str. **228/B2**
Höhenstr. **231/D2-D3**
Holbeinsteg **230/B6**
Holbeinstr. **234/C3**
Hölderlinstr. **231/D4**
Holzgraben **227/D3-E3**
Holzhausenstr. **230/B2-C2**
Honsellbrücke **231/E5**
Honsellstr. **231/E4-E5**
Hospitalstr. **232/B4**
Hostatostr. **232/A5-B5**
Hufnagelstr. **229/D5-D6**
Hühnerweg **235/D2-E3**
Humboldtstr. **230/B2-B3**
Humperdinckstr. **234/A4-B4**

I

Idsteiner Str. **228/B5-229/D5**
Im Mainfeld **233/E3**
Im Prüfling **231/E1-E2**
Im Trierischen Hof **227/E3**
Im Trutz Frankfurt **226/C1-230/A3**
Ingolstädter Str. **231/D3**
Insterburger Str. **228/B2-C2**
Isenburger Schneise **234/A5-B6**

J

Jahnstr. **230/B3**
Johanna-Melber-Weg **235/D3-E3**
Johann-Klotz-Str. **233/F4**
Jordanstr. **229/D3**
Juchostr. **231/E3**
Jugenheimer Str. **233/D4-E4**
Juliusstr. **229/D2-D3**
Junghofstr. **226/B3-C3**
Jürgen-Ponto-Platz **226/B4**
Justinusplatz **232/B5**

K

Kaiserhofstr. **226/C2**
Kaiserplatz **226/C4**
Kaiserstr. **226/B5-227/D3**
Kalbächer Gasse (Freßgass) **226/C2-227/D2**
Kannengießergasse **227/E4**
Karlsbader Str. **234/B5**
Karlsruher Str. **226/A5-A6**
Karlstr. **226/A4**
Karmelitergasse **227/D4**
Karpfenweg **234/A3**
Kasernenstr. **228/C3**
Kasinostr. **232/B5**
Kasseler Str. **229/D3**
Kastanienallee **230/B2**
Kätchen-Paulus-Str. **228/B4**
Katharinenpforte **227/D3**
Katzenpforte **227/E2**
Kaulbachstr. **234/C3**
Kelsterbacher Str. **233/E3-F3**
Kennedyallee **233/F4-234/B3**
Keplerstr. **230/C2**
Kettenhofweg **226/B2-229/E4**
Kiesstr. **229/D4-E3**
Kirchnerstr. **226/C3-C4**
Kirchplatz **228/C2-229/D2**
Klapperfeldstr. **227/F6**
Klappergasse **235/D2**
Kleemannstr. **228/B3**
Kleine Bockenheimer Str. **226/C2-C3**
Kleine Brückenstr. **227/F6**
Kleine Friedberger Str. **227/E2**
Kleine Hochstr. **226/C2**
Kleine Rittergasse **235/D2**
Kleiner Hirschgraben **227/D3**

Klettenbergstr. **230/B1**
Kleyerstr. **233/D1-E1**
Klingerstr. **227/F2-F3**
Klüberstr. **226/B3**
Kniebisstr. **233/E3**
Koblenzer Str. **229/D5-E5**
Kölnerstr. **229/D5-E5**
Königsalacher Str. **233/E4-F4**
Königsberger Str. **228/B2-C2**
Königsbrunnenweg **234/B5-C6**
Königsteiner Str. **232/A3-B5**
Königswarterstr. **231/D4**
Konrad-Adenauer-Str. **227/F1-F3**
Konrad-Broßwitz-Str. **229/D2**
Konrad-Glattstr. **232/B4-B5**
Konstablerwache **227/F2**
Körnerstr. **230/B3**
Körnerwiese **230/B3**
Kornmarkt **227/D3-D4**
Koselstr. **230/C3**
Kreuznacher Str. **229/D3-D4**
Kriegkstr. **229/D6**
Krifter Str. **228/C5-C6**
Krögerstr. **227/E1**
Kronberger Str. **226/A1-B1**
Kruggasse **227/E3**
Kuhwaldstr. **229/D4**
Kurfürstenplatz **229/D3**
Kurfürstenstr. **229/D3**
Kurmainzer Str. **232/B4-C3**
Kurt-Schumacher-Str. **227/F2-F4**

L

Lahnstr. **233/D1-E1**
Lamboystr. **234/C4**
Landgrafenstr. **229/D3**
Lange Str. **230/C4-231/D4**
Langweiden-Oststr. **228/C1**
Laubestr. **227/E6**
Launitzstr. **227/E6**
Leerbachstr. **226/C2-230/A3**
Légienstr. **232/A3-A4**
Leipziger Str. **229/D3-E3**
Lenaustr. **230/C2-C3**
Leonardo-da-Vinci-Allee **228/B4-C4**
Leonhardskirchhof **227/D4-E4**
Lerchesbergring **234/C6-235/D5**
Lersnerstr. **230/B3**
Lettigkautweg **235/E3**
Letzter Hasenpfad **234/C4-235/D5**
Leunastr. **232/A5-B6**
Leverkusenstr. **232/A5-B5**
Liebfrauenberg **227/E3**
Liebfrauenstr. **227/D3**
Liebigstr. **226/B2-229/F3**
Liederbacher Str. **232/A4-A5**
Liegnitzer Str. **234/B4-C4**
Lilienthalallee **229/E1-E2**
Limpurgergasse **227/D4-E4**
Lindenstr. **229/F3-F4**
Lindleystr. **231/E4-F3**
Linnestr. **231/E3**
Löherstr. **227/E5-F5**
Lokalbahnhof **235/D2**
Loreleistr. **232/A4**
Lorsbacher Str. **228/C5-C6**
Lorscher Str. **228/A2**
Löwengasse **231/E2-F2**
Ludolfusstr. **229/E2**
Ludwig-Erhard-Anlage **229/E4**
Ludwig-Landmann-Str. **228/A1-B3**
Ludwig-Rehn-Str. **234/B3**
Ludwig-Scriba-Str. **232/B5-C5**
Luisenplatz **231/D3**
Luxemburger Allee **231/E3-E4**
Lyoner Str. **233/D4**

M

Mailänder Str. **235/D4**
Mainkai **227/E5-F4**
Mainkurstr. **231/E2-E3**
Mainluststr. **226/C5**
Main-Neckar-Brücke **233/F2**
Mainstr. **227/F3-F4**
Mainzer Landstr. **226/B3-228/A5**
Mannheimer Str. **226/A5-229/E6**
Marburger Str. **229/D2-D3**
Mariannenstr. **235/E3**
Marienstr. **226/B3**
Markgrafenstr. **229/D2-D3**
Markt **227/E4**
Martin-Luther-Str. **231/D2**
Martin-May-Str. **235/D2**
Mauerweg **230/C3**
Max-Pruss-Str. **228/A4-B4**
Meisengasse **226/C2-227/D2**
Melibocusstr. **233/E3-E4**
Mendelsohnstr. **229/E4-F3**
Merianplatz **231/D3**
Merianstr. **230/C3-231/D3**
Mertonstr. **229/E3**
Metzlerstr. **227/D6-E5**
Michaelstr. **232/C1-C2**
Miquelallee **229/E2-230/B1**
Mittelweg **230/B3-C3**
Mittlerer Hasenpfad **234/C3-C4**
Mittlerer Schafhofweg **234/C4**
Mönchhofstr. **228/A5-A6**
Mörfelder Landstr. **233/F6-235/D3**
Morgensternstr. **234/C2-C3**
Morsestr. **228/B3**
Moselstr. **226/A4-B5**
Mousonstr. **231/D3**
Mühlgasse **229/D3**
Müllerstr. **228/C4-C5**
Münchener Str. **226/B5-C4**
Münzgasse **227/D4**
Museumsufer **226/B6-227/D5**
Musikantenweg **231/D3**
Myliusstr. **226/A1-229/F3**

N

Nansenring **234/C5-C6**
Nauheimer Str. **229/D3**
Neckarstr. **226/B4-C4**
Neebstr. **231/E2**
Nesenstr. **230/B2-B3**
Neue Börsenstr. **228/C2**
Neue Kräme **227/E3-E4**
Neue Mainzer Str. **226/C2-C5**
Neue Niedenau **229/F4**
Neue Rothofstr. **226/C3**
Neue Schlesinger Gasse **226/C3**
Neuer Wall **235/D2**
Neuhofstr. **230/C2**
Neuwiesenstr. **233/F4**
Nibelungenallee **230/C1-C2**
Niddagaustr. **228/A2-B1**
Niddastr. **226/B3-229/E5**
Niedenau **226/A3-B2**
Niederräder Brücke **233/D3**
Niederräder Landstr. **233/F3-234/B5**
Niederräder Ufer **233/D3-F2**
Niersteiner Str. **234/C4**
Nobelring **234/C5-C6**
Nordendstr. **230/C2**

O

Oberer Schafhofweg **234/C4-C5**
Oberlindlau **226/B2-229/F3**
Obermainanlage **231/D4-D5**
Obermainkai **235/D1-E1**
Oberweg **230/B3-C3**
Odenwaldstr. **233/E3**
Odrellstr. **228/C4-C5**
Oeder Weg **227/D1-230/C2**
Offenbacher Landstr. **235/D3-F3**
Ohmstr. **228/C3-230/D3**
Opelrondell **228/B4**
Opernplatz **226/C2**
Oppenheimer Platz **227/E6**
Oppenheimer Str. **227/E5-E6**
Oskar-Sommer-Str. **234/B3**
Oskar-von-Miller-Str. **231/D5**
Ossietzkystr. **235/D3**
Ostbahnhofstr. **231/E4**
Ostendstr. **231/D5**
Osthafenplatz **231/E4-E5**
Ostparkstr. **231/E4-F3**
Otto-Fleck-Schneise **233/E6**
Otto-Hahn-Platz **234/B2-C3**

P

Palleskestr. **232/B4-C4**
Palmengartenstr. **229/E3**
Paradiesgasse **235/D2**
Passavantstr. **234/B3-C3**
Paul-Ehrlich-Str. **234/B3-B4**
Paul-Gerhard-Ring **233/E4**
Paulsplatz **227/E3**
Peter-Bied-Str. **232/A4-A5**
Petersstr. **227/E1**
Petterweilstr. **231/D2**
Pfingstbrunnenstr. **229/D3-D4**
Pforzheimer Str. **226/A6**
Pfungstr. **231/E3**
Philipp-Fleck-Str. **228/C4**
Philipp-Reis-Str. **228/C4**
Platz der Einheit **229/E4**
Platz der Republik **226/A4**
Porzellanhofstr. **227/F2**

Q

Quäkerplatz **228/C5**
Querstr. **227/D1**

R

Rahmhofstr. **227/D2**
Rapunzelgäßchen **227/E4**
Rat-Beil-Str. **230/C1-231/D1**
Rathenauplatz **227/D3**
Rebstöcker Str. **228/B5-C6**
Rebstöcker Weg **228/A3**
Rechneigrabenstr. **227/F3-230/C4**
Reichforststr. **233/E4-F4**
Reichsburgstr. **228/A2-A3**
Reifenbergstr. **228/A2**
Reineckestr. **227/E3**
Reinganumstr. **231/E3**
Rendeler Str. **231/E2**
Rennbahnstr. **233/F3-F4**
Reuterweg **226/C2-230/A3**
Reversbrunnenweg **235/E3-F3**
Rheinstr. **229/E4-F4**
Rhönstr. **231/E3-E4**
Richard-Strauß-Allee **234/A4-B4**

Richard-Wagner-Str. **230/C1-C2**
Ringelstr. **231/E2-E3**
Robert-Mayer-Str. **229/D3-E4**
Rödelheimer Landstr. **228/B3-C3**
Rödelheimer Parkweg **228/A3-B2**
Röderbergweg **231/D4-F3**
Rohmerplatz **229/D3**
Rohmerstr. **229/D3**
Rohrbachstr. **230/C2-231/D2**
Römerberg **227/E4**
Rosenbergstr. **227/E1-E2**
Roßdorfer Str. **231/E2-E3**
Rossittener Str. **228/B2-C2**
Roßmarkt **227/D3**
Rothschildallee **231/D2**
Rotlintstr. **230/C3-231/D1**
Rüsterstr. **226/A3**

S

Saalburgallee **231/E2-F3**
Saalgasse **227/E4**
Sachsenhäuser Landwehrweg **234/B5-235/F4**
Sachsenhäuser Ufer **227/E5-F5**
Samstagsweg **234/C6-235/D5**
Sandbrückenschneise **234/C6-235/D6**
Sandgasse **227/D3**
Sandhofstr. **233/F2**
Sandweg **231/D3-D4**
Saonestr. **233/D4**
Schäfergasse **227/E2**
Schärfengäßchen **227/E3**
Schaumainkai **226/C6-227/D5**
Schaumburger Str. **232/C2-C3**
Scheffelstr. **230/C3**
Scheidswaldstr. **231/E3**
Schellgasse **227/F5**
Schenckstr. **228/B2**
Schifferstr. **227/E5-F6**
Schillerstr. **227/D2-D3**
Schleusenstr. **226/A6**
Schleusenweg **233/F3**
Schloßborner Str. **228/B5-C6**
Schlosserstr. **230/B2-C1**
Schlossstr. **228/C3-229/D4**
Schmidtstr. **228/B5-B6**
Schnappbornweg **235/E4**
Schneckenhofstr. **234/C2-C3**
Schneidwallgasse **226/C4-227/D4**
Scholdererweg **235/E5**
Schöne Aussicht **227/F4-230/C5**
Schreyerstr. **234/B3**
Schubertstr. **229/E3-F3**
Schuhmannstr. **229/E3-E4**
Schulstr. **227/E5-F5**
Schützenhüttenweg **235/D4**
Schützenstr. **230/C4-C5**
Schwalbacher Str. **228/C5-229/D6**
Schwanheimer Str. **233/D3-E3**
Schwanthalerstr. **234/C3-235//D2**
Schwärmer Str. **229/D3**
Schwarzburgstr. **230/C2**
Schwarzwaldstr. **233/E3-F4**
Schwedenkronenplatz **227/F2**
Schweinfurter Weg **235/D4-E3**
Schweizer Str. **227/D6-234/C3**
Schwertfegergäßchen **227/E4**
Seckbächer Gasse **227/D4**
Seckbacher Landstr. **231/E1**
Seebachstr. **232/A4**
Seehofstr. **235/D2-E2**
Seilerstr. **227/F1-231/D4**
Senckenberg-Anlage **229/E3-E4**
Siemensstr. **235/E2**
Sieringstr. **232/A4-B3**
Siesmayerstr. **229/E3-F3**
Solmsstr. **228/C3-229/D3**
Sömmerringstr. **230/B3**
Sonnemanstr. **235/E1**
Sophienstr. **229/D2-E3**
Sossenheimer Weg **232/A3-C3**
Souchaystr. **234/C2**
Speicherstr. **234/A3-B2**
Speyerer Str. **229/E5**
Spohrstr. **230/C1-C2**
Städelstr. **226/C6-227/D6**
Stalburgstr. **230/B2-C2**
Staufenstr. **226/A1-B1**
Stegstr. **227/E6**
Steinhausenstr. **235/E3**
Steinlestr. **234/B2-B3**
Steinweg **227/D3**
Stephanstr. **227/E2**
Stephensonstr. **229/D5**
Sternstr. **230/B3-C3**
Stettenstr. **230/B1-B2**
Stiftstr. **227/D2-E2**
Stoltzeschneise **235/E6-F5**
Stoltzestr. **230/C4**
Stolzestr. **227/F3**
Strahlenberger Weg **235/E2-F2**
Straßheimer Str. **234/B2**
Stresemannallee **234/B2-B5**
Stuttgarter Str. **226/A6**

T

Taubenstr. **227/D2**
Taunusanlage **226/B2-C4**
Taunusstr. **226/A4-B4**
Taunustor **226/C4**
Teplitz-Schönauer-Str. **234/B4-C4**
Teutonenweg **232/A3-B3**
Textorstr. **234/C3-D2**
Theodor-Heuss-Allee **228/C4-229/E4**
Theodor-Stern-Kai **234/A3-B3**
Thorwaldsenplatz **234/C3**
Thorwaldsenstr. **234/B3-C3**
Thudichumstr. **228/A2**
Thüringer Str. **231/D4**
Tiroler Str. **234/B4-C3**
Töngesgasse **227/E3-F3**
Torrowstr. **228/C4**
Trakehner Str. **228/C2**
Triftstr. **233/E3-E4**
Tucholskystr. **235/D3-D4**

U

Uhlandstr. **231/D4-D5**
Ulmenstr. **226/A3-B2**
Unter den Linden **234/B4**
Unterer Atzemer **231/D4**
Unterlindau **226/B2-229/F3**
Untermainanlage **226/C5**
Untermainbrücke **226/C5-D5**
Untermainkai **226/B6-C5**
Unterster Zwerchweg **235/D3-D4**
Unterweg **230/B3-C3**
Ursinusstr. **228/A4**

V

Varrentrappstr. **229/D4**
Vilbeler Str. **227/F2**
Vogelsbergstr. **230/C2-231/D3**
Vogtstr. **230/B2**
Voltastr. **228/C4-229/D4**

W

Waldfriedstr. **233/E5-F5**
Waldmannstr. **234/B3-B4**
Waldschmidtstr. **231/D3-E4**
Waldstr. **233/E5-F4**
Wallstr. **227/F5-F6**
Walter-Kolb-Str. **227/E6-F5**
Walther-von-Cronberg-Platz **235/D2-E2**
Wartschneise **234/C6-235/E6**
Wasgaustr. **232/A4**
Wasserweg **235/D2**
Weberstr. **230/C2**
Weckmarkt **227/E4-F4**
Weidenborn **231/E1**
Weilburger Str. **233/D1-E1**
Weißadlergasse **227/D3**
Weißfrauenstr. **226/C4-227/D4**
Welscher Weg **234/A5-B6**
Wendelsplatz **235/D3**
Wendelsweg **235/E3-F5**
Werftstr. **234/A2-B3**
Wertheimerstr. **235/E3**
Weserstr. **226/B3-B5**
Westendplatz **226/A3**
Westendstr. **226/A4-229/E4**
Westhafenplatz **234/B2-B3**
Wetteraustr. **231/D1-D2**
Wicker-Frosch-Str. **228/C4-C5**
Wielandstr. **230/C2**
Wiesbadener Str. **228/A4-B4**
Wiesenau **226/A1-229/F3**
Wiesenhüttenplatz **226/A5-B6**
Wiesenhüttenstr. **226/A5-B6**
Wiesenstr. **231/E2**
Wilhelm-Beer-Weg **235/E5-F4**
Wilhelm-Hauff-Str. **229/E4**
Wilhelmine-Reichard-Weg **228/B4-C4**
Wilhelm-Leuschner-Str. **226/A6-C5**
Willemerstr. **235/D2**
Willy-Brandt-Platz **226/C4**
Windeckstr. **231/D4-D5**
Windmühlstr. **226/B5**
Windthorststr. **232/B3-B4**
Wingertstr. **231/D3**
Wittelsbacherallee **231/D4-F2**
Wöhlerstr. **226/B1**
Wolfgangstr. **230/A3-B2**
Wöllstädter Str. **231/E1-F1**
Wormser Str. **234/C4**
Wörsdorfer Str. **228/B5-C5**

Z

Zeil **227/D3-231/D4**
Zeißelstr. **230/C3**
Zeppelinallee **229/E2-E3**
Ziegelgasse **227/E3**
Ziegelhüttenweg **234/B6-C3**
Zimmerweg **226/A3-B3**
Zuckschwerdtstr. **232/B4-B5**
Zum Apothekerhof **235/E1**
Zum Brommenhof **235/E2**
Zum Gipfelhof **235/E2**
Zum Goetheturm **235/E5-F5**
Zum Lauenburger Hof **235/E2**
Zum Pfarrturm **227/E4**
Zum Rebstockbad **228/B4-B5**
Zwinglergasse **226/C2-227/D2**

KARTENLEGENDE

Autobahn mit Nummer
Motorway with number
Autoroute avec numéro

Nummer der Autobahnanschlussstelle
Motorway junction number
Numéro d'echangeur d'autoroute

Schnellstraße/ Bundesstraße
Expressway/ Federal road
Route express/ Route nationale

Durchgangsstraße
Main through road
Grande route

Übrige Straßen/ Weg
Other roads/ Footpath
Autres routes/ Sentier

Straßen in Bau/ Planung
Roads under construction/ projected
Routes en construction/ en projet

Fußgängerzone/ Einbahnstraße
Pedestrian zone/ One-way street
Zone piétonnière/ Rue à sens unique

Stadt- und Gemeindegrenze
Town and communal boundary
Limite de ville et commune

Umweltzone
Environmental zone
Zone environnement

Eisenbahn mit Bahnhof
Railway with station
Voie ferrée avec gare

Güter- und Industriebahn
Freight and industrial railway
Voie ferrée de marchandise et industrielle

S-Bahn mit Nummer und Station
Rapid transit train with number and station
Train en trafic suburbain avec numéro et gare

U-Bahn/ Stadtbahn
Underground/ Light Rail
Métro/ Métro Léger

Bus/ Straßenbahn mit Endhaltestelle
Bus/ Tramway with terminus
Autobus/ Tramway avec terminus

Parkplatz/ Parkhaus/ Tiefgarage
Car park/ Parking house/ Underground car park
Parking/ Garage/ Parking souterrain

Park+Ride/ Parkleitsystem
Park+Ride/ Parking control system
Park+Ride/ Système de signalisation

Hallenbad
Indoor swimming pool
Piscine couverte

Kirche
Church
Église

Krankenhaus
Hospital
Hôpital

Campingplatz/ Jugendherberge
Camping site/ Youth hostel
Camping/ Auberge de jeunesse

Post
Post office
Bureau de poste

Försterei
Forester's lodge
Maison forestière

Einzelne Bäume
Isolated trees
Arbres isolés

Wirtshaus/ Ausflugslokal
Inn/ Excursion-Inn
Auberge/ Café-Restaurant

Sendeanlage/ Leuchtturm
Transmitting station/ Lighthouse
Station d'émission/ Phare

Denkmal/ Turm
Monument/ Tower
Monument/ Tour

Windmühle/ Windrad
Windmill/ Windpower
Moulin à vent/ Éolienne

Tourist-Information
Tourist information center
Syndicat d'initiative

Konsulat/ Botschaft
Consulate/ Embassy
Consulat/ Ambassade

Wald/ Park, Friedhof
Forest/ Park, Cemetery
Fôret/ Parc, Cimetière

Weinberg
Vineyard
Vignoble

Heide/ Moor, Sumpf
Heath/ Marsh, Swamp
Lande/ Marais, Marécage

Register

Von A wie Abaci bis Z wie Zweirad-Stadler enthält das Register alle in diesem Cityguide erwähnten Adressen, Objekte und Veranstaltungen in alphabetischer Reihenfolge.

6ixty2 198
22nd Lounge & Bar 178
47. Deutsches Jazzfestival 217
360° BBQ 113
1001 Nacht 211
1822-Forum 35
1822-Neujahrskonzert 211
& Other Stories 133
Abaci 130
A Casa di Tomilaia 109
ADFC 29
Adlib 185
Adventsbasteln 209
Aesop 16
African House 63
Alexis-Sorbas-Restaurant 81
Alims Fischimbiss 82
Alte Liebe 194
Alte Oper 45
Alter Flugplatz Bonames 148
Alt-Sachsenhausen 188
Amanel 155
Ambiente 216
Amiga Health & Fitness 166
A'Mir 88
Analoge Tonträger 134
Anaxu-Haar-Spa 169
Antikmarkt 123
Anymode 123
Apfelgrün 130
Apfelweinfestival 222
Apfelweinhandlung 127
Apfelwein weltweit 216
Archäologisches Museum 49
Aroma 103
Aroydee 82
Artothek 118
Art Virus Ltd. 36
Asbach-Besucher-Center 205
Aschenputtel Second Hand 139
Atelier Frankfurt 47
Azubi- und Studientage 215
Backstage 194
Badesee Hainburg 205
Bad Homburg 202, 204
Bahnhofsviertel 188
Bahnhofsviertelnacht 213
Balance Yoga 175
Baltique – die Pankuka Bar 83
Bar Central 178
Barock am Main 214
Basis e. V. 36
Bastion von Schönborn 203
Batschkapp 187
Bauernmarkt Konstablerwache 143
Beeindruckt 130
Belluga Saloon 179
Berger-Kino 43
Berger Straßenfest 221
Besucherterrasse am Flughafen 22
Bett 190
Betulia Liberata 217
Bibelhaus-Erlebnismuseum 49
Bidlabu 87
Bikepark Frankfurt 173
Birdland 220
Bistro Salvatore 89
Bitter & Zart 72
Bizzilce 75
Black Rabbit 39
Blanket Store 113
Blaues Haus 47
Blumen 77
Bockenheimer Weinkontor 109
Body Life 166
Bolero »Nocturna« 210
Bollys Chillys 86
Bolongaropalast 34
Bonne Chance 139
Book-n-Drive 10
Bootshaus Flörsheim 203
Bornheimer Flohmarkt 124
Bornheimer Markt 143
Borussia 98
Botanischer Garten 26
Boulderwelt Frankfurt 17
Bowling-World 170
Branco Azul 114
Braustil 179
Brentanobad 18
Brings 218
Brömserburg 205
Brotfabrik 40, 190
Brückenviertel 189
Brückenwallstraßenfest 222
Buchscheer 105
Burgermeister 64
Burgfestspiele Dreieichenhain 214
Burrito Bande 84
Café Albatros 70
Café Bohne 71
Café Diesseits 94
Café Größenwahn 99
Café Karin 73
Caféhaus Siesmayer 75
Café Karin 73
Caligula 220
Call a Bike 11
Car2Go 10
Caricatura-Museum 50
Carte Blanche 78
Casa de Portugal 127
Casa Pintor 84
Cave 191
CDs am Goethehaus 134
Centro Cultural Gallego 85
Chairs 99
Chaos auf Schloss Haversham 220
Chaplin 179
Charleys Tante 220
Chimichurri 107
Chinesischer Garten 27
Christmasworld 215
Christopher Street Day 214
Cinema 43
Circus 199
Classic for Kids 209
Clopen 130
Club 101 185
Clubkeller 191
Club Voltaire 191
Coco 140
Colorado-Park 146
Comoedia Mundi – Theater- und Musikfestival am Main 213
Confiserie Graff 128
Cream Music 125
Creativeworld 216
Currywurst Taunus 25 88
Da Michele 94
Daniela-Damm-Taschen 112
Davidoff of Geneva 114
Dax 105
Der kalte Hauch des Geldes 220
Der Nussknacker 211
Designe 114
Deutsches Architekturmuseum 50
Deutsches Down-Sportlerfestival 219
Deutsches Filmmuseum 50
Deutsches Jazzfestival 217
Dialogmuseum 51
Die Fantastischen Vier 218
Dippemess 221
Dob+ 140

Doctor Flotte 194
Dommuseum Frankfurt 51
Domturm 22
Don Juan 85
Don Quichote – Der Mann von La Mancha 221
Dora Brilliant 187
Dorade 87
Dough House 185
Dramatische Bühne 40
Dreikönigskeller 191
Drei Opern 217
Dreizehn Shop 140
Dr. Hoch's Konservatorium 45
Drosselbart 101
Druckwasserwerk 87
Edelkiosk 108
Eintracht-Frankfurt-Museum 51
Eis 75
Eis-Café Milano 76
Eis-Christina 76
Eissporthalle 170
E-Kinos 43
El Amara 103
Eldorado 43
Elfer Music Club 191
Emotion Spa 161
Epiphany 141
Ernani 217
Erno's Bistro 78
Ernst-May-Haus 34
Escape Futura 136
Escatira 141
Eschenheimer Turm 198
Estragon 99
Eugen Onegin 217
Executive Boxing Club 171
Exelansse 161
Exil 99
Experiminta 151
Fabrik 47, 192
Fahrradstation Frankfurt 11
Falkenhof Großer Feldberg 203
Familienkonzerte 209
Fantasy-Filmfest 209
Feinstaub 194
Fendrich, Rainhard 218
Festeburgkonzerte 46
Filmforum Höchst 43
Filmkollektiv Frankfurt 14
Filmtheater Valentin 44
Fit 7 Eleven 166
Fitnessparcour im Niddapark 173
Fit One Frankfurt 166
Flamencoschule María García 174
Fleming's Deluxe Hotel 71
Fletcher's 64
Flinkster 11
Flörsheim 203
Flörsheimer Bootshaus 203
Flughafen 120
Fokus Anna Prohaska 210
Form im Raum 118
Forum N 210
Fotografie-Forum Frankfurt 51
Frankfurter Buchmesse 215
Frankfurter Flohmarkt 124
Frankfurter Goethehaus und Goethemuseum 52
Frankfurter Golfclub 169
Frankfurter Hafenbahn 24
Frankfurter Kinder-Uni 209
Frankfurter Künstlerclub e. V. 48
Frankfurter Kunstverein 38
Frankfurter Laufshop 142
Frankfurter Opern- und Museumsorchester 211
Frankfurter Ostend rund um die neue EZB 30
Frankfurter Röhrenmanufaktur 123
Frankfurter Senfgalerie 127
Frankfurter Weihnachtsmarkt 222
Frankfurt LAB 58
Frankfurt-Marathon 220
Frankfurtspiel 30
Frank Harling 130
Frau Holle 209
Freebase Records & Sneakers 134
Freibad Eschersheim 158
Freibad Hausen 158
Freibad Nieder-Eschbach 159
Freilichtmuseum Hessenpark 149
Freitagsküche 90
Frick 118
Friedberger Markt 144
Frischeparadies 127
Fritz-Rémond-Theater 58
Frühlingsball 212
Fuchstanz 203
Fußgängerbrücke an der A5 22
Galerie 37 57
Galerie Anita Beckers 36
Galerie Bärbel Grässlin 38
Galerie Marion & Eva Meyer 39
Galerie Rothamel 39
Galerie Wilma Tolksdorf 39
Galli-Theater 154
Gallus-Theater 40
Gasthaus zur Krone 99
Gate 05 113
Gatsby 179
Gekkos 180
Gewürz- und Teehaus Alsbach 124
Gewürz- und Teehaus Schnorr 126
Gibson 18
Gingko 71
Girls Wanted Soccerfestival 209
Globetrotter 135
Goethe Festwoche 215
Goethehaus und Goethemuseum 52
Goethemuseum 52
Goetheturm 23
Goethe-Universiät Frankfurt 48
Goldman Restaurant 78
Golf-Club Golf Range Frankfurt 170
Golf House 142
Goose 84
GoyaGoya 131
Gräber erzählen Geschichten 30
Grand Finale Internationaler Deutscher Pianistenpreis 211
Green Mama Bio Spa 162
Grieche 81
Großer Feldberg 203
Grube Messel 149
Grüngürtel 27
Gustav 79
Gute Stute 195
Hafenpark am Main 14
Hahn, Hilary 211
Hair-Base 169
Hallenbad Höchst 159
Halli-Galli-Kinderwelt 146
Hamburger am Turm 88
Happy Fitness 167
Happy Landings 24
Harmonie 44
Harry's New-York-Bar 180
Harvey's 71
Hauptbahnhof 120
Hayashi 131

Heaven-Spa 162
Heinrich-Kraft-Park 206
Henscheid 105
Heroes Premium Burgers 65
Hessen tanzt 219
Hey Hey Shop 138
Hinterzimmer 180
Historisches Museum 52
Hochschule für Musik und Darstellende Kunst 46
Höchster Mainufer 27
Höchster Porzellanmanufaktur 55, 125
Höchster Schlossfest 214
Hoffnung 91
Holbein's 90
Hölderlinpfad 202
Holiday On Ice 218
Holzhausenschlösschen 48
Hot Yoga Frankfurt 176
HR-Sinfoniekonzerte 210
HR-Sinfonieorchester 46
IAA 216
Ich war noch niemals in New York 218
Idsteiner Jazzfestival 218
Iimori 96
Iimori-Patisserie 72, 73
Ikarus 118
Im Glück 72
Institut Albrecht 163
Institut für Stadtgeschichte 52
Internationale Apfelweinmesse 216
Internationale Maifestspiele 211
Internationaler Museumstag 212
Internationales Festhallen-Reitturnier 219
Internationales Theater 40
Interwhisky Frankfurt 215
Ironman European Championship 219
Iwase 97
Jamy's Burger 65
Jaspers 76
Jazzkeller 192
Jeanette Baguette 121
Jesse James 90
Jimmy Choo 138
Jimmy's 181
Joschhütte 203
J. P. Morgan Corporate Challenge 219
Jüdisches Museum 54
Jumicar 146
Justinuskirche 35
Kabuki 97
Kaisermarkt 144
Kammerflimmern im Orange Peel 210
Kammermusik im Foyer 216
Kane & Abel 199
Karlson Club 185
KÄS 40
Kauf dich glücklich 115
Kellertheater 58
Kenkey House 63
Kinder-Akademie Fulda 149
Kindermuseum Frankfurt 151
Kinder- und Jugendtheater Frankfur 155
Kinder-Uni 209
Kinderzirkus Zarakali 147
King Creole 66
Kinly Bar 19
Kino im Deutschen Filmmuseum 44
Klaa Paris 221
Klassik Radio Live in Concert 210
Kleine! 114
Kleine Anna 84
Kleine Fabrik 155
Kleiner Mann mit dem Blitz 19
Kleinmarkthalle 17
Kletterhalle des Deutschen Alpenvereins 170
Kletterwald Taunus 147
Kloster Seligenstadt 203
Kobberger 117
Kobelt-Zoo 152
Kochhaus Bockenheim 17
Kochkurse für Kinder 152
Koffer Klein 113
Konfettiwolke 156
Konfuzius sagt … 67
Kontrast 119
Kostümspiel 115
Kreativ-Welt 215
Krimispektakel auf dem Schiff 24
K'tie's 73
Kultur-Erlebnis 30
Kulturothek 30
Künstlerhaus Mousonturm 58
Kunst Privat! 213
Kunze, Heinz Rudolf 217
La Cigale 76
La Malila – Thaimassage und Spa 163
Landgrafenschloss Bad Homburg 204
Landwehrstübchen 15
Langener Waldsee 205
Lasertag 25
Latin-Palace Changó 192
Laube 91
Lauftreff mit Spiridon Frankfurt 173
Lebensfreude Pur 195
Leica-Galerie 123
Lella Mozarella 94
Leonidmatthias 131
Leptien 3 119
Lernbauernhof Rhein-Main 150
Levin, Robert 211
Lichter-Filmfest 208
Licht- und Luftbad Niederrad 27
Liebe 91
Liebieghaus-Skulpturensammlung 52
Liederabende der Oper Frankfurt 216
Lika Mimika 132
Literaturhaus 48
Literaturlounge im Haus am Dom 212
Liz vs. Maggie: Handbagged 220
Lobster 100
Logenhaus im Finkenhof 181
Lohninger 79
Lohrberg 23
Lohrbergschänke 105
Louisan, Annett 218
Löwe 102
Lucky Star Records 134
Luna-Bar 181
Maaschanz 100
Main BBQ-Donut 25
Maincafé 182
Mainfest 222
Mainnizza 102
Main Plaza & Spa 163
Mainradweg 202
Mainspiele 210
Mainstrand 182
Main-Tower 23
Main-Tower-Restaurant 79
Mainz 202
Mainz Strand 203
Mal seh'n Kino 44
Mama & Co. 156
Mama Kim 67

Mampf 195
Mancini 16
Mandragola 221
Manufactum 122
Marathonmall 215
Mare e Monti 94
Margarete 91
Martha oder der Markt zu Richmond 217
Maxie Eisen 66
Melody Karaoke 198
Mera Masala 87
Meridianspa Skyline-Plaza 163
Michael Jackson Memory Tour 218
Michis Schokoatelier 128
Mikuni 97
Milano 76
Mi Manchi Hair 169
Minimi 156
Minischirn 155
Miss Moneypenny 20
Mokkaria 74
Mokkateeria 74
Moma 115
Mon Amie Maxi 77
Monsters 156
Monty Python's Spamalot 220
Moon 13 186
Morgen Interiors 17
Moriki 67
Mounir 63
Mr. Lee 68
M-Steakhouse 67
Muji 116
Muku 97
Museum für Angewandte Kunst 53
Museum für Kommunikation 53
Museum für Moderne Kunst 53
Museum Giersch 54
Museum Judengasse 54
Museumsuferfest 214
Musikmesse 216
My Fair Lady 220
Mythos Records 134
Nacht der Museen 212
Nachtleben 192
Naïv 92
Naschmarkt am Dom 74
Naturbar Frankfurt 108
Neues Theater Höchst 41
Neufundland 141
Nextbike 11
Niddastrand 150
Nippon-Connection 208
Nizza am Main 28
No. 2 Records 135
Noa Boa 156
Nord2 196
Normalkneipe 196
Nr 16 de Luigi & Luana 95
Nudelding 16
Oberschweinstiege 106
Offenbach 205
Ojo de Agua 67
Old Fashioned Bar 182
Öldorado 128
Ookoko 133
Oosten 102
Open Air 212
Open Air Kindertheaterfestival 210
Open Air Kino im Bad Vilbeler Freibad 208
Oper Frankfurt 58
Opernplatzfest 222
Opernspiele 210
Orange Beach 43, 102
Orange Peel 193
O'Reilly's 20
Orfeo's Erben 44
Organicc 133
Ostpark 206
Oxfam 141
Pak Choi 68
Palmenexpress 152
Palmengarten 28
Paolo 95
Papageno Musiktheater 155
Paperworld 216
Parkhaus WK 16 14
Parkour 173
Parthenon 82
Pasta Davini 95
Paul Bunyan 216
Pearly Gates 183
Peggy Sue 133
Perlenmarkt 136
Peter-Behrens-Bau 35
Petit Boudoir 117
Petrihaus 198
Pet Shop Boys 218
Phoenix Tea 75
Pik-Dame 200
Pilates-Friends 167
Pistazie 104
Plank 200
Pohlmann 125
Ponyhof 193
Portikus 55
Porzellanmuseum Frankfurt 55
Princesse Tam.tam 117
Prinz Friedrich von Homburg 220
Private Yoga Institute 176
Pupille – Kino in der Uni 44
Qualitätseck 82
Quan Van 68
Raabe, Max 218
Radtouren 29
Rama V 68
Raum Ton Kunst 123
Raunheimer Waldsee 206
Rebstockbad 151, 159
Rebstockpark 206
Red Light Tour 31
Rémond-Theater 58
Restaurant Français 80
Restaurant Lafleur 79
Rheingauer Weinmarkt 222
Rheingau-Musik-Festival 213
Ria Leslau 136
Riedbad Bergen-Enkheim 159
Rigoletto 217
Risse-Weinhandlung 129
Riz 92
Rödelheimer Musiknacht 212
Romanfabrik 48
Room Escape Games 14
Rosen- und Lichterfest 221
Rote Bar 184
Rüdesheim 204
Rundgang 212
Rund um den Finanzplatz Eschborn-Frankfurt 219
Rund um die Berger Straße 189
Rund um die Zeil 189
Rüsselsheim 206
Saasfee Pavillon 39
Sacha 138
Sachsenhäuser Weihnachtsmarkt 222
Saisonstart der Galerien 215
Salvatore 89
Salzheilgrotte 163
Savanna 63
Savory 108
Schandis 104
Schauspiel Frankfurt 60
Scheerwald, Waldspielpark 206
Schiffsmeldestelle 198
Schirn at Night 193
Schirn-Kunsthalle 55

Schmiere 41
Schöneberger 92
Schönhauser 72
Schuch's Restaurant 106, 154
Schwalbe 54 39
Schwanheimer Düne 28
Schwedlersee-Bar 184
Schweizer Straßenfest 221
Scorpions 218
Segel-Center Frankfurt 142
Segway-Citytour 31
Selected – The Concept Store 122
Seligenstadt 202, 205
Senckenberg-Naturmuseum 56, 121
Senckenbergs 93
Serdar Vural 164
Seven Swans 80
Shokes 11
Shorts at Moonlight 208
Sieben gegen Theben/ Antigone 220
Silobad 160
Silvester in der Oper Frankfurt 217
Sinclair-Haus 202
Sinn-Spezialuhren 136
Skride, Baiba 211
Smørgås 93
Sofa & Co. 122
Solzer 107
Sommernächte Show & Musik 214
Sommerwerft – Theaterfestival am Fluss 213
Sonamu 68
Speak Easy 197
Spielmobil 147
Spiridon-Silvesterlauf 219
Sportschule Dome 172
Squash-Insel 171
Städel-Museum 56, 121
Stadionbad 160
Stadtmobil 10
Stadtwald 29
Stadtwaldhaus 152
Stalburg-Theater 41
Stand Up Paddling 18
Stanley Diamond 80
Status Quo 218
Stilrad 142
Stoltze-Museum 56
Struwwelpeter-Museum 151
Studio 174
Stürmer, Christina 218
Sullivan 200
Summa Summarum 197
Sündige Mode 118
Surf 'n' Turf/ M-Steakhouse 67
Sushiko 97
Tabaluga Live 209
Tag der Architektur 214
Tag des Offenen Denkmals 215
Tage der Industriekultur 213
Tagesschönheitsfarm Hamam & Spa 164
Talise Spa 164
Tanzcentrum Bäppler-Wolf 42
Tanzhaus West 187
Tanzschule Carsten Weber 175
Tap Tim Thai 69
T'Atelier 17
Tatzelwurm 156
Taunus Wunderland 150
Teedeum 129
TG Bornheim 168
The Anglo Irish 194
Theater Alte Brücke 15
Theaterführungen durch die Kelterhochburg 26
Theaterkollektiv Landungsbrücken 60
Theater Willy Praml 60
Theatrallalla 42
The Body Shop 117
The Cave 217
The Cure 218
The English Theatre 57
The Hound of the Baskervilles 221
The Legends 200
The London Assembly 133
The Odeon 186
The Parlour 183
The Place to be 183
The Spa im Frankfurter Hof 164
Tía Emma 116
Tierisches Frankfurt 152
Tiger-Gourmetrestaurant 81
Tigerpalast 43
Titus-Thermen 160
Toan 69
Toko-Kurzwaren 117
Torreto Barber Shop 18
Tour der schwarzen Schatten 31
Tower-Café 202
Trares 93
Trattoria Amici 93
Travolta 187
Trinkhalle 185
T-Style 98
Tuesday Night Skating 173
Uebervart 138
Uriah Heep 218
Velvet Club 187
Venez-y-voir 138
Verkehrsmuseum Frankfurt am Main 56
Vevay 108
Villa Leonhardi 103
Villa Merton 81
Villa-Spa 165
Vipho 69, 70
Volkspark Niddatal 29
Wächtershäuser 126
Wacker's Kaffee 100
Wäldchestag 221
Waldladen Stadtwaldhaus 129
Waldschwimmbad Rüsselsheim 206
Waldspielpark am Goetheturm 147
Waldspielpark Scheerwald 206
Walon & Rosetti 89
Weihnachtsmarkt 222
Wein-Dünker 110
Weinkellerei Höchst 129
Weinlese auf dem Lohrberg 214
Weinsinn 81
Weinstube im Römer 110
Weiße Lilie 86
Weltkulturenmuseum 57
Wendeltreppe 126
Wetterpark 205
Whisky Spirits 129
Wiener Philharmoniker 211
Wildkräuterführungen 31
Wildpark Alte Fasanerie 148
Windsurfing Rhein-Main 142
Wing-Tsun-Akademie 172
Wise Guys 218
Wochenmarkt Heddernheim 144
Wochenmarkt Preungesheim 144
Wondergood 108
Wunderbar 72

Xerxes 217
Yachtklub 20
Yoga für Kinder 153
Yours Australian Bar 89
Zalando-Outletstore 136
Zebulon 154
Zeit für Brot 75
Zentrale Kinder- und Jugendbibliothek 155
Zoo Frankfurt 153
Zoom 187
Zucchero 217
Zu den 12 Aposteln 101
Zum Lahmen Esel 105
Zum Schwan 106
Zum Schwejk 197
Zum Tannenbaum 197
Zweirad-Stadler 143

IMPRESSUM

13., aktualisierte Auflage 2017
© MAIRDUMONT, Ostfildern
Chefredaktion: Marion Zorn
Verlagsredaktion: Susanne Heimburger
Gesamtredaktionelle Betreuung: derschönstesatz (Lucia Rojas)
Lektorat: Ronit Jariv, Lucia Rojas
Autorinnen: Katharina Cichosch, Sandra Kathe
Ko-Autoren: Isabelle Stier, Stephanie Kreuzer, Andrea Möller, Mirjam Glaser, Roland Gramling, Ann Wente
Bildredaktion: Gabriele Forst
Kartografie Cityatlas: © MAIRDUMONT, Ostfildern
Vermarktung: MAIRDUMONT MEDIA, media@mairdumont.com
Gestaltung Cover und Editorial: Carl Anders – Büro für Visual Stories, Hamburg
Innengestaltung: factor product münchen, Susan Chaaban

SCHREIBEN SIE UNS!

LIEBE LESERIN, LIEBER LESER

Wir setzen alles daran, Ihnen möglichst aktuelle Informationen zu geben. Dennoch schleichen sich manchmal Fehler ein – trotz gründlicher Recherche unserer Autoren/-innen. Sie haben sicherlich Verständnis, dass der Verlag dafür keine Haftung übernehmen kann. Wir freuen uns aber, wenn Sie uns schreiben:

Marco Polo Redaktion, MAIRDUMONT, Postfach 31 51, 73751 Ostfildern, info@marcopolo.de

BILDNACHWEIS

Titelbilder: Flugzeug o. l. (gettyimages: R. Dittrich); Messe o. M. r. (gettyimages/wecand); Palme o. r. (iStock) ; Krug u. l. (gettyimages/wecand)

Fotos:
ASP Riederwald e.V. (146/147);
Christine Bierkamp (73, 101, 132, 139, 175, 178/179, 193);
Katharina Cichosch (4 M.);
Uwe Dettmar (80);
R. Freyer (Klappe o., 4 u., 41, 53, 98, 131, 143, 144, 150, 165, 189, 195, 196);
Getty Images: Richard Newstead (10);
R. M. Gill (154);
huber-images: R. Schmid (8/9);
iStock: Piranka (250);
Stephanie Kreuzer (69, 88, 120/121, 122, 124/125, 135);
Laif: Kirchgessner (149);
Laif: A. Kraus (153);
Laif: M. Steffen (25);
Katja Lenz (50, 115, 190);
Michael Lübke (28, 57, 86, 104, 119, 128, 186);
mauritius images/Loop Images (172 (3750033));
mauritius images/Alamy (16, 19, 20);
Jessica Mintelowsky (22/23, 26, 95, 96, 126, 161, 168/169);
Dirk Ostermeier (188);
Melanie Prunzel (4 o.);
C. Schön & C. Dieckmann (49);
Ralf Schultheiss (46/47, 54, 140, 171, 176, 184);
Vanessa Türschmann (38, 60, 109, 167);
E. Wrba (Klappe u., 14/15, 31, 34/35, 45, 62/63, 65, 66, 70, 74, 77, 78, 83, 84/85, 89, 90/91, 92, 103, 106/107, 110, 112/113, 116, 121, 158/159, 162, 181, 182/183, 199, 202/203, 205)

MIX
Paper from responsible sources
FSC® C004599
FSC
www.fsc.org

FRANKFURT DIGITAL

CITY-WC-APP
»You are welcome«, heißt es freundlich auf der Website – und die App verrät Ihnen auch, wo genau Sie jederzeit willkommen sind, wenn Sie dringend ein stilles Örtchen suchen.
citywc.softloop.net

EBBELWEI & CO.
Die Familienkelterei Possmann produziert Apfelwein und Säfte aus heimischem Streuobst, und auf Ihrer Website vermittelt sie auch alles Wichtige rund ums Stöffche. Die Stadtplan leitet Sie zum nächsten Äppler-Lokal, und im Kochbuch zum Gratis-Download finden sich zahlreiche regionale Rezepte. »Hessisch für Einsteiger« lässt auch Zugereiste richtig babbeln.
www.possmann.de/de/kelterei/aeppler_app

FEIN AM MAIN
»Alles Gute aus Frankfurt«: Der Blog widmet sich dem Besonderen der Stadt, also den besten Restaurants, Bars, Shoppingmöglichkeiten, Veranstaltungen und Sehenswürdigkeiten. Auch Tipps zum Kinoprogramm dürfen nicht fehlen.
www.fein-am-main.de

FRANKFURTBLOG
Frankfurt-Fans und solchen, die es werden wollen, bietet dieser Blog eine große Community: Von Freizeit und Events über Wirtschaft und Arbeit bis Leben und Wohnen sind alle denkbaren Kategorien des täglichen Lebens in der Stadt vertreten.
www.frankfurt-blog.de

FRANKFURTER BLOG
Das Team rund um den Autor Andreas Schnell betreibt ein Newsportal mit dem Anspruch, Informationen »von Frankfurtern für Frankfurter« zu liefern. Alles, was irgendwie mit der Stadt zu tun hat, kann hier erscheinen.
www.frankfurter-blog.de

im Frankfurter Geschäftsgebiet. Und egal, ob Sie eines in Riedberg oder in Niederrad brauchen: Sie können die z. T. mit Elektroantrieb ausgestatteten Autos vom Fleck weg mieten oder 30 Minuten vor Fahrtbeginn online reservieren. Wenn Ihr Ziel im Vermietungsareal liegt, lassen Sie das Auto einfach dort stehen. Die Kosten liegen bei 0,29 Euro/Minute Mietgebühr. 14,90 Euro kostet der Stundentarif. Eine Reduzierung der Selbstbeteiligung kostet 9,90 Euro/Monat. Website oder App geben das nächstgelegene Car2go bekannt.
Tel. 030/23 34 01 10 | www.car2go.de

FLINKSTER

Das Carsharing-Angebot der Deutschen Bahn hat auch Elektroautos verschiedener Hersteller im Programm. Gebucht wird per App oder online, wo auch der Ladezustand der Autos abgerufen werden kann. Stationen: Hauptbahnhof, Flinkster-Stadtbüro, Hahnstraße, Lenaustraße; Kosten: monatl. Grundgebühr 10 Euro, Stundenpreis ab 1,50 Euro plus Verbrauchspreis; die Versicherung mit einer Selbstbeteiligung von 300 Euro kostet 90 Euro/Jahr.
www.flinkster.de

SHOKES

Sie wollen sich schnell durch die Stadt bewegen, haben aber keine Lust auf die ermüdende Parkplatzsuche? Beim Zweiradverleih Shokes in Eckenheim gibt es nach Anmeldung per Telefon oder Internet umweltschonende Elektrofahrräder, eScooter (E-Roller) sowie Kleinkraft- und Krafträder (Motorroller) mit E-Antrieb.
Eckenheim
Mo–Do 10–18.30, Fr 10–16 Uhr | Tagespauschale E-Bikes ab 25 Euro, Roller ab 35 Euro, Barkaution 150 Euro | Eckenheimer Landstr. 431 | Tel. 069 74 73 98 94 | www.shokes.de (225 D3)

LEIHRÄDER

CALL A BIKE

Perfekt, um mal eben schnell quer durch die Frankfurter City zu düsen: Das Angebot der Deutschen Bahn hat die meisten Stationen (120) und Räder (1000)– und wenn mal keine Station in der Nähe ist, kann man das Rad gegen eine Gebühr von 5 Euro auch an der nächsten Kreuzung stehen lassen. Im Pauschaltarif (Jahrespreis 49 Euro) sind die ersten 30 Minuten gratis.
Fahrrad 1 Euro/30 Min., Tagespauschale 12 Euro, Pedelec 0,12 Euro/Min. Tagespauschale 22,50 Euro | www.callabike-interaktiv.de

FAHRRADSTATION FRANKFURT

Lust auf eine Tour mit dem Einrad, aber keins zur Hand? Hier können Sie's zu einer Tagespauschale ausleihen, ebenso wie Tandems, Bollerwagen und natürlich ganz normale Fahrräder. Abholung und Rückgabe nur zu den normalen Öffnungszeiten.
Ginnheim
Mo, Di, Do, Fr 9–18, Mi, Sa 9–13 Uhr | Tagespauschale Fahrräder ab 10 Euro, Kaution 50 Euro | Ginnheimer Landstr. 133 | www.fahrradstation-frankfurt.de
(224 C3)

NEXTBIKE

Das Angebot, das man auch international in Anspruch nehmen kann, funktioniert ähnlich wie Call a Bike: An 17 Verleihstationen im Stadtgebiet kann man per App oder Hotlineanruf bis zu vier Räder auf einen Account ausleihen. Die Kundenkarte zum Jahrespreis von 48 Euro erleichtert den Ausleihvorgang, bietet die ersten 30 Minuten kostenfrei und reduziert die Tarife.
1 Euro/30 Min., Tagespauschale 9 Euro | www.nextbike.de/de/frankfurt

VON A NACH B

Ein eigenes Auto? Braucht auch in Frankfurt niemand mehr. Carsharing-Angebote zu fairen Preisen gibt's genügend, und auch das Leihfahrrad ist eine Alternative für die City.

CARSHARING

BOOK-N-DRIVE

Nach eigenen Angaben der Größte im Rhein-Main-Gebiet, der mit dem City-Flitzer einen echten Preisbrecher im Programm hat: 1 Euro/Stunde und 0,25 Euro/km. Nach der Online-Anmeldung erhält man an einer der Ausgabestellen einen Mobilitätspass, mit dem das vorher im Internet oder über die App gebuchte Auto geöffnet wird. Drei verschiedene Preismodelle, u. a. Basic-Tarif ohne Grundpreis. In Frankfurt 200 Autos an 100 Stationen, insgesamt 766 Fahrzeuge aller Klassen und Größen (auch E-Autos) an 262 Standorten, außerdem Partner des DB-Angebots Flinkster.
www.book-n-drive.de

STADTMOBIL

Der Klassiker in Frankfurt mit rund 80 Stationen. Die Tarife starten bei 1,30 Euro/Stunde und 0,21 Euro/km. Ein Tarifrechner auf der Website errechnet das günstigste Angebot, die Selbstbeteiligung kann durch einen jährlichen Beitrag reduziert werden. Buchung über Telefon, Internet oder App. Große Flotte unterschiedlicher Klassen und Modelle, darunter auch Mini Cooper, Busse und Elektrofahrzeuge. Die Fahrzeuge müssen an die Stationen zurückgebracht werden, an denen sie ausgeliehen wurden.
City
Mo–Fr 10.30–13, 14–18 Uhr | Am Hauptbahnhof 10 (Bürohaus Englischer Hof, 1. OG rechts) | Tel. 069/95 11 79 99 | www.stadtmobil.de **(226 A5)**
Mo–Fr 9–20, Sa 9.30–18 Uhr | traffiQ-Verkehrsinsel an der Hauptwache/Zeil (gegenüber Kaufhof) **(227 D3)**

E-MOBILITÄT

CAR2GO

Maa Flitzer oder *Ei Guide* heißen die Smarts von Car2go – 194 gibt es davon

ist gleichfalls gesorgt – mit schnuckeligen Cafés und gemütlichen Restaurants. Alt-Sachsenhausen ist nicht nur der Apfelwein-Hotspot von Frankfurt. Auf dem berühmt-berüchtigten Pflaster finden sich auch angesagte Bars und originelle Clubs. Im Vergleich dazu hat Oberrad, der östliche Nachbar Sachsenhausens und auch »Gärtnerstadt« genannt, einen fast ländlichen Charme. Auf großen Feldern wachsen Obst und Gemüse sowie natürlich die sieben Kräuter für das hessische Traditionsgericht Grüne Sauce. Im Westen stellt die Commerzbank-Arena die Verbindung zu Niederrad dar. Der Stadtteil ist vor allem für sein Büroviertel bekannt, es lässt sich hier aber auch gut leben – den Stadtwald im Rücken und den Main im Blick.

Andere Stadtviertel

Immerhin 45 sehr unterschiedlich große Stadtteile gehören zu Frankfurt – und sie alle haben ihr eigenes Gesicht. Echte Frankfurter bezeichnen sich daher nicht als solche, sondern als Höchster oder Sossenheimer. Gerade die weit von der Innenstadt entfernt liegenden Gebiete wie Kalbach-Riedberg, Nieder-Eschbach, Nieder-Erlenbach, Bonames und Harheim im Nordosten oder Bergen-Enkheim im Osten pflegen noch eine besondere Eigenständigkeit. Und der eher ländlich geprägte Norden Frankfurts wird immer beliebter – teils dank infrastrukturell attraktiver Gewerbeflächen, teils wegen seiner Neubausiedlungen, die energieeffizientes Wohnen ermöglichen. Egal ob Zeilsheim, Sindlingen, Unterliederbach, Schwanheim, Heddernheim, Rödelheim, Eschersheim, Seckbach oder Fechenheim – jeder Stadtteil bietet exzellente Gründe dafür, sich die Zeit zu nehmen und bisher unbekannte Regionen Frankfurts zu erforschen.

Besonders an lauen Sommerabenden ist es am Affentorplatz in Sachsenhausen schön lauschig

aber auch mit einem Park und in absehbarer Zukunft mit eigener U-Bahn-Station. Nicht zuletzt das Shoppingcenter Skyline-Plaza bildet einen Anziehungspunkt und verschafft dem Quartier einen deutlichen Schub. Hier treffen die Bewohner mit den Anzugträgern aus den umliegenden Bürohochhäusern zusammen und genießen abends gemeinsam ein Feierabendbier. Darüber hinaus ist das Viertel mit mehreren großen Verlagen ein wichtiger Medienstandort: Hier entstehen etwa die Tageszeitungen FAZ, Frankfurter Rundschau und Frankfurter Neue Presse oder das Stadtmagazin Journal Frankfurt.

Nordend

Mit seinen schönen Altbauten, herrlichen Grünflächen wie dem Holzhausenpark, der ein barockes Wasserschlösschen umschließt, und vielen jungen, tendenziell solventen Familien ist das Nordend so etwas wie ein Epizentrum des »Green Glamour«. Kritiker sprechen angesichts des hohen Aufkommens an Biosupermärkten, gemütlichen Cafés, schönen Restaurants und einer der höchsten Geburtenraten der Republik schon von der Heimat der Bionade-Bourgeoisie. Doch auch die 68er-Generation ist noch vertreten, auch wenn die Mieten in den vergangenen Jahrzehnten drastisch gestiegen sind. Unbestritten ist dies daher einer der lebenswertesten, lebendigsten und beliebtesten Stadtteile. Auf den alternativen Einkaufsmeilen Oeder Weg und Glauburgstraße ist noch Raum für die individuelleren, kleinen Fachgeschäfte mit guter Beratung.

Sachsenhausen & der Süden

Die Bewohner von Frankfurts größtem Stadtteil Sachsenhausen lieben es gegensätzlich. So ist inmitten des noblen Wohnviertels Lerchesberg seit Jahren ein Kleingartenverein zu Hause. Dahinter beginnt der Stadtwald, der zum Spazieren am Jacobiweiher einlädt. Dank grüner Lungen wie dem Metzlerpark können Erholungssuchende auch entlang des Mainufers durchatmen. Am Schaumainkai beherbergen prachtvolle Museen wertvolle Kunstschätze und bilden alle zwei Wochen die Kulisse für den Flohmarkt. Während hier vor allem Schnäppchenjäger unterwegs sind, müssen die Shoppingfans auf der Schweizer Straße tiefer in die Tasche greifen. Zwischen inhabergeführten Fachgeschäften finden sich aber auch Filialen großer Ketten. Für die bietet das Szeneviertel rund um Brücken- und Wallstraße dagegen überhaupt keinen Platz. Hier verkaufen junge Designer ein buntes Sammelsurium aus Mode und Möbeln, Schmuck und Souvenirs. Für eine Stärkung nach der Shoppingtour

Bornheim & Ostend

In Bornheim erinnern Fachwerkhäuser und Wochenmärkte daran, dass die coole Business-Hauptstadt eine dörfliche Vergangenheit hat. Herzstück von »Bernem« ist die (obere) Berger Straße mit ihren kleinen Modeläden und Fachgeschäften sowie etlichen (zunehmend veganen) Cafés und Restaurants. Den Beinamen »lustiges Dorf« verdankt Bornheim einer etwas zwielichtigen Vergangenheit. Immerhin sind hier heute noch zahlreiche Apfelweinkneipen angesiedelt. Zweimal wöchentlich findet rund um das Uhrtürmchen der Wochenmarkt statt, und vielleicht macht gerade diese gute Nahversorgung das Viertel speziell bei Senioren sehr beliebt. Zumindest trägt auch die TG Bornheim – Hessens größter Sportverein – ihren Teil dazu bei, dass hier alle möglichst fit bleiben.

Im Ostend schraubt sich das Gebäude der Europäischen Zentralbank aus den denkmalgeschützten Überbleibseln der ehemaligen Großmarkthalle in den Himmel. Der weiter andauernde Strukturwandel macht die Gegend mit dem rauen Industriecharme auch als Wohnviertel immer beliebter und teurer. Gerade entlang der Ruhrorter Werft, die die nördliche Mainuferpromenade bis zur Deutschherrnbrücke im Osten verlängert, sind exklusive Immobilien entstanden. Nicht weit davon entfernt beginnt mit der Hanauer Landstraße eine der Kreativmeilen schlechthin. Hier reihen sich PR- und Werbeagenturen, hippe Hotels, Autohäuser fast aller Marken sowie Design- und Einrichtungsläden aneinander. Auch die Gastronomie lässt nichts zu wünschen übrig und ist sowohl mittags als auch abends äußerst gut frequentiert. Wer mehr ins Grüne will, macht einen Abstecher in den Ostpark oder direkt in den Zoo.

City

In Frankfurts Innenstadt liegt viel von dem, was die Mainmetropole ausmacht, praktisch in fußläufiger Entfernung beieinander, allen voran die Shoppingparadiese: die Zeil, eine der umsatzstärksten Einkaufsstraßen Deutschlands, die Kleinmarkthalle, ein Eldorado für Liebhaber frischer Lebensmittel, sowie die legendäre Fressgass (Große Bockenheimer Straße) mit ihren schicken Straßencafés. Kultur ist auch vertreten, neben vielen Liveclubs stehen hier beispielsweise das Museum für Moderne Kunst, das Schauspiel und die Oper sowie das Goethehaus, in dessen direkter Nachbarschaft mit dem Bau des Romantik-Museums (geplante Eröffnung 2019) ein Erinnerungsort für eine literarische Schlüsselepoche geschaffen wird. Verschiedene Klöster verstecken sich hinter wuchtigen Mauern, zu Füßen des mächtigen Kaiserdoms wird die kriegszerstörte Altstadt gerade neu aufgebaut, um 2018 als luxuriöses Wohn- und Geschäftsviertel unter dem Schlagwort Dom-Römer-Quartier neu zu eröffnen. Nicht zuletzt das multikulturelle Bahnhofsviertel wird immer trendiger. Neben hippen Künstlern und schicken Agenturen ist aber weiterhin Platz für ein internationales Warenangebot und eine lebhafte Rotlichtszene.

Gallus & Gutleutviertel

Es gibt sicher schönere Stadtteile, aber wenige, die so volksnah sind. Die Mieten der meist kleinen Wohnungen in dem ehemaligen Arbeiterbezirk sind noch nicht so hoch wie im Rest der Stadt, die Infrastruktur ist eher für den kleineren Geldbeutel gedacht. Das ändert sich mit der Zeit, denn in unmittelbarer Nachbarschaft auch von Hauptbahnhof und Messegelände wächst das Europaviertel – mit teuren Wohnungen,

Bockenheim & Westend

Bei Umfragen zu den begehrtesten Wohnlagen in Frankfurt stehen das Westend und Bockenheim immer sehr weit oben. Und das hat unterschiedliche Gründe. Prachtvolle Gründerzeitvillen, ruhige Straßen, noble Boutiquen und teure Feinschmeckerrestaurants – das feine Westend ist Sitz von Frankfurts großbürgerlicher Seele. Hier, in unmittelbarer Nähe der Bankentürme, bedeutet Wohnen auch Repräsentieren. Nicht umsonst generiert das Viertel traditionell Rekordpreise auf dem Frankfurter Immobilienmarkt und zieht durch seine Nähe zu den Bürotürmen an der Taunusanlage immer wieder Nobelrestaurants an. Die anspruchsvolle Klientel kann sich aber auch über grüne Oasen wie den Palmengarten freuen; der Grüneburgpark eignet sich, um Joggingrunden zu drehen. Einen Kontrast zum teuren Westend bietet das traditionelle Studentenviertel Bockenheim mit seinen kleinen, günstigen Restaurants und etlichen In-Adressen, die selbst nach jahrzehntelanger Tradition einfach nicht in die Jahre kommen wollen. Doch durch den sukzessiven Umzug der Goethe-Universität, die bisher an der Grenze zwischen Westend und Bockenheim angesiedelt war, ins frühere IG-Farben-Gebäude und auf den Riedberg verändern sich Gesicht und Charakter dieses Quartiers. Hier entsteht gerade der Kulturcampus Bockenheim: eine Mischung aus Büros, Geschäften, Wohnungen und Räumen für kulturelle Organisationen. Lebensader ist und bleibt allerdings die Leipziger Straße – mit inhabergeführten Fachgeschäften, Discountern und kleineren Boutiquen.

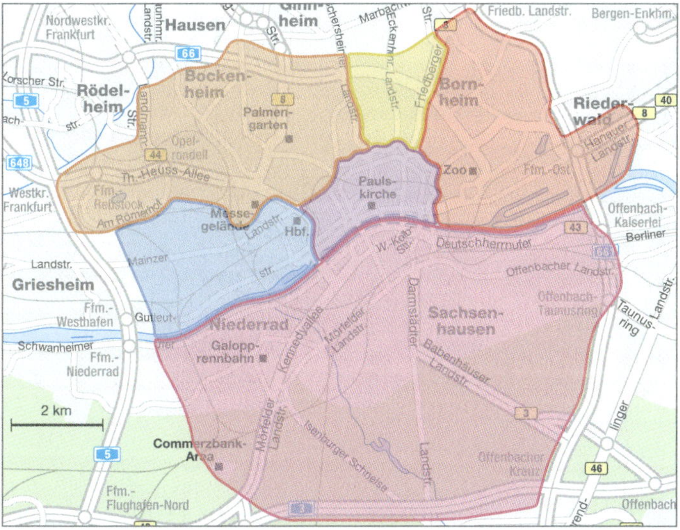

Bockenheim & Westend
Bornheim & Ostend
City
Gallus & Gutleutviertel
Nordend
Sachsenhausen & der Süden
Andere Stadtviertel

Die Stadt-viertel auf einen Blick

Schnell finden, was in Ihrer Nähe ist. So geht's: Stadtbezirk in der Karte auf der nächsten Seite suchen, Farbe einprägen und anhand der bunten Pfeile im Band nah gelegene Adressen auswählen.